세상에
못 갈 곳은
없다

옮긴이 곽영미
서강대학교 영어영문학과와 같은 대학원을 졸업한 뒤 번역가로 활동하고 있다.
옮긴 작품으로는『셜록 홈스 걸작선』『개가 되고 싶지 않은 개』
『걸어다니는 부엉이들』『앨머의 모험』『블루하이웨이』『할아버지』
『야성이 부르는 소리』『빈 오두막 이야기』『내 이름은 콘래드』가 있다.

## 세상에 못 갈 곳은 없다

초판인쇄 | 2006년 7월 21일
초판발행 | 2006년 8월 1일

지 은 이 | 바바라 호지슨
옮 긴 이 | 곽영미
펴 낸 이 | 김정순
책임편집 | 배경란 이주엽
펴 낸 곳 | (주)북하우스
출판등록 | 1997년 9월 23일 제406-2003-055호

주    소 | 413-756 경기도 파주시 교하읍 문발리 파주출판도시 513-8
전자메일 | editor@bookhouse.co.kr
홈페이지 | www.bookhouse.co.kr
블 로 그 | blog.naver.com/bookhouse1
전화번호 | 031-955-2555
팩    스 | 031-955-3555

ISBN  89-5605-157-7  03990

이 도서의 국립중앙도서관 출판도서목록(CIP)은 e-CIP 홈페이지(http://www.nl.go.kr/cip.php)에서
이용하실 수 있습니다.(CIP제어번호:CIP2006001509)

# 세상에 못 갈 곳은 없다

## 시대에 맞선 여성들의 위대한 도전사

바바라 호지슨 지음 | 곽영미 옮김

NO PLACE FOR A LADY

북하우스

## 차례

LADY HESTER STANHOPE.

London Henry Colburn, 1845.

# 집을 떠나 세상 밖으로

말과 기수들이 모습을 채 드러내기도 전에 공기를 뒤흔드는 흥분의 소리와 말발굽 소리가 천지를 갈랐다. 한 여행대가 비범한 방문객을 데리고 다마스쿠스에서 오고 있다는 소문이 며칠 전부터 팔미라를 술렁이게 하고 있었다. 팔미라 주민들이 검게 탄 얼굴을 서쪽 언덕으로 돌리자 우렁찬 고함 소리가 들려왔다. 그리고 멀리 누군가의 모습이 보였다. 마치 신호라도 받은 듯 수백 명의 남자들이 말에 올라타더니 새 방문객들을 맞이하기 위해 검을 휘두르며 폐허가 된 제노비아(팔미라의 여왕. 남편 오데나투스와 그의 아들을 모살한 뒤 자신의 친자 바발라투스를 보좌하여 국정에 참여하고, 로마제국에서는 동방의 여왕으로 세력을 확립했다. 남성을 능가하는 정력과 의지의 소유자인데다 미모가 출중하여 '아라비아의 클레오파트라'라고 불렸다—옮긴이)의 전설적인 도시를 질주했다. 남은 마을 사람들—남자는 물론 아낙들과 아이들까지—은 그 여행대가 골짜기로 내려오기를 조바심 내며 기다렸다. 마침내 키가 크고 아주 강한 인상을 풍기는 여인이 아름다운 모직 외투를 걸치고 잘생긴 백마를 타고 선두에 서 있는 것이 보였다. 군중들은 스스로를 사막의 여왕이라 칭하는 도도한 자태의 헤스터 스탠호프가 수행원들과 함께 지나가자 갈채를 보냈다.

그때는 1819년이었고 스탠호프는 도저히 상상할 수 없는 일을 해낸 참이었다. 그녀는 로마 시대 이후 유럽 여성으로는 처음으로, 유럽 남성들도 공공연히 방문한

〈헤스터 스탠호프〉 생전의 초상화가 없기 때문에 이 그림이 스탠호프와 닮았는지는 알 수 없다. *R. J.* 해머턴의 작품으로 추정된다. 「메리옹」

적이 거의 없는 시리아 사막의 심장부를 베일도 쓰지 않은 채 자신의 힘으로 여행하고 있는 중이었다. 그녀는 자신을 속박하고 있는 삶을 훌훌 털어버리고 모험이 가득한 곳으로 들어섰다. 당시의 여자들에게는 결코 흔치 않은 행동이었다. 그러나 당시의 규율에 도전장을 내고 여행을 감행한 여성이 스탠호프만은 아니었다. 수많은 여성들이 이러한 길을 걸었다.

오늘날의 우리는 옛날 여성들이 수입이 없거나, 아내와 어머니 또는 딸로서의 의무 때문에 많은 제약 속에서 살았을 것이라고 생각한다. 또한 여성의 능력을 의심하는 편견 때문에 여성의 자유가 억제되고 육체적, 감정적으로 남성에게 의존할 수밖에 없었을 것이라고 생각한다. 분명 이러한 구속들이 존재했다는 것은 의심할 나위 없는 사실이다. 그러나 그러한 족쇄에 전혀 방해받지 않은 여성들이 남긴 문학적인 글들이 방대하게 존재하는 것도 사실이다. 지금도 그렇지만, 이때도 가장 큰 문제는 돈이었다. 그러나 많은 여성들이 때로는 상속을 받아, 때로는 여행기를 집필하여 필요한 비용을 충당했다.

가족에 대한 의무 때문에 한동안 매여 살긴 했지만—이 때문에 많은 여성들이 중년이 넘어서야 여행을 할 수 있었다—여성들은 자유의 몸이 되자마자 길을 떠났다. 행동거지에 제약이 따랐으나 우리의 예상을 벗어날 정도는 아니었다. 예속적인 삶이 당연시되던 사회적 분위기 속에서도 자신이 원하는 삶을 산 여성들이 수도 없이 많다는 사실을 잊어서는 안 된다. 여성들은 결코 무력하지 않았고 오히려 여행이 마음에 들면 미친 듯이 뛰쳐나갔다. 여자들은 남자들과 달리 여행을 하는 데 명분이 필요해서 놀랄 만큼 많은 여성들이 지적인 연구를 찾아 나섰다. 그리고 실제로 여성들은 학문에 대한 끝없는 열망으로 자료를 수집하고 조사했다.

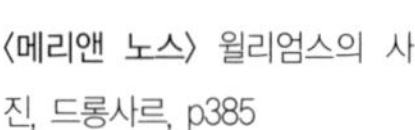

〈메리앤 노스〉 윌리엄스의 사진, 드롱사르, p385

17세기에서 19세기의 여성 여행자들은 크게 두 부류로 나뉜다. 그것은 단조로운 일상에 파묻힌 중산층 여성들과, 풍요한 경제력을 바탕으로 색다른 삶을 갈구하던 상류층 여성들이다. 중산층 여성에게 여행은 지루함과 권태를 물리칠 돌파구였다. 벌레에게 물리는 짜증스러운 일을 겪으면서도 진정으로 살아 있음을 느껴서인지 그들이 벼룩과 같은 해충이 주는 불편을 감수하는 이야기는 아주 흥미롭다. 한편 상류층 여성에게는, 불안정은 어떤 대가를 치르더라도 유지돼야 하는 삶의 일부였다.

이 두 부류에 속하는 여성들이 여행을 하는 데는 명확한 이유가 있었다. 그러나 선택의 여지가 없었던 여성들도 있었다. 예를 들면 국외로 추방당한 여성들을 들 수 있다. 남편 웨일스 공에 대한 반감을 솔직하게 표현했던 브런즈윅의 캐럴라인은 부정한 행실 때문에 추방되었다. 매사에 거리낌이 없었던 드 스타엘 부인 또한 프랑스 혁명 때 프랑스를 떠났다가 나중에 나폴레옹에게 추방되었다. 레이디 엘런버로우 제인 딕비는 남편이 아닌 다른 사람의 아이를 낳기 위해 북아메리카로 '휴가'를 떠났다. 그녀는 자신의 부적절한 행위가 시리아에서의 큰 모험으로 이어지리라고는 그때는 생각지도 못했다.

1739년 레이디 메리 워틀리 몬터규는 '세상 어디에도 영국만큼 우리 여자들이 멸시 받는 나라도 없다'라고 불평하면서 미국으로 건너갔고, 후에는 이탈리아로 건너가 1761년까지 살았다. 그녀가 이렇게 말한 데에는 나름의 이유가 있었는데 애인을 구하러 해외로 떠나는 자신의 속셈을 감추려는 연막이었던 것이다.

화가인 메리앤 노스를 비롯하여 몇몇 여성들은 연인의 죽음을 이겨내기 위해 떠돌아다녔다. 아내로서 의무를 다하기 위해 여행을 한 여성들도 있었다. 인도 모험기를 쓴 엘리자 페이는 "나는 남편을 파멸시키지 않으려고 여행을 떠났다. 만약 내가 따라나서지 않았다면 남편은 결코 뱅골에 도착하지 못했을 것이라고 확신

한다.”

종교도 또 하나의 구실이 되어 주었다. 앞서 언급한 캐럴라인 왕세자비를 비롯해 많은 여성들이 예루살렘으로 위험한 순례 여행을 감행했다. 어떤 여성들—가령 『알제리의 겨울』(1865)을 쓴 G. 앨버트 로저스 부인—은 여행을 하는 동안 종교 책자를 나눠주는 대범한 행동을 했다.

불굴의 정신을 가진 이저벨라 버드의 경우에는 병 때문에 세상을 돌아 다녔다. 루시 더프 고든은 겨울마다 이집트에서 지내다가 후에는 결핵이 심해져 아예 그곳에 정착했다. 이와 비슷하게 습하고 추운 북쪽을 탈출해 따뜻한 온기가 피어오르는 남쪽으로 가려는 필사적이고 보편적인 욕망도 있었다.

그러나 여행을 하는 가장 큰 이유는 ‘이유 없음’이라고 답하는 것이 가장 옳을지도 모른다. 이다 파이퍼는 광활한 땅을 꿈꾸며 소녀시절을 보냈다. 메리 셸리는 그런 충동을 느껴보지 못한 사람은 도저히 이해할 수 없을 정도의 격렬한 열정을 지니고 있었다.

어떤 나라보다 영국 여성들이 이런 열정에 가장 많이 자신을 내던진 듯하다. 그 때문에 이 책은 영국 여성들의 비중이 높은 편이다. 『쿼털리 리뷰』는 “다른 나라에는 그와 같은 박식하고, 투철하게 사고하며—일찍 일어나기, 스케치하기, 가벼운 발걸음, 균형 잡힌 허리, 밀짚모자를 쓴 여성들—상류층의 고상함과 하층민의 유용성을 두루 갖춘 여성들이 없다”라고 보도하기도 했다. 그러나 이 묘사는 다소 현실과 동떨어진다. 패니 트롤럽 같은 영국 여성들은 정말 총명했지만 균형 잡힌 몸매이기보다는 토실토실한 편이었고, 가벼운 발걸음이 아닌 ‘영국 여성들이 아니고서는 도저히 흉내 낼 수도 없는 골로새인처럼 성큼성큼’ 걸었다.

물론 유럽 대륙의 다른 나라 여성들이 전혀 여행을 하지 않은 것은 아니다. 그들 또한 영국 여성들처럼 모험과 식민지를 찾아 세계를 돌아다녔다.

　비유럽권 여성들의 배경에 대해서는 비교적 덜 알려진 편이지만 유럽권 여성들이 한 말을 통해 짐작할 수 있는 것은, 모든 여성들이 여행 자체를 달가워한 것은 아닌 것 같다. 스코틀랜드 태생의 프란세스 칼데론 데 라 바르카는 유럽에 거주하는 멕시코 여성들을 일컬어 마치 유배당한 사람들처럼 한시라도 빨리 고국으로 돌아가고 싶어 안달한다고 말했다. 해리엇 마티노는 이집트에서는 여자들이 여행을 다닌다는 이유만으로 동정을 받더라는 말을 들은 반면, 루시 더프 고든의 경우에는 아시우트(나일 강 서쪽 연안에 있는 콥트교도가 많은 오래된 도시―옮긴이)에서 남장 차림으로 여행을 다니는 젊은 이집트 여인을 보았다고도 했다. 그 여인의 여행에 대한 깊은 애정을 다른 이집트 여성들도 순순히 받아들였다는 것이다. 1830년대에 페루를 여행한 프랑스 여성 플로라 트리스탕은 아레키파(페루 남부의 문화·종교·상공업의 중심지―옮긴이)라는 마을에서 만난 여자들이 "여행할 기회만 나면 부지런히 쫓아다니고, 아무리 큰 희생이나 노고가 따르더라도 단념하지 않았다"라고 썼다. 나중에 페루 여성 이저벨라 고댕 데조도네의 이야기를 들으면 이 사실을 더욱 확실하게 알 수 있을 것이다.

　북아메리카 여성들 또한 빠질 수 없다. 이저벨라 버드는 샌드위치 아일랜드에서 잠시 길동무가 된 카피와 자신을 비교하여, '안데스 산맥에서 피라미드까지 가는 동안 도처에서 마주친 카피 양은 지칠 줄 모르며, 불굴의 정력과 스파르타인의 지구력, 그리고 무엇이든 이루고야 마는 재주를 지닌 전형적인 미국 여성'인 데 반해, 자신은 '야무지지 못하고, 누더기 옷을 걸친 맨발의 불쌍한 여자'라고 했다.

　영국 여성들이 다른 대륙의 여성들보다 여행을 많이 하게 된 동기는 무엇일까? 영국인들은 남녀를 불문하고 열광적인 방랑자이자 식민지 개척자들이었다.(19세기의 세계 지도를 보면 띠 모양을 이루는 거대한 분홍색 구역이 있다.) 1894년에 여행기를 쓴 마리

드롱사르는 영국 여성들의 여행 중독 원인을 모든 영국인들을 사로잡은 모험 정신에서 찾았다. 그러나 아마도 가장 큰 자극제는 그들이 읽은 여행 문헌이었을 것이다. 당시 영국만큼 여행에 관한 책자가 많이 나온 나라는 없었다. 이 덕분에 여성 여행자들은 그때까지 자신들을 가로막고 있던 장벽을 허물 수 있었다.

여성의 여행기가 어떤 역할을 담당했는가를 이해하는 것은 17세기에서 19세기까지의 여성 여행자들을 이해하는 중요한 열쇠이다. 여행기에는 그들의 모험담이 소개돼 있을 뿐 아니라, 그들이 보고 들은 이국적인 문화에 대한 의견이 남성들과는 다르게 펼쳐져 있다. 또한 여성 필자들은 남성 여행자들이 간과한 정치적 사건에 대한 견해, 여행의 기교, 다른 나라의 사회상을 보여주었다. 글쓰기를 통해 그들은 수천 명의 독자들에게 감화를 주었고 여행이 발전하는 데 큰 공을 세웠다.

여자들은 다양한 이유로 여행기를 썼다. 글을 쓴다는 명분을 내세워 자유롭게 여행하기 위해, 집에 틀어박혀 사는 여자들을 즐겁게 해주기 위해, 앞으로 필요한 여행 경비를 마련하기 위해, 자신들이 본 것을 기록하는 것에 대한 진지한 사명감을 표명하기 위해서였다. 18세기에는 여성 필자가 드문 편이었지만, 엘리자 페이에 따르면 1817년에는 여성 필자가 아주 많아 더 이상 '조롱의 대상'이 되지 않았다고 한다. 1845년 무렵에는 전업 작가로 인정받는 여성들도 등장하게 되었다.

『쿼털리 리뷰』는 '책을 내기 위해' 짜인 '여행을 하는' 여성들의 글에 대해서는 서평을 싣지 않았다. 이 잡지는 아마추어 여성 작가들을 선호하였는데, '여성의 엉뚱함에서 비롯된 무목적성 때문에' 그들이 점수를 얻었다고 하였다. 그렇다고 모든 여성들이 그 잡지에 이름을 싣기 바란 것은 아니었다. 비거 부인의 『러시아에서 몇 년을 거주한 어느 숙녀의 편지』(1775)처럼 '숙녀'나, 『인도에 거주한 영국 여성』(1864)의 작가처럼 '거주자'라는 익명을 사

용해 자신의 이름을 숨긴 채 출간한 책들도 수십 권에 이른다.

　그 밖의 유럽 여성들은 자신들의 활동이 시시하다고 생각하여 글로 남기지 않았거나 그들의 작품을 기꺼이 받아주는 출판사를 찾지 못했던 것 같다. 예외적인 인물로는 프랑스 출신의 잔 디윌라푸아, 스위스 출신의 이자벨레 에버하르트, 독일 출신의 요한나 쇼펜하우어, 오스트리아 출신의 이다 파이퍼, 러시아 출신의 리디 파시코프 그리고 이탈리아 출신의 크리스티나 디 벨조조소가 있다. 그러나 불행히도 이들의 작품은 거의 번역되지 않았다. 더구나 영국 독자들의 마음을 움

한 선원이 터키의 증기선을 탄 하렘의 여자들에게서 수완 좋게 표를 모으고 있다. *G. 도란트, 로버츠의 판화, 『그래픽』 1877년 3월 24일, p269.*

"『러시아의 영국 여성들』 『티베트의 영국 여성들』 『미국의 영국 여성들』 등과 같은 책에 서처럼 세계 구석구석에서 영국 여성들이 활개를 치고 있다. 우리의 아름다운 여성들이 이러한 여행 열기를 계속 이어간다면 출판사들이 우리에게 줄 수 있는 가장 위대한 신작은 『영국의 영국 여성들』이 될 것이다." 〈펀치〉

1880년 리빅 사가 만든 카드. 이 카드에서는 세계의 사교계에 들어선 여성들을 보여준다. 아테네, 얄타, 알제리, 카이로 등이 예로 포함되어 있다. 이 카드는 여행자들에게 가는 곳마다 리빅을 가져가도록 권장하기 위해 만들어졌다.

직였다 하더라도 비영어권 책들은 『쿼털리 리뷰』에서 거절당했다. 이 잡지는 프랑스 여성들은 맞춤법을 모르고 독일 여성들은 사물의 외면은 보지 않고 내면만 보기 때문에 '빠른 관찰력'이 떨어진다고 불평했다.

이다 파이퍼는 『쿼털리 리뷰』가 독일어권 여성 필자들을 얼마나 잘못 보았는지를 보여 주는 작가이다. 그녀가 쓴 간결한 논평들을 읽으면 사실을 매혹적인 이야기로 바꿀 줄 아는 뛰어난 재능을 엿볼 수 있는데, 그녀의 책은 영국과 프랑스에서도 번역되어 나왔다. 파이퍼는 이야기를 재미나게 만들려고 불운을 과장하는 사람들을 크게 비난했다. 그녀는 자신이 브라질의 정글에서 목숨을 걸고 한 탐험과 보르네오에서 만난 인간 사냥꾼들을 꾸밈없이 기술하여 커다란 인기를 모았다.

〈푸에고 군도 사람들과 물물교환을 하는 애니 브래시〉 여자들이 실오라기 하나 걸치지 않은 것에 대해 상인들은 아무 관심이 없는 듯하다. 브래시, 1878년, p22

물론 당시에도 이야기가 흥미진진할수록 책이 더 잘 팔렸다. 그러나 짜릿함이 다소 부족하면 풍자가 이 역할을 대신하기도 했다. 영국인 여행자 프랜시스 엘리엇은 아주 신랄한 어조로 『게으른 여자들』이라는 연속물을 썼다. 냉소적인 어조로 글을 썼음에도 불구하고 그녀가 묘사한 스페인이나

이탈리아, 콘스탄티노플은 전혀 나빠 보이거나 그렇다고 잘 팔릴 주제도 아니었다. 그러나 게으른 하인들, 사기 치는 하숙집 주인들, 인간 기생충들, 먼지 폭풍 그리고 술 취한 무례한 남자들을 비중 있게 다룬 그녀의 책은 큰 성공을 거두었다.

그에 반해 빈대와 주정뱅이는 언제나 흥미를 끄는 주제였다. 안타깝게도 대부분의 여성들은 자신들에게 불리할 수 있는 항목들은 빼버렸다. 책은 일기나 편지 형식으로 된 글을 편집해서 내는 경우가 많았기 때문에 위생이나 생리 현상과 같은 항목은 의도적으로 생략되기 쉬웠다. 레이디 몬터규는 터키 하렘에서 당한 애정 표현을 썼다가 독자들의 빈축을 샀는데, 심지어 자신의 코르셋까지 들먹였다.

몬터규의 『편지』(1725)가 출간되고 150여 년이 흐른 뒤, 레이디 샬럿 베리는 '세상 모든 사람들이 너무나 외설적이라고 생각하므로' 누구도 그 책을 읽지 말아야 하며, 자신의 정숙함을 입증하려면 그 책이 거론될 때마다 얼굴을 붉혀야 한다고 썼다. 반면에 패니 파크스는 몬터규의 작품이 자신에게 인도의 하렘, 즉 여인방을 매우 방문하게 싶게 만들었다고 고백했다.

말할 수 없는 주제들도 있기 마련이다. 그래서 세계 곳곳에 사는 벌거벗은 남자들에 대한 내용은 좀처럼 찾아보기 힘들다. 기혼 여성들이야 남편이 있었으니 남성 인체의 신비를 이미 보아서 그다

> "여행을 할 때 남자들이 하는 일이란 짐을 챙기는 것이지만, 우리 여자들은 챙길 짐이 없다." 에밀리 로, 『노르웨이의 무방비 여성들』

'피아트(루이스 키비 부인)'가
쓴 『벨 스미스의 해외여행』
(1855)은 익살스러운 여행 문학
에 큰 기여를 한 작품이다.

지 관심이 없었을지 모르지만, 처녀들의 경우에는 남자들의 벌거벗은 몸을 보고 어떤 반응을 보였을까? 탐험가인 새뮤얼 베이커는 젊은 미혼 여성인 알렉신 티너가 벌거벗은 누비아 사람들을 보겠다고 하여 노발대발했다는데, 티너 양이 무슨 생각을 했는지는 기록에 없다. 세속적인 여성이었던 올랭프 도두아르는 벗고 사는 이집트 사람들의 틈바구니 속에서도 영국 여성들이 태연하게 대처하는 것을 보고 아주 놀랐다고 했다. 그들이 아주 격분할 거라고 예상했던 것이다. 어쨌거나 노출은 흥을 돋우는 주제였고 평론가들과 독자들의 관심을 확실히 사로잡았다.

양산과 공책을 들고 험한 지역을 기어오르는 예비 여성 작가들의 이미지는 '임펄시아 구싱턴의'『저위도 지방의 혀짤배기소리』(1863)*를 비롯해 여러 풍자적인 글을 탄생시켰다. 당대의 한 평론지는 이 작품이 '여행할 필요도 없는 곳을 여행하고, 입을 필요도 없는(그런 위도에서는) 옷을 입고, 무방비 상태로 나서려 하고, 상식에 의거하여 친구들의 조언을 듣는 대신 연애 소설에서 본 인상에 따라 통역을 고르는 여성들'을 "과장되게 묘사했다"라고 판단했다.

패러디가 하나의 유행이었지만 이저벨라 버드, 메리 킹즐리, 앤

---

* 이 작품은 더퍼린 경이 아이슬란드를 여행하고 쓴 『고위도 지방에서 온 편지들』(1857)을 패러디한 것으로 추정되는데, 더퍼린 경은 크게 화내지 않았다고 한다. 오히려 어느 출판사의 광고에 따라 그 책을 편집했다.

블런트 같은 여성들이 세계 탐험에 기여한 바가 크다는 것은 논쟁의 여지가 없다. 스코틀랜드 왕립지리협회는 버드와 킹즐리를 회원으로 받아들였고, 프랑스 사람들은 리디 파시코프와 이다 파이퍼를 선택했다. 런던 왕립지리협회의 회원들은 그런 발상에 코웃음을 쳤지만, 1892년에는 스물두 명의 여성 회원을 받아들일 수밖에 없었다. 그해에 다른 협회의 회원들에게 뜻하지 않게 문을 열었기 때문이다. 그 문은 곧바로 닫혔지만 버드, 케이트 마스던, 메이 프렌치 셸던이 이미 들어온 뒤였다. 1889년에 티그리스 강에서 버드를 만나 그녀의 업적을 높이 평가한 적이 있는 조지 커즌조차도 "여자라는 사실과 여자들이 받는 교육은 탐험에 적합하지 않다. 미국이 최근에 보급시키고 있는 전문적인 세계 여성 여행가들은 다음 세기와 19세기 말의 공포 중 하나이다"라며 적잖은 반감을 보였다. 여성들은 1913년에야 비로소 런던 왕립지리협회에 받아들여졌고 그 결정은 번복되지 않았다.

이 책에 수록된 모든 여성이 완벽한 여장부였던 것은 아니다. 폴란드 망명자 에베 펠린스카 같은 몇몇 여성들은 우스꽝스럽다고 말해도 좋을 만큼 꽤 까다로웠다. 별것도 아닌 일에도 걸핏하면 기절하곤 했던 여성들의 행동은 전 세계적으로 그리 좋은 명성을 남기지 못했다. 또한 리디 파시코프 같은 여성들은 편안함을 최고로 여겨 어디를 가든 옷가지를 챙기고 옷 입는 것을 도와줄 하녀들을 대동하였다. 파시코프와, 카를라 세레나, 엘리자 페이는 허영심이 무척 강했다. 어떤 여성들은 시간 엄수에 대해 변명을 허용치 않을 만큼 까다로웠지만, 이저벨라 버드 같은 여성들은 자신들의 고집을 극복하기도 했다.


고백하건대 정말로 좋아서 한 일이 아니었다면 이 책은 절대 빛을 보지 못했을 것이다. 그러나 모든 여성을 다루지 못한 것을 솔직히 인정하지 않을 수 없다. 행여 자신이 좋아하는 여행자가 빠졌다 하더라도 독자들은 너그럽게 봐주기 바란다. 나는 어떤 대의나 직업 때문에 여행을 한 여성들보다는 진정한 여행자로서 이름을 얻은 여성들에게만 초점을 맞추었다. 그래서 몇 가지 경우를 제외하고는 선교사들과 총독 부인들, 이주민들은 포함시키지 않았다.

또한 시대를 17세기 중반에서 19세기말로 한정했다. 그것은 1900년대 초부터는 여행의 형태가 현저하게 달라졌기 때문이다. 따라서 거트루드 벨, 프레이야 스타크, 더블라 머피, 엘라 마일라르트(스위스)를 비롯한 많은 20세기의 명사들은 제외되었다. 사실 나는 여성 여행자들의 개인적 삶을 내가 원했던 만큼 깊이 파헤치지는 못했다. 그러나 특정 여성들은 원작(재판 가치가 충분한)뿐 아니라 전기도 추적할 만한 가치가 충분히 있다고 생각한다. 필자의 의도는 이 책들이 다룬 지역을 그대로 되밟는 것이 아니라, 당시의 시대적 문맥을 고려하여, 특히 여행 삽화와 사진들을 통해 여성 여행자들—유명인이든 무명이든—을 고찰하는 것이다.

나는 그들이 여행한 세계를 독자들이 생생하게 그릴 수 있도록 지역별로 나누어 이 책에 소개하였다. 그리하여 많은 여성의 경험들—예를 들면 피라미드 오르기—이 여러 각도에서 묘사되었다. 여행에 대한 견해와 접근 방식의 차이는 목적지보다 여행자에 대해 훨씬 많은 부분을 보여준다. 그러나 이 책에 등장하는 많은 유랑자들은 말쑥함을 벗어던지고 독자들이 전혀 예상치 않은 곳에서 불쑥 나타날 것이다. 전 세계의 '거들'을 입은 여성들—메리앤 노스, 이저벨라 버드, 이다 파이퍼, 롤라 몬테스 등등—은 그들의 삶 전반을 비난하는 소리에 대처하기 힘들었을 것으로 생각된다.



이 책에서 수천 명은 아닐지라도 수백 명의 무명씨들과 더불어 세계를 걸어 다닌 여성들은 숱한 경계를

허물고, 오늘날 모든 여성들에게 활짝 열린 세상을 유산으로 남겨
주었다. 그들의 개척은 이런 질문을 던지게 한다. 여자들의 거처가
집이었던 적이 언제 있었던가?

J. RUE SCRIBE.
PARIS.
Louis Vuitton
149, New Bond St.
OPPOSITE CONDUIT S.T
LONDON. W.
TELEGRAPHIC ADDRESS,
"VUITTON, LONDON."
L.V. London
L.V. London
L.V. London
Travelling Requisites

# 승합마차와 세관, 그리고 여행안내서

1814년 단돈 60파운드를 들고 메리 고드윈(나중에는 '셸리'로 불렸다)과 그녀의 애인인 퍼시 비시 셸리, 그리고 메리의 이복동생 클레르 클레르몽은 파리를 떠나 스위스로 도보 여행을 했다. 그들은 당시 임신 중이었던 메리를 위해 나귀를 구입하는 데 거금을 들였다. 나폴레옹의 군인들이 여자들을 덮치려고 시골을 돌아다닌다는 경고도 있었지만, 이 여행자들은 셸리가 발목을 삐고 수송 기구를 징발당한 일 외엔 어떤 장애물도 만나지 않았다. 그들은 열이틀 만에 뇌샤텔에 도착했고, 그곳에서 파리를 떠난 이후 처음으로 몸을 씻었다.

고드윈과 셸리에게 돈이 더 있었다면 분명 마차와 말을 사거나 대여를 했을 것이다. 그랬더라면 폭도들을 걱정하지 않고 좀 더 자유롭게 여행할 수 있었을 것이다. 1700년대 후반에 여행을 다닌 유복한 레이디 엘리자베스 크레이븐은 여성들에게 "가능하면 하인을 적게 데려가고, 손수 마차를 몰고, 아이들이나 하인들은 다른 이륜마차에 타게 하라"라고 충고했다.

여객 열차가 등장하기 전까지[*] 유럽의 평범한 여행자들은 대체로 승합마차, 다시 말해 역마차를 타고 다

마차로 다닐 때는 여자들, 특히 나이든 여자들을 피해라. 그들은 항상 가장 좋은 자리를 원한다.—*E. S. 베이츠*

루이비통(직사각형 모양에 뚜껑이 평평한 가방을 개발하여 성공을 거둔 프랑스의 패션 디자이너—옮긴이) 광고를 통해 당시 여성 여행자들이 얼마나 유행에 민감했는지를 알 수 있다. 『동태평양 노선 안내서』 샘슨, 로, 마스턴, 1901년, p4.

---

[*] 1825~26년에 영국에서 처음 열차가 운행되었다. 이삼 년 뒤 오스트리아-헝가리가 그 뒤를 이었고, 1850년대 중반에는 대부분의 유럽 국가에 철도가 개설되었다.

넜다. 길잡이인 기수들이 끄는 이 마차는 휴게소나 우체국으로 알려진 역사 사이를 다녔다. 역사에서는 지친 말들을 건강한 말들로 교체하고, 피곤한 승객들은 식사를 하거나 몇 시간 눈을 붙이기도 하였다. 그러나 승합마차가 아주 안락했던 것은 아니었다. 1700년대 중반에는 유럽 전역에 이 제도가 도입되어 신속한 여행이 가능해졌다. 러시아, 멕시코, 북아메리카, 남아프리카, 인도 그리고 중동의 제한된 구역에서도 이 제도가 실행되었다.

당시 여행에서는 승합마차(6인승 8인승의 사륜마차)뿐 아니라 역마차(2인승 4인승의 사륜마차), 대형 유람 버스(긴 의자가 있는 사륜마차), 이륜마차(4인승)가 사용되었다. 그 밖에도 다양한 짐마차와 탈것들이 있었다.

도로 사정은 오늘날과는 비교도 못 할 만큼 열악했다. 좋은 도로라 해도 마차에 탄 사람들의 무릎이 곧잘 부닥치곤 했으며, 최악의 경우에는 비극적인 사고도 발생했다. 레이디 몬터규는 1717년에 콘스탄티노플(이스탄불)로 향하던 중 이런 위험을 의식했던 듯하다.

해협을 건너는 동안 '당당하게 바람을 맞고 있는' 어느 대담한 젊은 여성에 대한 어느 화가의 인상. R 테일러. *ILN*, 1884년 8월 23일, p188.

우리는 달빛에 의지하여 보헤미아와 작센을 가르는 무시무시한 절벽을 지났다. 절벽 아래로는 엘베 강이 흐르고 있었다. 굴러 떨어지면 누구도 살아남을 수 없을 거라는 확신이 들었다. 강에 빠질 것 같은 공포도 엄습했다. 도로 곳곳이 얼마나 좁은지 마차 바퀴와 절벽 사이에 난 공간이 몇 센티미터도 안 되는 듯했다…… 밝은 달빛에 기수들이 말 위에서 꾸벅꾸벅 조는 모습이 보였는데, 말들은 전속력으로 달리고 있었다. 그 순간은 정말이지 기수들에게 당신들이 지금 어디를 지나가고 있는지 똑똑히 보라고 소리라도 지르면 속이 후련할 것 같았다.

　다리가 세워지기 전까지는 강을 건너려면 나룻배를 이용해야 했고, 터널이 뚫리기 전에는 산을 넘으려면 오르고 또 올라야 했다. 리옹에서 이탈리아의 토리노까지 가는 여행이 현저하게 개선된 것은 1871년 몽스니 터널이 개통된 덕분이었다. 그 전까지 여행자들은 2083미터의 알프스 고개로 이어지는 산맥을 말을 타고 가거나, 기어오르거나, 특별한 기구에 실려 가야 했다. 1779년에 이 길을 지나간 엘리자 페이는 자신이 상상했던 것보다 훨씬 많은 산들이 빽빽이 들어찬 것을 보고 크게 놀랐다. 그 난국을 헤쳐 나간 뒤 그녀는 이렇게 썼다. "다행히 나는 아주 용감한 편이어서 모든 어려움을 무시할 수 있었다." 그녀는 노새를 타고 절벽 가장자리에 바싹 붙어 산을 올라갔기 때문에 가마를 타고 내려올 때에는 마음이 훨씬 가벼웠다. 짐과 심지어 마차까지도 실어 날라야만 했으므로 마차를 해체하여 여러 마리의 말에 나눠 실었다.

　1820년에는 전문 여행사들이 등장하여 시장을 개척하였다. 프랑스에서는 짐마차꾼, 이탈리아에서는 모험안내인, 독일에서는 역마꾼으로 알려져 있었다. 그들은 여행자들을 위해 운송 수단과 숙박, 식사를 체계적으로 준비했고, 합의한 금액만큼 여행자들과 동행했다. 여행을 함께 다니지 않았는데도 일반적으로 많은 사람이 그 같은 협정을 알고 있었다. 메리 셸리는 1840년에 밀라노에서 생플롱 고개를 거쳐 제노바까지 가기 위해 프랑스 짐마차꾼을 고용했다. 그녀의 동반자는 스코틀랜드 출신의 세 자매였는데, 이들은 메리에게 스코틀랜드 여성들이 무척 독립적이라는 인상을 심어주었다. 소문에 따르면 역로의 개선으로 통행이 잦아지자 스위스의 마부들은 승객들을 속이기도 했다고 한다.

　국경을 통과하는 것은 여행자들에게 죽을 맛을 안겨주었다. 셸리의 말에 따르면 독일을 제외하고 어느 나라의 세관원이나 뇌물을 좋아했다고 한다. 책이나 리넨, 쇠붙이 같은 개인 소지품은 세금이 붙여지거나 압수되었다. 레이디 크레이븐은 이런 식의 국경

〈몽스니 터널 개통: 수사 마을〉
*ILN, 1871년 9월 23일, p280.*

통과 절차를 경멸했다. "국경 마을에서 보초들이 묻는 질문을 듣고 있노라면 웃음이 절로 나온다. '이름과 신분을 대시오. 기혼이오 미혼이오? 여행 목적이 재미요 사업이오?' —이런 질문을 받고 있자니 …… 이름을 대라는 질문을 받고서 '엉엉엉엉!'이라고 대답했다는 어떤 여행자가 떠올랐다. '제발, 선생.' 보초가 말한다. '철자를 불러 주시죠?' …… 이런 되지도 않은 질문에 진지하게 대답하기란 불가능하다."

세관원들은 강도나 매한가지였다. 더 노골적으로 말하면 노상강도였다. 1659년에 레이디 앤 팬쇼는 열 명의 군인에게 호위를 받아 칼레에서 파리까지 가는 여정에 올랐다. 가는 도중 무장 군인이 쉰 명쯤이나 섞여 있는 도둑 떼를 만났다. 다행히 그녀의 호위대가 그들을 간신히 돌려보냈다. 앤이 사령관에게 군인들이 왜 강도짓을 하는지를 묻자, 그는 "봉급이 적어서 이런 식의 착복을 할 수밖에 없습니다. 그러나 여기에도 규칙이 있습니다. 다른 군인들의 호위를 받고 있는 일행은 절대 방해하지 않고 통과시켜줍니다"라고 말했다. 그로부터 8년 뒤 레이디 몬터규는 산적 행위가 현저히 줄어들었고 "지갑을 손에 들고서도 국경을 넘을 수 있다"라고 썼다.

통관 수속이 오늘날 우리가 알고 있는 국경선에서만 이루어진 것이 아니었다. 당시 유럽 대륙은 수많은 왕국과 영토, 나라로 구성되어 있어 국경이 수시로 변했기 때문이다. 1848년 이전까지 독

〈1871년 디에프에서의 여권 검사〉 프로이센–프랑스 전쟁 기간에 프랑스와 영국 간의 국경 통과 절차는 엄격했다. *ILN, 1871년 9월 16일, p261.*

일 연방만 해도 오스트리아–헝가리 외에 바이에른, 뷔르템부르크, 작센, 하노버, 프로이센 왕국으로 이루어져 있었다. 게다가 수많은 공국과 후국, 자유시도 포함돼 있었다. 빈회의가 열린 1815년부터 1848년까지 이탈리아는 사르데냐, 양시칠리아 왕국과 교황령과 루카, 토스카나 공국으로 구성돼 있었다. 북이탈리아는 오스트리아와 프랑스에 의해 분할돼 있었다.

또한 프랑스에서 두 번의 혁명이 끝날 때까지(1789~99년의 혁명과 1848~49년의 혁명) 유럽은 끊임없는 격변을 겪었다. 1799년부터 1815년까지 나폴레옹은 프랑스, 스페인, 이탈리아, 영국, 러시아와 이집트를 공공연히 전쟁에 끌어들였다. 그 이후 1870~71년에 일어난 프로이센- 프랑스 전쟁은 프랑스와 독일을 혼란에 빠뜨렸고, 그 갈등은 프랑스에서 1871년의 파리 코뮌 반란으로까지 이어졌다. 다른 국경에서 일어난 크림 전쟁(1853~56)과 남북전쟁

〈산적 토벌대〉 프랑스 국경에 있는 여러 산적단의 모습, O. 펭귈리, 연도 불명.

(1861~65)은 전투뿐 아니라 질병과 기아, 사회적 혼란, 거기다 운송 수단과 군대 막사의 손실로 더욱 파괴적이었다.

그러나 이러한 전쟁도 1848년 레이디 에밀린 스튜어트 워틀리가 자신의 연약한 딸인 빅토리아를 데리고 유럽 대륙을 여행하는 것을 막지 못했다. 이 사건을 두고 워틀리의 전기 작가는 '불요불굴의 모험심'이 아이의 건강을 회복시키는 데 적절했는지 의심스럽다고 썼다. 또 한 명의 담대한 여성으로는 도자기 수집가인 레이디 샬럿 슈라이버가 있었다. 그녀는 모든 경고를 무시하고 프로이센과 프랑스가 한창 전쟁을 벌이고 있을 때 초라한 짐수레를 타고 파리로 들어와 값싼 물건을 찾아 다녔다. 남북전쟁 때 간호사로 일한 루이자 메이 올컷은, 전투에 아랑곳하지 않고 1870년에 병든 친구와 파리까지 동행했지만, 자신은 병원 신세를 진 적이 없었다.

당시의 여행 안내서들―수세기 동안 다양한 형태로 존재한―은 국경 통관 절차, 이용 가능한 교통수단, 비용, 위험요소 같은 귀중한 정보를 수록해놓았다. 영국에서 처음 나온 여행서 중 하나는 『성지 순례를 위한 정보』(1498)였다. 1700년대에는 터커의 『여행자 교육서』(1757)와 리처드의 『여행자 지침서』(1793)를 비롯한 여러 안내서들이 출간되었다. 그 중 마리아나 스타크의 『대륙 여행기』(1820)―나중에는 『유럽 여행기』로 불렸다―는 가장 널리 읽히고 많이 팔린 책이다. 1843년에 나폴리를 여행한 메리 셸리는 『유럽 여행기』가 '가장 정확하고 잘 된 책'이라며 신뢰를 보냈다. 메리는 또한 1836년에 출간된 『대륙 여행자들을 위한 머리의 안내서』 초판을 들고 다니면서, 이따금 눈에 띄는 작가의 실수를 재미있게 꼬집거나 자신의 의견을 덧붙였다. 『머리의 안내서』는 영어권 사람들이 갈 만한 모든 지역들을 발 빠르게 채워 넣었다.

1839년에 칼 배데커는 독일어로 된 라인 강 안내서를 출간했다. 뒤이어 더 많은 지역들을 다룬 책을 출간하였고, 그의 책들은 영어와 프랑스어로도 번역되었다. 그가 늘 가지고 다니던 『다이아몬드 같은 안내서』와 함께 1841년 프랑스에서 처음 출간된 아돌프 조안의 안내서들은 『푸른 표지의 여행서』라는 제목이 붙여졌다.

이 당시 여행자들의 귀에 익은 또 하나의 이름이 쿡스였다. 쿡스는 토머스 쿡의 발상으로 1841년에 설립된 여행사인데, 처음에는 영국 제도를 순회하는 간단한 철도여행만 제공하다가 곧 여행자들이 원하는 곳을 거의 다 안내해줄 만큼 성장했다. 여행 경로를 처음에는 파리까지, 다음에는 스위스의 알프스 산맥까지, 그리고 유럽 전역으로 확장했다. 단기간에 쿡스는 세계 구석구석까지 여행

# TRAVELS IN EUROPE,

FOR THE USE OF

## TRAVELLERS ON THE CONTINENT,

AND LIKEWISE IN

### THE ISLAND OF SICILY;

NOT COMPRISED IN ANY OF THE FORMER EDITIONS.

TO WHICH IS ADDED

### AN ACCOUNT OF THE REMAINS OF ANCIENT ITALY,

AND ALSO OF THE ROADS LEADING TO THOSE REMAINS.

## BY MARIANA STARKE.

이 책의 저자는 직접 조사하지 않고는 한 나라의 지리와 유물을 정확하게 기술할 수 없다고 여겼다. 그래서 독자를 존중하고 잘못된 안내서를 내고 싶지 않다는 마음으로 이탈리아의 거의 모든 지역을, 그것도 최근에는 여행자들로부터 괄시 받고 있는 지역까지도 방문했다. 저자가 직접 목격한 사실, 즉 농민과 장인, 상인들이 통치자를 잘 따르고, 예의 바르고, 질서를 지키고, 정직하게 살고 있다는 것을 알려준다면 여행자들로서는 이보다 더 만족할 만한 정보가 없을 것이다. 이제 여행자들은 안전하게 큰길을 찾을 수 있고, 마찬가지로 민중의 폭동에 애먹거나 산적 떼에게 약탈당할 위험만 없다면 알프스 산맥과 아펜니노 산맥의 가장 외딴 지역으로도 들어갈 수 있기 때문이다. —마리아나 스타크

## PARIS,

PUBLISHED BY A. AND W. GALIGNANI AND Cº.,

18, RUE VIVIENNE.

—

### 1839.

자들을 호송했다. 필자가 아는 한, 이 책에 등장하는 여성들은 누구도 이 서비스를 이용하지 않았지만 쿡스는 특히 중산 계급 여성들의 여행을 장려하기 위해 다른 어떤 여행사보다 많은 일을 했다.

## 여성의 대륙 진출

1785년, 레이디 크레이븐 엘리자베스는 부정한 짓을 저질러 남편 크레이븐 백작에 의해 영국에서 추방되어 유럽 대륙에 첫 발을 내딛는다. 아름답고, 허영심 많고, 교양은 갖추었으나 분별력이 없었던 레이디 크레이븐은 1767년 열여섯의 나이에 차기 백작인 크레이븐과 결혼했다. 그러나 1773년 그녀의 간통 사실이 표면에 떠오르게 되었다. 그 자신 또한 정절을 잘 지킨 인물은 아니었지만, 백작은 아내의 밀회 장소가 언론에 보도되고 또 그곳이 불명예스럽게도 '유명한 성교의 장'이라는 사실에 몹시 힘들어했다. 아내를 유럽 대륙으로 추방했지만 이내 집으로 불러들인다. 그러나 10년 뒤 그녀가 또다시 나쁜 길에 빠져들자 이번에는 영원히 영국에서 내쫓아 버렸다.

레이디 크레이븐은 잠시 베르사유에 머물 때 두번째 남편이 될 앙스파슈 지방의 후작을 만나게 된다. 하지만 그녀는 그를 내팽개치고 인맥과 돈, 시간이 많은 헨리 버논과 여행을 떠났다. 레이디 크레이븐과 그녀의 '사촌' 버논은 먼저 이탈리아까지 걸어간 다음, 오스트리아, 폴란드, 러시아 그리고 크림 반도를 거쳐 남쪽의 콘스탄티노플까지 여행을 했다. 1786년 10월에 그녀는 영국으로 돌아와 『크림 반도에서 콘스탄티노플까지의 여정』(1789)이라는 책을 썼다.

747년에 영국인 선교사 세인트 보니페이스는 프랑스와 이탈리아로 가는 길에서 영국인 매춘 여성들이 순례자들을 꼬드긴다는 사실을 알고서 경악했다. 그는 성직자들에게 '부인들과 베일을 쓴 여자들'이 로마행 순례에 나서지 못하게 하라고 촉구했다. 그것은 여행을 마친 후 도덕적인 나락에 빠지지 않는 여성들이 거의 없었기 때문이었다. 보니페이스의 격노에도 불구하고 교회는 로마로 가겠다는 여성들을 막을 힘이 없었다. 몇몇 여성들은 팔레스타인 성지까지 갔다. 분명한 것은, 이 시대에도 눈에 띌 만큼 많은 여자들이 여행을 했다는 것이다.

《안 루이즈 제르멘 드 스타엘 부인》 J. 상파뉴, 연도 불명.

〈레이디 엘리자베스 크레이븐〉
크레이븐.

〈레이디 샬럿 베리〉 알렉산더
블래클레이, 베리, 1권

다섯 달 뒤 크레이븐은 후작을 만나기 위해 앙스파슈로 돌아왔다. 그러나 후작의 집에는 그의 오랜 정부인 프랑스 여배우 클레롱 양이 살고 있었다. 크레이븐은 짐을 싸서 그녀를 내보냈지만, 후작은 여전히 기혼자의 신분이었고 그의 아내 또한 같이 살고 있었다. 레이디 크레이븐은 후작의 아내가 남편의 새 애인인 자신을 반겼다고 공공연히 말했다. 이 불륜의 연인은 1789~90년에 이탈리아를 두루 방문하고, 자신들의 배우자가 모두 죽고 난 1791년에 포르투갈에서 결혼식을 올렸다. 두 사람은 스페인을 여행하고, 혁명의 소용돌이에 휘말려 있는 프랑스를 부랴부랴 지나친 후, 영국에 정착하여 호화로운 삶을 살았다. 휴식기를 가진 후 1801~1802년에는 파리와 빈을 방문했다.

1806년 초 후작이 죽고 얼마 지나지 않아 레이디 크레이븐은 루이 18세와 이탈리아의 페르디난도 4세와 어울리는 모습이 자주 목격되었다. 1828년 그녀는 일흔여덟의 나이로 세상을 떠나 나폴리에 있는 영국인 공동묘지에 묻혔다.

앞선 시대의 레이디 몬터규처럼 레이디 크레이븐은 유행을 선도하는 사람이었다. 자신에게 여행할 권리가 당연히 있다고 생각했을 뿐 아니라, 여행을 통해 실제로 재미난 시간을 보내기도 했다. 그의 이야기가 다른 여성들에게 가방을 꾸려 집을 나서게 할 만큼 선동적이지는 않았다 해도, 여자들도 남자들처럼 쉽게 여행할 수 있다는 확신을 키워준 것은 분명하다. 여기서 논의되는 대부분의 유럽인 여행자들이 특정 나라에 한정되어 돌아다닌 반면, 레이디 크레이븐은 유럽을 가로질러 콘스탄티노플까지 갔다.

## 프랑스

프란시스(패니) 트롤럽은 자신의 책 『파리와 파리 사람들』(1836)에서 칼레 항구에서 엿들은 대화를 자세히 열거하며 프랑스에 대한 영국인의 태도를 적었다. "미숙한 이방인은 손수건으로 코를 감싸며 '냄새 한 번 지독하군!'이라고 말했다. 그러자 경험 많은 남자가 '이게 바로 대륙의 냄새요, 선생!'이라고 대답했다." 이 여행자들에게 프랑스의 시골은 파리나 이탈리아에 당도하기 전에 거쳐야 하는 괴로운 관문이었다.

    대륙 여행에서 가장 불쾌한 문제로 대두된 것은 프

유럽. 『필립스의 간편한 지도책』 1897년.

랑스의 호텔이었다. 레이디 베리는 1814년에 프랑스 호텔에 대한 실망을 이렇게 토로했다. "투숙한 호텔들이 하나 같이 …… 구질구질하다. 그야말로 동물들이 살기에 안성맞춤일 것이다." 사생활 보장이 안 된 것은 말할 것도 없고, 비엔이라는 마을의 물레 블랑 호텔에서는 무례한 주인이 그녀의 하인에게 "영국인들이(말 그대로) 나에게 많은 손해를 입혔으니 배상을 하시오"라며 바가지를 씌우기까지 했다. 숙박료는 여행자의 지불 능력에 따라 다양했던 것 같다. 그래서 레이디 크레이븐은 하인을 먼저 보내 일정한 가격에 흥정하라고 충고하기도 했다. 프랑스 호텔이 보인 또 다른 불쾌한—적어도 여성들에게—사항은 공동 식탁이었다. 이것은 숙박한 사람 모두가 커다란 식탁에 앉아 황급히 식사를 마쳐야 하는 것이었다. 레이디 몬터규는 한 호텔에서 돈을 갑절로 내고서야 룸서비스를 제공받아 야만적인 식사 시간을 피할 수 있었다.

『프랑스와 이탈리아 감성 여행』의 작가 로렌스 스턴과 방을 같이 쓰시겠습니까? 이 여인은 사부아에서 여관을 가릴 처지가 아니었다. 다행히 그녀는 로렌스 스턴이 최근 파리에서 시녀를 유혹했다는 사실을 알지 못했다. *T. H. 로빈슨, 1897년, p438,*

그러나 일단 파리에 안전하게 입성하면 여행자는 무한한 유흥거리를 찾을 수 있었다. 러시아 왕녀 다시코프는 1770년 파리에 체류하면서 단체로 베르사유 궁전을 둘러보던 중 루이 15세와 그의 가족이 저녁을 먹는 모습을 가장 인상 깊게 보았다고 한다. 그러나 이보다 더 놀랄 만한 광경을 보여준 곳은 시체보관소였다. 이 우울한 장소는 어느 누구보다도 트롤럽과 엘리자 페이, 엠마 로버츠의 관심을 끌었다. 트롤럽은 이렇게 말했다. "'시체보관소'만큼 살 떨리게 하는 말이 이 세상에 또 있을까? 증오, 복수, 살인도 끔찍한 말이다. 그러나 '시체보관소'라는 한마디에는 범죄, 가난, 절망, 죽음이라는 아주 섬뜩한 개념이 내포되어 있기 때문에 훨씬 더 끔찍하다."

여성들은 프랑스에서 여행 책자를 속속 출간했다. 그 중『독신 여성의 프랑스 여행』과『어느 숙녀의 프랑스 남부 산책』같은 책들

은 아마추어 작가들에 의해 탄생된 것들이었다. 그러나 마틸다 베섬 에드워즈(『서부 프랑스에서의 1년』(1879) 저자)와 앞서 등장한 패니 트롤럽 같은 여성들은 글쓰기를 업으로 삼았다. 레이디 시드니 모건도 유명한 전업 작가였다. 그녀는 자신이 더블린으로 가는 배에서 태어났다고 주장했지만, 그때가 언제였는지는 말하려 하지 않았다. 워낙 많은 책을 쓰고 자립심이 강했던 시드니는 남편인 찰스 모건 경으로부터 자기 이름을 걸고 책을 내고 원하는 대로 자유롭게 여행을 다녀도 좋다는 약속을 받아냈다. 시드니와 찰스 경은 1815~16년에 유럽 대륙을 돌면서 프랑스에 관한 책을 내기 위해 소재들을 모았다. 그녀는 많은 사람을 만나고 온갖 체험을 하면서 그 계획에 자신의 모든 것을 걸었다. 그렇게 해서 탄생한 여덟 권의 『프랑스』(1817)가 큰 성공을 거두자 출판업자는 그녀에게 이탈리아 여행기도 맡겼다.

〈시체보관소: 파리에 있는 죽음의 집〉 프랭크 레슬리, p156, 1858년 2월 6일.

〈레이디 시드니 모건〉 S. 러버, 듀이킹크, 2권, p167.

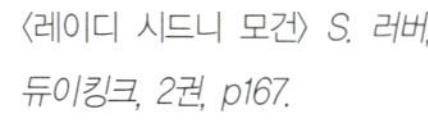

"(프랑스는) 레이디 모건이 글을 쓰기 위해 존재하는 것 같았다." - 윌리엄 대번포트 애덤스

### 이탈리아

이탈리아를 간 사람들은 누구를 막론하고 이탈리아 사람과 같아진
다―아무 생각 없이 자연의 아름다움, 예술의 기품, 기후의 쾌적함,
과거 회상, 사교의 기쁨을 즐기는 사람이 되는 것이다.―메리 셸리

1840년대에 이탈리아를 두 번 여행하는 동안 메리 셸리는 세 개
의 알프스 고개를 넘었다. 생플롱, 슈플리겐, 브레너가 그것이다.
몽스니 고개나 그랑생베르나르 고개로 갈 수도 있었고, 니스에서
제노바나 리보르노를 거쳐 바다로 갈 수도 있었다. 그러나 이런 선
택을 하지 않은 데에는 이유가 있었다. 이 두 고개는 육체적으로
힘이 많이 들 뿐만 아니라 날씨가 나쁘면 바닷길이 막혀 시간이 지
체되었다. 가장 큰 이유는 대부분의 여행자들처럼 그녀도 이 특별
한 목적지에 당도하게 되면 화가나 작가들에게서 오랫동안 찬양을
받게 된다는 것을 너무나 잘 알고 있었던 것이다.

영국인 여행자들 가운데 누구보다 이탈리아를 신격화한 사람은
바이런 경이었다. 많은 젊은 여성들은 그가 쓴 「베네치아에 대한
송시」를 읽고 넋을 잃었으며, 그가 노래한 낭만적인 이탈리아를 한
번쯤 가보고 싶어했다. 1824년 그의 비극적인 죽음은 시인이 너무
나 사랑한 그 나라의 매력을 더욱 증폭시켰다.

이탈리아적인 것을 칭송한 또 한 사람으로는 바이
런과 동시대 사람인 안 루이즈 제르멘 드 스타엘
부인이 있다. 프랑스 태생의 솔직하고 학식 있던
소설가이자 사교계의 여왕이었던 스타엘은 정통
적인 이탈리아 기행기가 아닌 『코린, 혹은 이탈리
아』(1807) 라는 소설을 썼다. 그 책은 로마, 나폴리,
베네치아가 주는 감동적인 여운에 대한 경의였으며, 표
면상으로는 전형적인 이탈리아 식 재치를 겸비한 아름
다운 코린과 자제력이 강한 영국 귀족 넬빌 사이의 사

<메리 셸리> 『메리 셸리의 연애
이야기』. 런던: 애서가 협회,
1907년, p127.

랑 이야기였다. 스타엘은 이 소설에서 누구와도 견줄 수 없는(때로는 도가 지나치고 자아도취증이 있는) 안내자를 창조해냈다. 그는 우리를 판테온, 성 베드로 성당, 로마 광장, 그리고 폼페이로 데리고 간다. 스타엘은 말없는 조각상에 생명을 불어넣고, 우리를 위대한 예술가들의 작업장으로 안내하며, 이탈리아의 사상을 소개해주었다. 『코린』을 읽지 않고 이탈리아를 보았다고 하면 몽유병자처럼 돌아다녔다고 말해도 좋을 것이다.

스타엘은 피치 못할 사정으로 여행을 해야 했다. 프랑스혁명 기간에는 이주자로, 나폴레옹이 정권을 잡았을 때는 망명자로 국외에서 살았다. 바이런의 집처럼 그녀의 집도 유럽에서 가장 인기 있는 여행지들 가운데 하나였다. 특히 영국 여성들에게는 설령 그녀의 가족을 못 만난다 해도 제네바 근처의 코페에 있는 그녀의 집을 방문하는 것이 일종의 예식이 되었다. 그 순례에 나선 사람들 중 『이탈리아의 게으름뱅이』(1839)의 저자 마거리트 블레싱턴이 있었다. 그녀는 제노바에서 바이런과 맺은 우정에 힘입어 『바이런 경과의 대화』라는 책도 썼다.

블레싱턴은 나폴리의 영국 사교계를 기록한 지적인 여성이었다. 그녀는 1823년에서 1826년까지 낭비벽이 심한 두번째 남편 찰스 존 가디너, 블레싱턴 백작과 나폴리에서 호화롭게 살면서 재기 넘치는 시인과 학자들, 천문학자과 멋쟁이들 위에 군림했다. 가장 빈번하게 들락거린 사람은 유명한 고고학자이자 캐롤라인 공주의 시종으로도 일했던 윌리엄 젤 경이었다. 젤은 블레싱턴 부부를 폼페이와 헤르쿨라네움으로 안내했고 노골적인 입담으로 두 사람들을 즐겁게 해주었다.*

블레싱턴은 남들처럼 베수비오 산과 교회, 유적지 들을 돌아보

---

* 젤의 친구이자 시종이었던 케펠 크레이븐은 나폴리에서 그의 어머니 레이디 크레이븐을 돌보고 있었다. 우리는 이미 그녀를 만난 적이 있다.

기도 했지만, 남들과 색다르게 그로토를 방문하기도 했다. 그 동굴에서는 관광객들에게 보여주기 위해 죽기 일보 직전까지 개에게 유독가스를 마시게 하는 일도 있었다. 그녀는 또한 바로 얼마 전에 사망한 나폴리 왕의 유적지도 돌아보고 정신병원도 방문했다.

책의 제목만 보면 블레싱턴은 게으른 여행자 같지만, 사실 그녀는 잠시도 쉬지 않고 정력적으로 여행을 다녔다. 그녀는 책제목에 대해 이렇게 설명했다. "이 나라를 늘 따라다니는 게으름이 내 마음을 사로잡았다. 나는 더 이상 일기를 쓰지 않겠다. 다만 마음이 내킬 때만 주변에서 일어난 일이나, 본 것을 적으리라. 오, 이탈리아의 안일한 삶이여! 어느 누가 이것을 거부할 수 있으리오?—적어도 나는 아니로다."

1826년에 나폴리를 떠난 블레싱턴 부부는 이탈리아를 거침없이 돌아다녔고, 피렌체에서 1년 정도 머문 뒤 파리로 가서 다시 한 번 호화로운 삶을 살았다. 그러던 중 블레싱턴 경이 갑자기 쓰러져 산더미 같은 빚을 남긴 채 죽고 말았다. 레이디 블레싱턴의 명성 또한 심대한 타격을 입었다. 그녀는 막대한 재산을 가졌지만 남편처럼 방탕하면서 의붓딸의 남편이자 괴짜 난봉꾼인 알프레드 도르세 백작의 정부로도 소문이 나 있었다. 그녀는 그와 함께 영국으로 돌아갔다. 그리고 자신과 백작의 천문학적인 빚을 갚기 위해 『프랑스의 게으름뱅이』(1841)를 비롯한 많은 여행기를 썼다. 그들이 진짜 연인 사이였는지는 의심의 여지가 있지만 당시의 평론가들은 그녀의 행동에 많은 비난을 퍼부었다. 레이디 블레싱턴은 영국인 행정관에게 수중의 재산을 몰수당한 채 1849년 5월에 파리로 돌아온다. 그녀는 한 달 뒤에 세상을 떠났다.

"여행은, 누가 뭐라고 하든 인생에서 가장 슬픈 기쁨 중 하나다. 외국의 도시에서 편안함을 느낀다면 그 도시가 집처럼 느껴지기 시작했다는 뜻이다. 그러나 미지의 나라를 지나치고, 거의 알아들을 수 없는 말을 듣고, 자신의 과거나 미래와 아무 연고도 없는 얼굴들을 보노라면, 휴식도 없고 위엄도 없는 고독과 고립을 알게 될 것이다."—마담 드 스타엘, 『코린, 혹은 이탈리아』

"유명한 카페 문 앞에는 많은 의자가 놓여 있고, 이탈리아 여성들이 앉아서 이야기를 나눈다. 여성이 카페 안으로 들어가는 것은 예의에 어긋나는 일이다. 이탈리아 여성들은 영국 여자들이 광장에서 아이스크림을 먹거나 커피를 홀짝홀짝 마시는 것과 가게 안으로 들어가는 것의 차이를 알지 못하는 것에 깜짝 놀란다."—메리 셸리

〈베네치아의 관광객〉 R 케이턴 우드빌, ILN, 1881년 10월 8일, p361.

〈마거리트, 레이디 블레싱턴〉
*라이트 스미스, 바이런 경과의*
*대화, 보스턴, 윌리엄 비지,*
*1832년.*

그 당시 레이디 시드니 모건도 이탈리아 여행기를 쓰고 있었다. 블레싱턴이 거처를 정해 놓고 느긋하게 글을 쓴 반면, 시드니는 여러 장소를 둘러보며 바쁘게 써내려갔다. 하지만 그 결과물인 『이탈리아』는 많은 관심을 받았다. 처음에는 코웃음을 치던 바이런도 "그녀의 작품은 대담무쌍하고 훌륭하다…… 그녀와 우연이라도 마주치기를 바란다"라고 썼다. 시드니의 친구인 메리 셸리는 "그녀의 책은 이탈리아 사람들의 보물이다"라고 말했으나, 그 책은 로마 교황청의 금서 목록에 오르게 되었다.

이탈리아 여행기에 이바지한 다른 주목할 만한 여성으로는 패니 트롤럽(『이탈리아 방문기』(1843) 저자)과 프랜시스 엘리엇이 있다. 한 평론가는 엘리엇의 『이탈리아를 여행한 게으른 여성의 일기』(1871)에 대해서는 칭찬할 점이 거의 없지만, "트롤럽은 많은 영국인 여행자들이 행한 심한 무례와 어리석음, 야비함, 그리고 로마에서 보인 행동을 종종 부끄럽게 여겼다"라며 그녀의 책을 높이 평가했다.

## 알프스 산맥

알프스 산맥은 온갖 여행자들을 유혹했다. 그것은 등반의 다양성 때문만은 아니었다. 희박한 공기는 폐병 환자들에게 강장제와 같았고, 계곡은 박물학 애호가들에게 안식처였으며, 무엇보다 알프스 산맥에 걸쳐 있는 나라들—특히 스위스와 오스트리아—은 안전하고 깨끗한 곳으로 인식되었다. 그 결과 알프스 산맥과 관련된 이야기에는 고도에서의 산책과 안정 요법에 관한 내용이 많이 있었다.

진정한 등반가들 중에는 1838년에 안내인과 짐꾼 열두 명을 대동

〈토마스 쿡 앤 선〉 베수비오에서 온 엽서, 1904년

쿡스의 케이블카를 이용하면 베수비오 산을 오르기가 쉽지만, 8년 전 레이디 블레싱턴이 오를 때에는 대부분의 여행자가 도중에 의자 가마를 타야 했다.

영국의 농장에서 사용되는 의자와 비슷하고, 아말피에서 산을 넘을 때 우리를 실어 나른 의자와 비슷하게 장대로 받친 의자들이 우리를 실어 나르기 위해 대기해 있었다. 그러나 막상 타보니 발밑에서 부스러지는 용암과 화산암재 때문에 인부가 발을 헛딛고 두 걸음에 한 번씩은 넘어지는 통에 앉아 있기가 버거웠다. 그래서 나는 그 흔들거리는 의자에서 내렸다. 팔을 잡고 ……
내 앞에 선 안내인이 허리에 두른 가죽 끈을 잡고서야 겨우 오를 수 있었다. 그런데도 무척 힘들고 피곤했다. 시시포스처럼 걸음을 옮길 때마다 몸이 뒤로 빠졌다.

하고 몽블랑 등정을 계획한 앙리에트 당주빌이 있었다. 1869년에 엘렌과 애너 피전 자매는 자신들이 처음으로 남성의 보필을 받지 않고 알프스를 오른 여성이라고 썼다. 『겨울의 알프스, 건강을 찾아주는 등반』(1883)을 쓴 엘리자베스 르블롱은 1881년에 아픈 몸을 이끌고 몽블랑 산을 두 번이나 올랐다. 1858년에 알프스를 오르기 시작하여 21년 동안 아흔여덟 개의 봉우리를 오를 작정이었던 루시 워커는 1871년에 여성으로서는 마테호른 산을 처음 정복했다.

재능 있는 언어학자이자 역사가가 된 도라 디스트리아는 부쿠레슈티(루마니아의 수도―옮긴이)에서 태어났으며, 원래 이름은 헬레네 기카였다. 그녀는 『독일 국경지대의 스위스와 묀히 봉을 오른 이야기』(1856)라는 책에서 융프라우와 가깝고 아무도 정복한 적 없는 묀히를 등정한 이야기를 썼다. 또한 남장을 소화하기 힘들었던 일에 대해서도 언급했다.

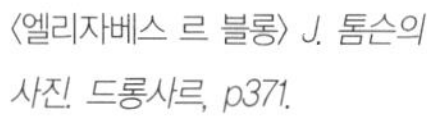

〈엘리자베스 르 블롱〉 J. 톰슨의 사진. 드롱사르, p371.

(나는) 다시 남장을 했다. 익숙해지지가 않는다. 어색했다. 움직일 때마다 옷이 거추장스러웠다…… 내가 걸을 때마다 비틀대는 것을 보고서 안내인들이 나에게 포기하라고 할까봐 두려웠다. 몹시도 창피했지만 여성복을 입지 못하게 하는 데에는 나름대로 중요한 이유가 있었다. 마침내 한 가지 해결책이 번득 떠올랐다. 불편하기 짝이 없는 이 옷들이 행여 참을 수 없을 만큼 지긋지긋해지면 입으려고…… 비단 페티코트와 끈 달린 부츠를 챙겨온 것이었다.

왼쪽: 〈도라 디스트리아〉 코르탕베르, p267.

〈알프스의 희생자〉 칸데르슈테크 근처의 돌덴호른에서 한 젊은이가 추락하는 것을 여성 등반가들이 공포에 떨며 지켜보고 있다. 이 젊은이는 6백 미터나 떨어져 내려갔다. 이 기사는 알프스의 짜릿함을 찾는 여행자들이 증가하는 만큼 치명적인 사고도 늘고 있다고 설명했다. 페르마, 『트리부나』, 표지, 1908년 7월 26일.

아멜리아 에드워즈가 티롤 동남쪽의 돌로미티를 탐

〈아멜리아 B. 에드워즈〉 커츠의 사진, 『파라오, 농부들 그리고 탐험가들』 뉴욕: 하퍼 앤 브러더즈, 1891년.

험하고 쓴 『인적미답의 봉들과 인적 드문 계곡들』(1873)은 한 아마추어의 열정이 담긴 글이었다. 나중에 이집트학자로 입신하게 되는 에드워즈는 1872년 7월 베네치아에서 동료인 'L', L의 예민한 하녀인 'S', 그리고 안내자 겸 호위자로 나섰지만 역량이 부족했던 어떤 신사와 길을 떠난다. 어울리지 않는 이 일행은 처음에는 기차로, 다음에는 마차로 오스트리아 국경 근처에 있는 코르티나로 향했다. 그곳에서 남자 안내자는 건강에 나쁜 티롤 지방의 여관과 초라한 수송 열차를 보고 기겁하여 도주했다. 에드워즈는 "우리의 부랑자 취미가 그에게는 너무 가혹했다. 그는 우리를 버렸다"라고 했다.

이후 적당한 안내자를 만난 일행은 그의 인도 아래 여행을 계속할 수 있었다. 그들은 카프릴에 본거지를 두고서 프레다초 여관에서는 유명한 알프스 등반가들이 쓴 서명을 보았으며 피에베디카도레에서는 티치아노가 태어났다는 침실을 구경했다. 에드워즈는 단체 관광객들을 좋아하지 않았지만, 독자적으로 여행하는 사람들에 대해서도, 특히 자기 나라 사람들이 무례하다고 생각했다.

그들은 몬테페차 봉의 사소비앙코에 처음 오른 여행자들이 자신들이라는 소리를 들었다. 그 일을 두고 알파인 클럽은 지극히 평범한 일이라는 듯 냉소적인 반응을 보인 반면, 평범한 여행자들은 너무 힘들어 보여 회피했다. 몬테페차 봉의 정상에 첫 발을 내디딘 사람이 되었다는 생각에 경외감이 생긴 에드워즈는 "첫 등반가라는 말에 전율이 느껴지고 이상하게도 그 생각이 머리를 떠나지 않는다"라고 썼다. 당대의 한 평론가는 그녀의 책을 "여성들에 관한 많은 일화와 잡담, 여성 여행자들의 결혼 생활이나 독신 생활에 관

한 평범한 정보를 유쾌하게 썼다"라고 평하
며, 에드워즈도 넌지시 비추었듯이, 알프스
의 돌로미티 암벽이 아직까지는 쿡스 관광객
들에게 짓밟히지 않았지만 그녀 덕분에 조만
간 그리 될 것이라고 지적했다.

알프스 산맥을 제외하고, 독일과 오스트리
아―이들 나라의 동쪽에 있는 폴란드와 보
헤미아(체코 공화국)도―는 그리 매력적인 여행지로
간주되지 않았다. 그러나 스타엘은 『독일』(1813)이라
는 책에서 그의 독일 방문기와 함께 괴테와 실러가 쌓
은 우정을 논하며 그 나라의 우수성을 부각시켰다. 반
면 오스트리아의 경우에는 한 평론가가 리지 이든의

〈관광: 스위스 시체보관소〉 도
보 여행에 만족하지 못한 여성
들은 신원 확인을 위해 전시되
고 있던 냉동 시체실을 둘러보
았다. 영국의 시체보관소의 측
면창. E. C. 그렌빌 머리, 런던:
비즈텔리, 1883년, p75.

『오스트리아에서 보낸 휴가』(1869) 서평에서 오스트리아가 "많은
것이 알려지지 않은 나라이며, 영국 사람들은 그 나라를 알고 싶어
하지도 않는다"라고 퉁명스럽게 말한 덕에 크게 주목 받지 못했다.

자신의 인생에 길이 남을 유럽 일주를 한 레이디 크레이븐은 "단
지 구경만 하고 가는 여행객들에는 독일 사람들은 친절하게 대할
것이다. 그러나 아예 그 나라에 정착하려는 사람들에 대해서는 어
떤 계획―음모―를 품고 있다고 생각할 것이며, 그 무엇도 이런
생각을 없애지 못한다"라고 말했다. 1837년에 레이디 프랜시스 런
던데리는 베를린과 드레스덴에서 그녀의 마음을 움직인 것들, 그
중에서도 박물관을 많이 방문했다. 그러나 독일 사람들의 요리에
대해서는 "유해하다"라고 공공연히 말했다.

반면에 온천은 인기가 많았다. 마리엔바트, 바덴바덴, 그리고 키
싱엔은 온천물로 몸을 치료하겠다는 방문객들로 언제나 들끓었다.
목욕만으로는 성에 차지 않은 여행객들은 독일어를 배우거나, 그
것도 안 되면 카지노를 즐길 수 있었다.

## 스페인과 포르투갈

스페인과 포르투갈은 이국적인 여행지로 알려져 있었으나, 콜레라와 도처에서 나타나는 산적들, 소화하기 힘든 음식(영국 사람들은 특히 마늘과 올리브유를 질색했다)으로 여행객들은 큰 불편을 겪었다. 그러나 이러한 장애에도 레이디 앤 팬쇼는 이베리아 반도를 방문했다. 그녀와 주 스페인 대사인 남편 리처드 경은 1647년, 1662년, 1664년에 스페인에서 살았다. 그 시대의 기준으로 본다면 팬쇼 부부는 호화롭게 여행을 한 편이었다. 언제나 유럽의 지식인들로부터 술과 음식을 융숭하게 대접받았다. 그러나 이렇게 사치스러운 용무를 수행하는 데도 육지에서든 바다에서든 언제나 불편과 위험이 뒤따랐다. 1650년에 터키 해적선이 그녀의 배에 접근한 아슬아슬한 순간을 레이디 앤은 이렇게 썼다.

우리 모두는 당연히 노예로 끌려갈 거라고 생각했다. (네덜란드인 선장이) 배에다 스페인을 위한 상품을 무척 많이 실었으나, 60자루나 되는 총은 아무 소용이 없어 보였다. 선장은 브랜디를 가져오게 한 후 200명 가까운 선원들과 함께 얼큰하게 마셨다. 그리고는 3만 파운드나 되는 배를 잃느니 차라리 싸우자며 무기를 가져오고 갑판을 최대한 깨끗이 치우게 했다. 그것은 승객들로서는 통탄할 일이었지만, 남편 또한 나에게 선실에 얌전히 있으라며 (여자는 아무도) 절대 모습을 보이지 말라고 했다. 터키인들은 이런 행동을 보고 남자들을 아주 호전적이라고 생각할지 모르지만, 우리 여자들은 상인이나 촌뜨기라고 여길 것이 분명했다 …… 짐승 같은 선장은 나를 선실에 가두었다. 나는 오랫동안 문을 두드리고 소리를 질렀지만 아무 소용이 없었다. 마침내 선실에서 일하는 한 소년이 와서 문을 열어주었다. 나는 눈물을 흘리며 소년이 입고 있는 위가 터진 모자와 타르가 묻은 외투를 달라고 간청했다. 소년은 그렇게 했고, 나는 소

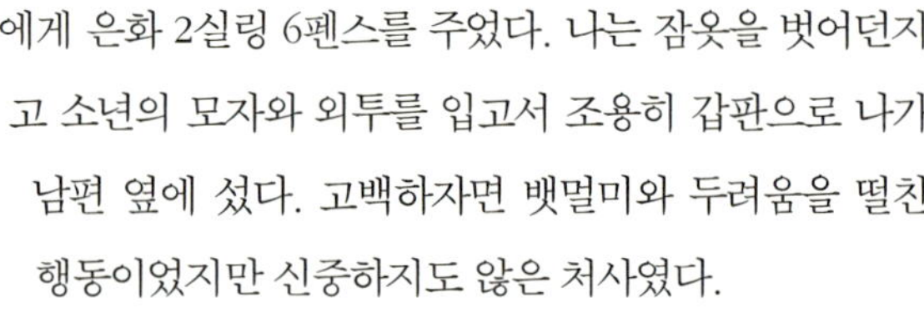

〈앤, 레이디 팬쇼〉 피신저, 연대 불명.

년에게 은화 2실링 6펜스를 주었다. 나는 잠옷을 벗어던지고 소년의 모자와 외투를 입고서 조용히 갑판으로 나가 남편 옆에 섰다. 고백하자면 뱃멀미와 두려움을 떨친 행동이었지만 신중하지도 않은 처사였다.

강도를 만나고, 배가 난파되고, 선원들이 술에 취하는 일 외에도 장애물은 많이 있었다. 레이디 앤은 임신도 자주 했는데, 자료에 의하면 열네 명에서 열여덟 명을 낳았지만 대부분 죽었다고 한다.

레이디 앤은 스페인을 사랑했다. 그녀는 스페인 음식이 영국보다 낫고(가난한 사람들에게선 고상한 면을 전혀 찾을 수 없지만), 남자들의 예절은 나무랄 데가 없으며, 여자들은 눈에 띄게 아름답다고 했다. 또한 "여행 중에 만나는 스페인인들은 세상에서 가장 유쾌한 사람들이다. 그들은 먹을 때 누군가를 만나면 무엇이든 나누어준다"라고 썼다.

1666년 6월 리처드 경이 학질에 걸려 죽자 스페인의 앤 여왕은 레이디 앤에게 스페인에서 살라며 많은 연금을 제안했지만, 앤은 이를 뿌리치고 영국에서의 가난한 미래에 모험을 걸었다.

레이디 앤의 전기는 1829년이 되어서야 출간된다. 그래서 스페인 여행기를 출간한 첫 여성이라는 명성은 안타깝게도 다른 사람에게 돌아갔다. 올누아 남작부인 마리 카트린 르 주멜 드 바르네빌이 쓴 『스페인 기행』(1691)은 불티나게 팔렸다. 당시 올누아 남작부인의 인기는 하늘을 찔렀고, 『흰 고양이』와 『파랑새』라는 동화와 17세기 궁정생활을 신랄하게 꼬집은 글로 유명세를 탔다.

『스페인 기행』은 올누아에서 출발하여 프랑스의 바욘에서 스페인의 마드리드까지 남쪽으로 가면서 동료 여행자들에게서 들은 일화들을 통해 스페인의 도덕관과 관습을 배우고 거기에 자신의 소견을 덧붙이는 형식을 취한 글이다. 이 여행담은 아라비안나이트와 비슷하게 이야기마다 도덕, 위험, 음모에 관한 교훈적인 이야기가 곁들여졌다. 투우, 요리법, 겨울 여행의 위험요소뿐 아니라 그것을 눈감아주는 세관원과 여인숙 주인의 삽화들도 군데군데 끼여 있다. 그러나 이런 이야기 방식은 여행 자체의 신빙성에 의심을 불러일으켰고, 한 편집자는 그녀의 스페인 모험담이 허구이며 대부분은 기존의 책에서 표절한 것이라고 공언하기도 하였다.

또한 올누아 부인의 사생활은 많은 물의를 일으켰다. 열여섯 살에 방탕한 올누아 남작과 결혼한 그녀는 3년 뒤 어머니와 여러 사람의 도움을 받아 남편을 반역죄로 바스티유 감옥에 집어넣었다. 남작은 무죄가 밝혀졌지만, 두 명의 귀족은 참수형을 당했고 올누아는 영국으로, 다음에는 스페인으로 도망쳤다고 한다. 그러나 1690년경 파리에 다시 나타나 문학계의 대가 반열에 올랐다.

재닛 쇼의 배경에 대해서는 알려진 바가 거의 없지만 그녀가 쓴 글의 신빙성에 대해서는 의심의 여지가 없다. 1775년 쇼는 임박한 미국독립전쟁을 피해 캐롤라이나를 떠나 조지아 주를 거쳐 스코틀랜드에 있는 고향집으로 돌아가던 중 포르투갈을 방문하게 되었다. 배는 세투발 항구에 도착했다. 그들이 리스본에 잠시 체류하기 위해 배에서 내리려 할 때 담배를 압류할 목적으로 세관원들이 승선하더니 이어서 검역관들과 심문관 한 명이 올라왔다. 그녀는 특히 마지막 탑승객에게 위압감을 느꼈는데, 알고 보니 성자 같은 분위기를 내던 그는 젊고 겸손한 목사였다. 쇼와 그녀의 보호자인 패니 러더퍼드, 그리고 승객 아치발드 넬슨—그는 편의상 쇼의 남편 행세를 했다—은 이륜마차와 노새를 타고 리스본까지 갔지만 돈을 뜯어내기 위해 대기하고 있던 정부 관리들에게 체포되었다. 그들이 테주 강을 건너려 했기 때문이다.

쇼의 명랑했던 기분은 다음 단계에서 주춤거리게 된다.

그날 밤은 추웠고 가랑비가 내리기 시작했다. 얼마나 어둡던지 테주 강을 보겠다는 기대감이 깡그리 사라졌다. 배를 통째로 전세 냈음에도 죽은 돼지와 물고기, 시장에서 사다 쌓은 물건들이 배의 반을 차지하고 있었다. 우리는 해변을 거의 벗어나지 못했다. 승무원들은 저녁 기도를 드리기 시작했다. 만약 그들 옆에 있던 죽은 돼지들이 일어나 꿀꿀대며 그 음악회에 동참했다 해도 그보다는 불쾌하지 않았을 것이다.

리스본에서 만난 한 의사는 쇼에게 "영국 사람들은 정말로 리스본에 묻히고 싶어합니다. 그들은 무덤으로 걸어갈 때가 되어서야 리스본을 찾지요"라고 말했다. 재닛 쇼가 스코틀랜드로 언제 돌아갔는지, 정말로 돌아갔는지는 알려져 있지 않다. 그녀의 편지들은 빛을 보지 못하다가 1921년에야 발견되었다.

19세기 들어서는 이베리아 반도를 여행하는 것이 더욱 힘들어졌다. 리스본 곳곳에서 볼 수 있는 외설스런 풍경에 시인 메리앤 베일리는 크게 좌절했다. 그녀는 "그곳의 타락은 때때로 터져 나오는 구역질을 억제하기 힘들 만큼 나의 신경에 강렬한 영향을 미쳤다"라고 밝혔다.

마드리드 같은 번화가를 제외하고 여관들은 최하급이었다. 리스본에서는 고급 호텔마저도 결점이 있었다. 1867년에 이저벨과 리처드 버튼은 웅장한 브라간자 호텔에 묵었다. 그러나 그 방은 이미 크기가 7센티미터나 되는 바퀴벌레들이 점령하고 있었다. 그 광경에 기겁을 한 이저벨이 비명을 지르며 의자 위로 뛰어올랐다. 이를 본 리처드가 "당신은 자신이 꽤나 예쁘고 재미난 사람으로 보인다고 생각하나 보군요"라고 빈정대자, 그녀는 마음을 가다듬고 다시 마루로 내려와 그 지긋지긋한 놈들을 죽이기 시작했다. 두 시간 만에 그녀는 97마리의 바퀴벌레를 죽였다. 버튼 내외는 다른 방을 배정받았는데, 이삼 일쯤 지나 그 방에 묵게 된 레이디 리튼이 비명을 내지르는 소리를 듣고 웃음을 터뜨렸다. 에밀리 워틀리라는 손님이 묵은 방은 호텔 아래에 있는 집의 굴뚝에서 올라오는 연기로 가득 찼다.

프랜시스 엘리엇은 『어느 게으른 여성의 스페인 일기』(1884)라는 책에서 스페인의 불결함을 꼬집었다. 그녀는 다른 책에서처럼 "충분히 보고 즐겼다"라는 쾌활한 목소리를 내고 있지만, 거리의 풍경과 박물관, 사람들을 묘사할 때에는 비방까지는 아닐지라도 기지 넘치고 날카로운 논조를 유지한다. 마드리드, 세비야, 카디스, 말라가, 코르도바, 발렌시아, 알리칸테, 그라나다, 그리고 살라망카를 녹초가 될 만큼 돌아다니는 동안, 그녀는 기차와 승합마차를 이용했다. 코르도바를 지날 때는 홍수로 죽다 살아났고, 가는 곳마다 불쾌한 호텔들을 참아내야 했다.

기차역 이용에 대한 엘리엇의 충고는 아주 실질적이다. "소지품을 약탈당하고 싶지 않다면 못마땅한 표정과 탐욕스러운 눈빛으로 끈을 붙잡고 있는 역무원에게 팁을 주어라. 빨리, 빨리! 지갑만 꺼내면 만사 오케이다!" 세비야에 대한 그녀의 첫 느낌 ─"오, 이런! 정말 보기 흉하군. 이걸 다 참아야 한단 말인가! 이보다 더 흉한 마을은 본 적이 없어. 이 꼴을 보러 그 먼 길을 왔단 말인가!"─은 장기간 체류하는 동안 어느 정도 누그러졌다. 그러나 말라가는 더욱 심각했다. "끔찍한 곳이다! 맹세컨대! 짐승 같은 마을이다! 맹세코! …… 태양, 쓰레기, 교통, 상선, 악취, 노새 종소리, 덜컹거리는 마차, 비명, 고함, 불쾌함과 먼지투성이다!"

다른 여행자들도 나을 게 하나 없었다. 알람브라 궁전에 몰려드는 여행객에 대해 엘리엇은 이렇게 썼다. "여행객들이 벌 떼처럼 몰려드는 모습이 정말이지 놀랍다. 그들은 마치 배에서 내리는 것처럼, 지저분하고 얼룩이 묻은 큼직한 외투에다 보닛이 비뚤어져 있는 여행용 모자를 쓰고 우르르 몰려든다. 또 어떤 이들은 빨갛고 푸른 멋들어진 복장에다 옷에 맞는 새 깃털을 달고 있다. 긴 드레스 차림으로 정교한 대리석 광장에 진흙을 묻히고 치맛자락을 질

질 끌며 시끄러운 목소리로 그곳이 자기 전유 공간인
양 한껏 뽐낸다.”

### 스칸디나비아 반도

메리 울스턴크래프트는 『스웨덴, 노르웨이, 덴마크
에서 짧은 체류 기간에 쓴 편지들』(1796)이라는 책에
서 “모든 나라가 자기 나라와 똑같아야 한다고 요구하는
여행자들은 차라리 집에 있는 편이 더 낫다”라고 충고

〈프랜시스 엘리엇〉 몰과 폭스의
사진, 드롱사르, p257.

했다. 그로부터 백 년 뒤, 배데커 여행안내서는 “호화
로운 호텔과 …… 상류 인사들이나 모이는 휴양지에 탐닉하는 여
행자들은 노르웨이가 취향에 맞지 않을 것이다”라는 경고로 울스턴
크래프트와 같은 견해를 표명했다. 메리 셸리의 어머니인 울스턴크
래프트가 스칸디나비아에 간 것은 몰래 은을 반입해오려는 그녀의
충실하지 않은 애인 길버트 임레이를 구출하기 위해서였다. 물론
길버트 임레이와의 관계를 개선하려는 의도도 있었다. 그녀의 책에
실린 편지들을 보면 그녀는 지적이고, 차분하고, 느긋하며, 사려 깊
어 보인다. 그러나 최근에 출간된 그녀의 개인적인 편지 모음은 이
와는 상당히 다르다. 그녀는 여행에서 만날 수 있는 실질적인 위험
들을 밝히면서, 자신을 급습한 외로움과 불안, 두려움이 황량한 스
칸디아반도를 여기저기 돌아다니게 만들었다고 했다.

레이디 프랜시스 앤 런던데리가 남편, 아들과 함께 덴마크와 스
웨덴을 거쳐 상트페테르부르크를 방문한 1836년까지만 해도 스칸
디나비아는 각광받는 관광지가 아니었다. 빈 주재 대사였던 런던
데리 경은 러시아 대사직을 제안 받았지만, 광범한 반대에 부딪쳐
사절하지 않을 수 없었다. 어쨌거나 이들 부부는 비공식적인 자격
으로 상트페테르부르크로 가기로 결정한다.

그들은 이미 런던, 빈, 이탈리아 북부를 다니면서 많은 경험을
쌓은 노련한 여행자들이었다. 레이디 런던데리는 여행 일지를 썼

는데, 대개는 이런저런 무도회나 만찬에서 무슨 옷을 입었는가와 같은 일상적 내용이었다. 그들이 여행한 여러 도시들 중 그녀가 가장 좋아한 곳은 스톡홀름이었다. 그들이 묵은 호텔 방이라는 데가 사람들이 쿵쿵거리며 지나가는 통로였는데도 말이다. 그녀는 특히 박물관에 관심이 많았다. "이 박물관에서 우리는 …… 자기 일을 무척 자랑스러워하고, 그곳에는 잡동사니만 쌓여 있다는 것을 전혀 의식하지 못하는 예의바르고 몸집이 작은 남자에게 안내를 받았다." 본인도 "땅딸막하고, 기묘한 몸매에 기이한 얼굴을 가졌다"라는 평을 듣고 있음에도, 런던데리는 스웨덴 여자들 대부분이 북유럽 사람들처럼 소박하며 '묘하게 안 어울리는' 옷을 입는 경향이 있다고 생각했다.

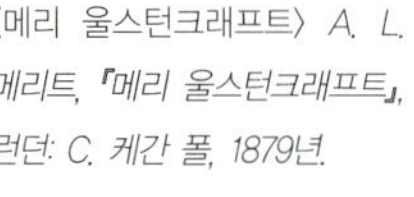

〈메리 울스턴크래프트〉 A. L. 메리트, 『메리 울스턴크래프트』, 런던: C. 케간 폴, 1879년.

## 대영제국

우리는 앞에서 루이 15세와 그 가족이 만찬을 즐기는 광경을 목격하는 예카테리나 보론초프 다시코프 공주를 만난 적이 있다. 그녀는 영국을 여행하기에 앞서 러시아 황제 표트르 3세의 암살 사건에 연루되었다. 표트르의 아내였던 예카테리나 2세는 1762년에 친구들의 도움을 얻어 남편의 제위를 빼앗은 뒤 그를 암살시켰다. 이 음모에 자기도 모르게 말려든 사람이 예카테리나 2세의 시녀였던 스물여섯 살의 다시코프였다. 이로 인해 1769년에 그녀와 두 아이가 유럽을 순회할 때에는(그녀의 남편은 5년 전에 세상을 떠났다), 그녀의 이름이 어느 정도 알려져 있었고 그 유명세 덕분에 그녀는 유럽의 최상류층 사교계에 비교적 쉽게 발을 들여놓을 수 있었다. 그곳에서 그녀는 호레이스 월폴과 드니 디드로 같은 작가들을 만났다.

또한 다시코프는 베를린과 런던을 여행하고 프랑스 구석구석을 돌아보았다. 이런저런 문제를 많이 일으켰던 그녀는 단치히(그단스크)에 있는 웅장한 러시아 호텔의 중심 홀에 걸려 있는 두 개의 그림을 보고 충격을 받았다. 그것은 러시아 군대가 패배한 전투를 형상화한 것으로, 러시아 군인들은 부상을 당했거나, 죽어가거나, 승리를 거둔 프로이센의 군인들 앞에 무릎을 꿇고 있었다. 러시아 대사가 주인에게 그 그림을 떼어줄 것을 요청하지 않자 다시코프는 몇몇 러시아 친구들과 함께 유화 물감을 주문해서는 방에 틀어박혀 군인들의 군복을 바꿔 입혔다. 프로이센의 군인들—두 전투에서 승리자로 보이는—이 러시아의 군인들이 되었고, 패잔병들에게는 프로이센의 군복이 입혀졌다. 제네바에서 다시코프는 볼테르를 만나 그가 임종할 때까지 그 집을 정기적으로 방문했다. 그 후 1771년 12월에 러시아로 돌아왔다가, 1776년에 다시 떠난다. 애든버러 대학에 입학한 아들 때문에 아이들과 함께 에든버러로 갔다. 아들이 2학년을 마칠 때까지 그녀는 건강과 가난 때문에 고생을 했으면서도, 여행을 계속할 목적으로 2천 달러를 빌려 아일랜드, 런던, 유럽 대륙을 방문한다. 이탈리아를 두루 돌아보고 난 후 그동안 수집한 1만 5천여 점의 화석과 광물, 식물 표본을 가지고 1782년 상트페테르부르크로 돌아왔다. 이 유람 이후 다시코프의 여행은 막을 내렸다. 상트페테르부르크로 돌아온 그녀는 과학 아카데미 국장, 러시아어 아카데미 교장이 되었다.

영국 여성들이 유럽을 어떻게 생각했는지를 살펴보았으니 유럽 여성들이 영국을 어떻게 생각했는지를 알아보는 것도 큰 기쁨이 될 것이다. 친영파 독일 여성인 요한나 쇼펜하우어의 글을 보면 그녀는 영국 여성만큼 비판적이지 않다. 그녀는 수개국어에 능했고, 소설가이자 철학자인 아서의 어머니였으며, 괴테의 친구이자 스타엘과 동시대에 살았다.

1803년에서 1805년까지 쓴 그녀의 일기는 『영국 여행』이라는 제목으로 처음 출간되었다. 그 일기는 쇼펜하우어와 그녀의 남편이 영국과 스코틀랜드의 사유지와 공원을 방문하면서 겪은 위험한 여정을 담고 있다. 그녀는 채스워스에서 가까운 피크 동굴이라는 곳을 방문한 적이 있다. 그곳에서 안내인—그녀의 일행을 프랑스 관광객들로 오인한 것 같다—이 일행 가운데 한 명을 동굴 깊숙한 곳으로 밀어던지는 제스처를 취하기도 했다. 또한 그녀는 광산을 구경하던 중 석탄 덩어리를 기념품으로 챙겨 넣었는데, 캐론 철공소에서 입장을 거절당하고 나서야 그 사실을 알아차렸다고 했다. "우리는 사실 여행을 할 때 단지 거기에 있기 때문에 보는 경향이 있다…… 어떤 의무감에만 고무될 뿐, 그 후에는 아무런 수고도 하지 않기를 바라곤 한다."

쇼펜하우어는 모든 것에 논평을 달았다. 아름답고 젊은 외국 여자들이 얼마나 빨리 늙는지 정신없이 흥보던 영국 여성들은 그녀의 글에 콧대가 꺾였을 것이다. 그녀는 "영국의 시골 처녀들과 젊은 여성들은 대체로 용모가 반반한 편이지만 나이가 들면서 점점 뚱뚱해지는 경향이 있다"라고 썼기 때문이다.

쇼펜하우어의 남편은 1806년에 죽었다. 자살로 추정된다. 그녀의 또 다른 여행기 『파리 여행』과 『1828년 1월의 라인 강 하류와 벨기에 유람』은 남편의 죽음 전후에 떠났던 여행에 바탕을 두고 있다.

유럽이 비록 벼룩과 산적, 그리고 후진 호텔들을 제공하기는 했지만 많은 여성들은 이를 일종의 실험장으로 보았다. 그런 곳에서 훨씬 큰 모험을 기대하며 여행자로서의 기량을 쌓을 수 있으리라 생각한 것이다. 19세기 초까지 여자들은 남자들 못지않게 유능한 여행자임을 유감없이 보여주었고, 기쁜 마음으로 단호하게 유럽의 바깥으로 눈길을 돌렸다.

# 불가능에 도전하기

1836년 레이디 런던데리는 상트페테르부르크와 모스크바에서 남편과 함께 멋지게 포장된 역로를 달리면서 깊은 인상을 받았다. 전 구간이 자갈 포장이 되어 있는데다 평평해서 역마차나 썰매를 타고 닷새 만에 여행을 마칠 수 있었다. 런던데리는 길가에 들어선 여관들의 건축 양식에 깜짝 놀랐다. 한 여관에서는 자신이 배정받은 으리으리한 방—모자이크 세공을 한 마루, 화려한 벽지, 높다랗고 잘 꾸민 천장—을 보며 연이어 감탄을 쏟아냈다. 그러나 자리에 앉기가 무섭게 엉덩이와 다리에 따끔따끔한 통증이 느껴지더니 참기 힘든 가려움증이 찾아왔다. 그녀가 온몸을 긁고 들썩이자 수천 개의 작고 검은 벌레가 치마에 들러붙어 있는 것이 보였다. 곧 그녀의 피부에는 붉은 반점이 돋았다. 으리으리한 방의 크기만큼 많은 벼룩과 빈대가 들끓고 있었던 것이다. 러시아에서 벌레 없는 숙소를 찾기란 하늘의 별따기만큼 어려웠으므로 러시아 여왕은 런던데리에게 피부에 왜 붉은 점이 났는지를 물을 때 좀 더 신중했어야 했다.

유럽인 여행자들에게 러시아는 광대한 미지의 땅이자, 키 크고 턱수염을 기른 기병들이 사는 환상적인 얼음 궁전의 땅이었다. 그러나 러시아를 여행하는 데에는 시간과 비용이 너무 많이 들었고, 그곳에 가게 되면 적어도 한 번은 혹독한 겨울을 견뎌내야 했다. 런던데리 부부는 호화로운 여행을 한 편이었지만, 돈과 인맥의 보호를 받지 못하는

"러시아에서는 다른 곳과 달리 여행이란 새로운 명소를 보는 것을 뜻하지 않는다."
—아델 오메르 드 엘

〈카프카스 산맥의 베디아의 수도원을 방문한 후 돌아가고 있는 칼라 세레나〉 Y. 프라니시니코프 『월간 여행』 43호, 1882년, p381.

사람에게는 러시아 여행이 보통 냉혹한 일이 아니었다. 그래도 상트페테르부르크와 모스크바는 도전해볼 만한 곳이었지만 시베리아는 감히 엄두를 내기 힘든 곳이었다.

## 시베리아

그렇다면 여성들을 시베리아로 이끈 것은 무엇이었을까? 어떤 이들은 선교의 임무를 맡고, 어떤 이들은 일 때문에 그곳을 찾았다. 시베리아를 야유회 장소쯤으로 생각한 여성은 거의 없었다. 폴란드의 정치 유배자 에베 펠린스카 또한 자신이 원해서 시베리아에 간 것이 아니었다. 1839년 3월, 그녀는 승합마차처럼 계속 교체되는 썰매를 타고 우크라이나에서 시베리아까지 이송되었다. 그녀는 자신을 녹초로 만든 그 여행을 이렇게 기록했다. "다시 길을 나설 때까지 목적지까지 온 사람은 한 명도 없었다. 우리 지옥팀은 눈 덮인 심연을 가로질러 나아가야 했다. 그러나 눈보라도, 장애물도, 위험물도, 기수들의 열의를 꺾지는 못했다. 초인간적인 힘이 우리를 앞으로 밀어내는 듯했다." 에베는 자신의 '교도관'—그녀는 그를 그렇게 불렀다—과 다른 두 명의 유배자와 함께 눈이 녹아 진흙 범벅이 된 길을 따라 동쪽으로 갔다. 그렇게 길에서 한 달을 보낸 뒤에야 서시베리아의 토볼스크에 당도했다. 그들은 그곳에서 눈이 녹아 사납게 날뛰는 이르티시 강이 잠잠해지기를 기다려야 했다.

다음 여정은 강 하류로 두 주일이나 가는 것이었지만 항해를 시작한 지 며칠 안 돼 사고가 발생했다. 펠린스카가 튼튼하지 않은 구명정에 조심성 없이 앉는 바람에 구명정이 맹렬하게 몰아치는 바람에 떠내려가고 만 것이다. 배와 멀어지고 있다는 공포—다른 추방자였다면 탈출의 기회로 생각했을지 모른다—에 그녀는 꼼짝달싹을 못했다. 다행히 재빠른 판단을 내린 밀가루 상인이 기절 직전의 그녀를 갑판으로 끌어올렸다. 이후 최종 목적지 베레조보에

도착하는 5월 말까지는 아무 사고도 일어나지 않았다. 그녀는 그곳에 거처를 정하고 정숙하고 편안한 삶을 살았다. 펠린스카는 마침내 가족에게 돌아가도 좋다는 허락을 받는다.

〈선원들이 에베 펠린스카를 구하고 있는 장면〉 두랑 브라제, 『월간 여행』 6호, 1862년, p221.

　프랑스의 첼로 연주가 리즈 크리스티아니는 유배자 아닌 연주자로서 시베리아에 용감한 도전장을 던졌다. 스칸디나비아에서 음악의 대가로 입지를 잡고 있던 크리스티아니는 1849년에 '돈을 벌기 위해' 상트페테르부르크로 갔다. 그러나 그 여행은 아니 감만 못했다. 왕족의 죽음으로 깊은 슬픔에 잠겨있던 상트페테르부르크는 당시 유령 도시나 다름없었다. 크리스티아니는 짐을 꾸려 자신의 첼로와 러시아 하녀 그리고 자신의 보호자 겸 독일인 피아노 연주자를 대동하고 동쪽으로 갔다.

　1863년에 『월간 여행』에 발표된 그녀의 이야기는 동시베리아의 수도 이르쿠츠크에서 시작한다. 이르쿠츠크를 기점으로 그녀는 중

시베리아 『필립스의 간편한 지도책』, 1897년.

〈리즈 크리스티아니와 그녀의 첼로〉 무대의상을 차려 입은 후, 『월간 여행』 7호, 1863년, p384.

국인들이 많이 살고 있는 캬흐타라는 국경 마을까지 여행한다. 중국인들은 그들을 따뜻이 맞아주었고, 호기심을 갖고 지켜봤으며, 예의에 어긋나지 않는 성대한 저녁을 대접했다. 크리스티아니는 집주인으로부터 그곳에 왜 왔는지를 시작으로 수많은 질문을 받았다. 단지 국경 지역을 알고 싶어 왔다는 그녀의 말을 그자가 믿었는지는 알 수 없다. 그녀는 그 지역의 사원을 안내 받았고, 나중에는 연극도 관람했다. 중국어를 전혀 못 했지만 그 연극에서 외설을 뛰어넘는 뭔가를 발견할 수 있었다.

크리스티아니는 어떤 유목민의 대상들로부터도 초대를 받았다. 공단으로 만든 색색의 옷을 입은 삼백 명의 기수들에게 호위되어 그녀는 스텝 지대를 가로질러 야영지에 도착했고 그곳에서 구운 양고기와 샴페인으로 저녁을 대접받았다. 그곳을 떠난 뒤에는 티베트불교 사원을 방문했다. 다음 방문지인 야쿠츠크는 참으로 '누추한 동네'였지만, 사람들은 그녀의 숙소를 지날 때면 공손하게 모자를 벗었다.

세 여행자는 그들이 최대한 갈 수 있는 동쪽의 캄차카 반도까지 갔다. 10월 중순경에는 말을 타고 험난한 지대를 뚫고 서쪽으로 계속 가서 본토로 돌아왔다. 그때 크리스티아니는 길을 잃은 적이 있었다. 다행히 그곳을 지나가던 전령병을 만났는데, 그는 자신을 따라오는 것은 좋지만 뒤처져도 기다려주지는 않겠다고 경고했다. 그녀는 보조를 맞추려고 애를 썼지만 결국 따라잡지 못했고, 그의 모습이 보이지 않을 때에야 그가 경고한 말을 떠올릴 수 있었다. 기진맥진해진 그녀는 고삐를 늦추고서 말의 본능적 감각에 자신의 운명을 걸어보기로 했다. 그때 전령병이 돌아왔다. 그가 그녀와 그녀의 말 중 어느 쪽을 불쌍히 여긴 건지는 알 수 없지만, 어쨌거나 그녀는 다음 역참에서 일행을 다시 만날 수 있었다.

그해 말까지 크리스티아니는 마흔 번 이상의 연주회를 가졌고 힘든 여행으로 체력이 바닥났다. 건강을 회복하기 위해 카프카스 지방으로 간 그녀는 1853년 10월에 콜레라로 세상을 떠났다.

시베리아의 무자비한 명성도, 영국인 간호사이자 『썰매와 말을 타고 시베리아의 나병촌으로』(1893)의 저자인 케이트 마스던의 길

리즈 크리스티아니는 중국인들이 자신을 위해 마련한 식탁에서 자신이 준비해온 테이블 세트를 사용했다. 중국의 젓가락 사용법을 몰랐기 때문이었다. 풀퀴에, 『월간 여행』 7호, 1863년, p389.

〈케이트 마스던〉 "나에게 예거를 입으라고 권해준 모두에게 고마움을 전하고 싶다. 인간적으로 말하면, 내 목숨이 붙어 있는 것은 순전히 그 옷 덕분이며, 더불어 술을 마시지 않았기 때문이다. 이 두 가지가 없었다면 그 어떤 여성도 내가 겪은 위험과 궁핍, 그리고 어려움을 이겨낼 수 없었으리라 믿는다." p15.

"남자들이 대부분의 여성처럼 출발 전부터 여행이 끝나기만을 원했다고 말하는 것은 아주 당연했다." —케이트 마스던

을 막지 못했다. 그는 나병에 특효약으로 알려진 약초를 구하기 위해 야쿠츠크로 떠났다. 독실한 신자인 그녀는 1877~78년의 러시아-터키 전쟁에서 간호사로도 일했고, 나병에 대해 더 연구하려고 예루살렘과 콘스탄티노플을 방문한 적도 있었기 때문에 견디기 힘든 상황이 어떤 것인지 너무나 잘 알고 있었다. 1890년 12월 그녀는 시베리아에서는 전혀 어울리지 않는 차림으로 모스크바에 도착했다. 러시아어를 모르면서도 그것에 전혀 구애받지 않고 방문 승인을 받아냈다. 마스던과 중도에서 하차한 그녀의 친구 에이다 필드는 그곳에서 출발 준비를 했다.

이 위험하고, 길고, 알 수 없는 여행을 위한 모든 준비가 몇 주 만에 끝났다. 내가 뭐라고 말하는 거지 —위험한 여행?—아니다. 몇몇 사람들은 내가 '유람 여행'을 하게 될 것이라고 말했다. 그래, 두고 봐야지. 나에게 이런 매력적인 말을 건넸던 여자들이 내년 2월 초하루에 모스크바 부근을 출발해 여행길에 오르겠다고 약속한다면, 나는 잠시 그들을 비난했던 것을 뉘우치겠다.

마스던은 상하지 않을 것이라 생각하여 18킬로그램 정도의 과자를 비롯해 많은 음식을 준비했다. 무엇보

다 그녀는 과자를 무척 좋아했다. 그녀의 옷차림은 순모 제품인 예거 일색이었다. 솜털을 채운 얼스터 외투에 양가죽 외투를 입고 그 위에 순록 가죽 망토를 또 걸쳐서, 몸을 구부릴 수도 썰매를 끌 수도 없을 지경이었다.

비록 옷을 두툼하게 껴입었다고는 하나, 마스던이 썰매를 타는 모습은 '곱게 자란 영국 여성이 아니라 흠씬 두들겨 맞은 오래된 마호가니 통나무처럼' 보였다. 러시아의 여관에서 그녀는 감히 상상도 못 해본 악취와 해충들을 경험했다. 옴스크에서 그녀의 친구 필드는 건강이 악화되어 돌아가야 했다. 마스던은 전혀 위협적이지 않은 상황도 절박한 상황으로 각색하며 장난을 치곤 했는데, 마침내는 고립과 낯선 사람들에 의존하는 것에 익숙해졌다. 휴게소에서는 감옥을 방문하여 종교 책자를 나누어 주기도 하였다.

그해 봄 드디어 야쿠츠크에 도착했을 때, 그녀가 가장 먼저 방문한 사람은 그 지역의 가톨릭 주교였다. 주교는 그녀가 찾고 있던 약초를 보여주었지만, 그 약초가 나병에 효험이 있다는 말은 들은 적이 없다고 했다. 6월 말에는 경호원 한 명과 함께 나환자들을 찾으러 길을 나섰다. '치마를 입은 채 말을 타고 3천 베르스타(1베르스타는 1.067킬로미터)를 가는 것은 무리였기 때문에' 그녀는 말타기에 수월한, 무릎까지 오는 바지를 입었다. 또한 사냥 모자를 쓰고, 긴소매 재킷을 입고, 한쪽 팔에는 적십자 띠를 둘렀다. 그리고 총과 채찍까지 갖추어 만전을 기했다.

호우나 폭염으로 흙탕길을 헤쳐 나가야 할 때가 많아서 여행은 지루해지고 길어졌다. 마스던은 옷을 갈아입지도 목욕도 하지 못한 자신이나 동료들이 감기에 걸리지 않는 사실이 놀라웠다. 준비해간 식량은 금세 상해버려 모든 음식을 사먹어야만 했다. 그녀는 가난하고 홀대받는 나환자들이 유르트(중앙아시아

*〈케이트 마스던〉 모스크바의 르니르드 사진 드롱사르.*

키르기스 지방의 유목민이 사용하는 천막―옮긴이)에서 북적대며 사는 것을 보았지만, 그들에게 미미한 도움밖에는 줄 수 없었다.

어느 날은 땅 밑에서 불이 나 여행자들 주위로 불길이 섬뜩하게 솟아올랐다. 겨우 겨우 말을 몰아 숲을 빠져나온 후 마스던은 파김치가 되었다. "전에는 말을 타본 적이 없었다…… 어쨌거나 요 몇 주일 동안 딱딱한 안장에 올라 거의 자지도 먹지도 못하고, 온갖 위험과 고난으로 점철된 여행을 했다.―그러니, 아마도 독자들은 내가 녹초가 되었다고 생각할 것이다." 그녀는 '속병'이 커지고 있다는 공포 때문에 아주 고통스럽게 남은 여행을 했다.

마스던은 더 이상 약초에 대해 배울 게 없다고 판단하고 야쿠츠크로 돌아갔지만, 나환자들의 간을 좋아지게 하는 방법은 확실히 알게 되었다. 그녀는 돌아오는 겨울에 모스크바로 다시 돌아갔다. 튜멘에서 에이미 필드를 우연히 만나 이후로는 늘 함께 다녔다. 마스던은 1892년 봄에 영국으로 돌아왔다.

## 크림반도와 카프카스 산맥

시베리아가 내키지 않는 여행자들은 러시아의 남쪽 지방을 방문할 수 있었다. '러시아 제국의 수도회장 대리'인 마리아 거스리 부인은 건강을 회복하기 위해 1795년 상트페테르부르크를 떠나 흑해로 갔다. 그러나 아무런 효과도 얻지 못했다. 그 후 그녀는 일부러 힘든 여행을 하기 위해 색다른 목적지를 택했다. 그때의 경험을 기록한 책이 『1795~96년에 토리다, 즉 크림 지역을 여행한 이야기』(1802)이다. 이 책은 그녀가 군의관이자 알렉산드르 1세의 고문이며 골동품 수집광인 남편 매튜 거스리 박사에게 날짜를 표기하지 않고 보내는 편지 형식으로 씌어져 있다.

프랑스어로 쓴 거스리의 편지는 그녀가 죽고 나서 남편이 번역하고 편집해서 출간했다. 대부분의 글이 여성의 필치가 묻어 있는 학술적인 역사서처럼 읽힌다. 한 편지에서 마리아 거스리는 학술

서러시아. 『필립스의 간편한 지도책』, 1897년.

적인 글쓰기를 고집한 이유를 이렇게 밝혔다. "여성 여행자의 이야기 방식이 유쾌하되 산만하다고 비웃는 남성들을 단지 벌주고 싶어, 이 여행기에는 되도록 많은 방식을 도입하려 한 사실을 기억해주기 바란다." 그래서 그녀의 편지에는 사사로운 항목은 거의 등장하지 않는다. 가끔은 진위 여부가 의심스러운 이야기도 나오는데, 그것은 아마도 매튜 거스리가 자신의 건조한 문체에 변화를 주어 폭넓은 독자층을 확보하기 위한 장치였는지 모른다.

나는 과학에 무지했지만 남편의 힘든 일을 거들면서 서서히 그의 학

문적 파트너가 되었다. 나 또한 남편처럼 카스피 해에 대해 의견을
개진할 수 있게 되었다―아델 오메르 드 엘

아델 오메르 드 엘은 비록 남편의 이름으로 책을 내긴 했지만 그
책의 저자라 할 수 있었다. 당시에 크림반도와 카프카스 산맥을 연
구한 결정판이자 자비에 오메르 드 엘의 이름으로 나온
『카스피 해의 스텝 지대』(1847)는 아델이 공동집필한
것으로 알려져 있다.

이 책은 1838년부터 1845년까지의 여행을 다루
고 있다. 당시 오메르 부부와 그들의 어린 아들은
러시아 남부를 여행 중이었다. 그녀의 글은 순수
한 마법의 순간들로 가득 차 있다. 특히, 미개한
카프카스 사람들의 호위 아래 카프카스 지방의
스텝 지대를 횡단하는 모험은 손에 땀을 쥐게 한다. 하
지만 그녀의 행복은 숱한 위험에 직면하면서 뭉개지고
만다. 그녀는 말을 타고 짙은 안개밭을 지나다가 지난

〈아델 오메르 드 엘〉 E 르페뷔
르, 코르탕베르.

해 어느 폴란드 여인이 매복해 있던 체르케스 사람들에게 습격당
했다는 이야기를 듣게 된다. 그 여인의 호위대와 하인들은 "몰살되
거나 도망쳤고, 마차는 강탈당했으며, 여인은 유괴되어 다시는 소
식이 들리지 않았다"라고 한다. 이 이야기가 끝나자마자 안개가 걷
히더니 그들 앞에 체르케스 무리가 나타났다. 아델은 비명을 질렀
다. 그녀는 그들이 우호적일 것이라고 확신하면서도 그들이 줄지
어 지나갈 때 혹시나 달려들어 '검은 장옷 밑에서 반짝이는 담홍색
단검'을 꺼내지 않을까 걱정스레 지켜보았다고 했다. 유괴의 위협
은 물론이거니와 가장 평화로운 시기에도 어려움이 따랐다. 아델
은 이처럼 견디기 힘든 상황에서도 여행을 계속하는 이유를 아래
와 같이 밝혔다.

문명화된 삶의 주된 부분을 이루는 규정된 관습의 틀을 잠시 벗어나자 신선한 감동과 은밀한 기쁨이 내 머릿속에 있던 모든 침울한 생각을 걸어 갔다. 여행은 사람들로 북적대는 도시에서는 더 이상 맛볼 수 없는 삶의 꾸밈없는 방식을 어렴풋이 경험하게 해준다…… 유목민(말 그대로)의 생활방식이 이제는 더 이상 예전에 생각했던 것만큼 터무니없게 느껴지거나 진저리가 쳐지지 않는다.

카롤레즈라는 크림반도의 한 마을에서 아델은 좀처럼 보기 힘들다는 전설적인 미인 아델 베이 공주를 우여곡절 끝에 만난다. 공주는 콧마루까지 이어지는 검은 눈꺼풀 화장을 하고 있었다. 아델은 그 기묘한 공주의 화장을 기억하며, 자신이 본 것을 놓치지 않고 상세히 기록했다. 아델과 공주—아델이 예상한 것보다 훨씬 아름다웠다—는 서로를 유심히 바라보았다. "공주가 내 외모에 어떤 평가를 내렸는지 알 수만 있다면 무엇이라도 마다 않을 준비가 되어 있었다. …… (나는) 공주 앞에 남장 차림으로 나섰는데, 그 모습을 보고 공주는 틀림없이 유럽의 패션이 이상하다고 생각했을 것이다."

아델의 남장 차림은 또 다른 타타르 여성에게도 강한 인상을 남겼다.

나는 커다란 발코니에 베일을 쓴 세 여인이 있는 어느 집 앞을 지나게 되었다. 발코니 밑을 지나칠 때 말을 천천히 몰면서 그들에게 친근한 신호를 보냈다. 그러자 그들 중 한 여인—내가 보기에 가장 아름다운—이 손에 쥐고 있던 백합 다발에 몇 번이고 입을 맞추더니, 그것을 아주 솜씨 좋게 던져 내 손에 떨어지게 했다. 나는 그 선물을 받고 신이 나서 동료들에게 뛰어가 꽃다발을 보여주었다. 하지만 그들은 그 선물이 내가 아닌 나의 남장 차림에게 준 것이라며 심술궂게 놀렸다.

아델은 얄타 북쪽의 울루 우젠 근처에서 고립되어 살고 있는 기이한 프랑스 여성 자크마르를 만났다. 미모와 재치로 명성을 날렸던 여성 총독 자크마르는 도둑들의 표적이 되었기 때문에 늘 권총을 차고 잠을 잤다. 그녀의 목숨을 노린 한 사건으로 그녀의 두개골에는 금이 나 있었다.

오메르 부부는 1845년에 크림반도를 떠나, 이듬해 다시 돌아왔다. 자비에는 1849년 서른여섯의 나이로 이스파한에서 죽음을 맞았다. 그러나 아델은 계속 돌아다니면서 여행기를 몇 권 더 썼다.

크림반도를 여행한 또 다른 여성으로는 자메이카 사람인 메리 시콜이 있었다. 스코틀랜드 장교와 자유 신분이었던 흑인 하숙집 주인 여자 사이에서 태어난 이 갈색 여성이 크림전쟁 기간에 발라클라바 근처에서 호텔을 운영하게 된 것은 아주 우연이었다. 자신의 경험담을 쓴 『여러 나라에서 시콜 부인이 겪은 굉장한 모험들』(1857)에 따르면, 그녀는 콜레라와 황열병에 걸린 어머니의 손님들을 간호하면서 기업가와 의사로서의 길을 걷기 시작했다고 한다.

메리는 병약한 시콜이란 남자와 결혼하여 그가 숨을 거둘 때까지 보살펴 주었다. 당시는 캘리포니아에서 금광 열기가 한창이었고, 자메이카에서는 콜레라가 창궐하여 파나마 지협까지 번지고 있었다. 몇 년 뒤 크림반도에서 분쟁이 발생했다는 소식을 들었을 때 메리 시콜은 한 걸음에 달려가고 싶었지만 그렇게 할 수 없었다. 그녀는 "어디선가 전쟁이 났다는 말만 들리면 곧바로 목격하고 싶었다"라고 말했다. 그녀는 1854년 가을에 런던에 도착했는데, 간호사로 일하려고 육군성과 피렌체 나이팅게일 대표단에 지원한 것이 묘하게도 맞물린다.

두려움을 모르는 메리는 1855년 1월에 발라클라바로 떠나 스프링힐 근처에 브리티시 호텔을 세웠다. 전쟁은 손에 땀을 쥐게 했다. 폭격과 격전이 그녀 곁을 떠나지 않았다. 그녀는 전장에 활력

을 주기 위해 귓가를 스치고 지나가는 포탄에도 용감
하게 맞섰고, 세바스토폴에서 후방을 지키며 누구보다
먼저 음식을 조달했다. 쥐, 도둑, 소름 돋는 추위, 이따
금 발생하는 살인도 시콜에게는 적수가 되지 않았지

〈우리의 종군 여상인〉 크림 반
도의 한 병원에서 펀치라는 잡
지를 나누어주고 있는 메리 시
콜. 『펀치』 1857년 5월 30일,
p221.

만, 1856년 휴전이 체결되고 갑자기 퇴역을 하게 되자 그녀는 심한
혼란을 겪었다. 『삽화가 있는 런던 소식』에 피난을 떠나기 위해 기
다리고 있는 군중 그림이 실렸는데, 격자무늬 치마에 등을 지고 서
있는 사람이 시콜이다. 이 신문은 시콜이 "가장 많은 사랑을 받았
고, 모두의 말에 따르면 아주 많은 선행을 했다"라고 논평했다.

1876년과 1878년 사이에 이탈리아 여행자 마담 카를라 세레나는
흑해에서 카스피 해까지 카프카스 지방을 여행했다. 그녀가 쓴 『발
트 해에서 카스피 해까지』(1881)는 이 여행뿐 아니라 유럽과 중동
을 꾸준히 돌아다닌 그녀의 결과물이다. 그녀는 또한 『월간 여행』

"나는 평생 동안 나의 충동에 따라 마음 먹고 행동했다. 그래서 그 어디에서도 빈둥거려본 적이 없다. 배회하고 싶은 생각도 없었고, 내 소망을 이루는 길을 간절하게 찾고픈 마음도 없었다…… 이러한 자질 덕에 나는 많은 나라를 다닐 수 있었고, 기이하고 재미난 모험들을 할 수 있었다…… 그래서 몇몇 사람들은 나를 '여자 율리시스'라고 부른다, 정말이다. 나는 그것을 칭찬의 뜻으로 받아들이지만, 그리스 사람들을 만나보니 그 말이 심한 아부가 아님을 알겠다." —메리 시콜

(1881~84)에도 몇 편의 기사를 발표했다. 여행을 한 이유는 밝히고 있지 않지만, 그녀는 이 책에서 자신에게 초점을 맞추는 것에 대한 불편함과 겸손함을 어렴풋이 고백했다.

세레나는 모든 필수품을 가지고 다니는 여행대와 함께 말을 타고 여행했다. 길에서는 여관도, 식량도 찾기 힘들기 때문이었다. 다행히 그녀는 많은 집에서 환영을 받았고, 가난한 마을 사람들의 결혼식에도 초대받았다. 그 지역은 예나 지금이나 생기가 넘치고, 죽은 자들을 추도하는 곳이었다. 세레나는 환대를 받으면서도 어쩔 수 없는 한 가지 장애물을 한탄해야 했다. 그 지역 언어를 한 마디도 할 수 없다는 것이었다. 그녀는 말을 배우기보다 석 달간 침묵으로 견딘 후, '여성에게는 힘든 고난'이었다고 시인했다.

세레나는 자신을 보고 "영웅심이 거의 광기 수준이다"라고 말한 어떤 공무원으로부터 압하스로 가는 허가증을 겨우 받아낸다. 안내인격인 차파르를 동행하고서 그녀는 일반 가정집이나 두칸스(일부는 여관이고, 일부는 창고로 쓰는 곳)에서 머무른다. 그곳에서 맨발에다 불결한 누더기를 걸친 주민들이 주는 음식을 대접받으며 치솟는 혐오감을 감춰야 했다.

사진이 모자란다는 이유로 책 출간이 연기되자 그녀는 1881년 11월에 카프카스 지방으로 돌아간다. 사진기자들이 위험 지역에서 꽁무니를 빼는 바람에 그녀 자신이 직접 사진을 찍어야 했다. 사실 그곳에 가기 전까지 그녀는 카메라를 만져본 적도 없었고, 시험해보지도 않았었다. 그러나 신기하게도 그녀는 카메라를 잘 다뤘고 여행 중에 임시로 마련한 암실에서 사진들을 현상했다. 그녀가 유럽으로

〈카를라 세레나〉, 드롱사르, p79.

돌아왔을 때, 카스피 해 지방에서 여러 해를 보낸 저명한 지질학자
는 "당신은 실현할 수 없는 일을 실현했소!"라며 그녀의 여행을 축
하해주었다.

# 사막의 여왕들

중동 지역은 유럽 여성들이 전에는 꿈조차 꾸지 못한 모험을 해볼 수 있는 기회를 주었다. 전설적인 하렘 구역에는 여자들만 입장할 수 있었기 때문이다. 즉, 중동의 관능적인 아내들, 그리고 돈 많은 파샤와 베이 (터키의 문무고관에 대한 존칭—옮긴이)들의 노예들의 퇴폐적인 삶을 훔쳐볼 수 있었다. 그래서 수백 명의 여성이 호기심에 이끌려, 혹은 이 금지된 장소에 무엇이 숨겨져 있는지 알고 싶어하는 남편들의 성화에 떠밀려 이곳을 찾았다.

19세기 중반까지 중동 지역을 찾는 방문객들은 보통 말이나 노새로 여행을 하고, 천막이나 칸, 카라반사리로 알려진 변변찮은 여관에서 잠을 잤다. 아는 사람이 없으면 여성들은 숙소를 찾는 데 애로사항이 많았다. 1810년 헤스터 스탠호프는 숙소를 마련하기 위해, 일행 중 남자 두 명을 먼저 콘스탄티노플에 보내는 슬기를 발휘하기도 했다. 혼자 여행을 다닌 이다 파이퍼는 1842년 배에서 내리기 전에 미리 예약해둔, 깨끗하지만 소박한 호텔인 마담 발비아니에서 묵었다. 그녀는 만약 그곳에 묵지 못했더라면 '몹시 곤란했을' 것이라고 썼다.

여행자들은 또한 통역 겸 안내인을 고용하라는 충고를 들었다. 통역을 맡은 사람들은 여행을 계속할 수도, 중단할 수도 있었는데, 대부분의 여성은 자신들의 통역자와 친밀한 관계를 유지했다. 세계적인 여행가이자

"나의 근심거리를 너무 상세하게 묘사한 것에 대해 독자들은 너그러이 봐주기 바란다. 다만 돈이 많은 것도, 집안이 좋거나 배짱이 두둑한 것도 아닌데, 나와 같은 여행을 하고 싶어하는 사람들이 있다면 차라리 집에 있는 편이 훨씬 더 낫다고 경고하기 위해 그렇게 썼을 뿐이다."—*이다 파이퍼*

〈터키의 화려한 옷과 터번을 둘러쓰고 단검까지 찬 레이디 메리 워틀리 몬터규〉 *W. 그레이 트배치, 몬터규, 1권.*

나비 수집가인 마거릿 폰테인은 자신의 통역인 카일 네이미와 열렬한 연애를 시작했고, 그 관계는 20년 동안이나 지속되었다. 해리엇 마티노는 깊은 사랑을 나누는 사이로까지는 발전하지 않았지만 통역인 알리 무스타파를 진심으로 존중했다. "몇 개국어를 하는 그들을 보았을 때―일상의 업무에서 보이는 유능함, 여행에 대한 열정, 어디를 가든 대상과 친해지는 친화력……, 우리 중 몇몇은 자신의 일에서 무척 기가 죽어 보였다." 배데커의 『이집트』에는 없어서는 안 될 이 사람들과의 접촉 방법과 몇 가지 표현법이 실려 있었다.

## 터키

터키 하렘의 비밀을 서구에 처음 알린 여성은 레이디 메리 워틀리 몬터규였다. 그녀는 1717년에 남편인 에드워드 워틀리 몬터규 대사와 터키로 여행을 간다. 편지 형식으로 된 그녀의 이야기는 1725년에 처음 알려졌다. 아드리아노플과 콘스탄티노플에서 하렘과 공동 목욕탕을 방문했을 때의 수치스러운 이야기들로 가득 찬 이 편지는, 하렘을 사실적으로 묘사한 첫 책으로 그곳의 향락적인 생활상을 대범하다 싶을 만큼 상세히 설명하고 있다. 첫 방문에서 레이디 몬터규는 난생 처음 보는 무도회를 목격했다. "너무나 부드러운 선율!―너무나 나른한 몸짓!―잠깐의 끊김과 죽어가는 눈빛들! 반쯤 쓰러진 등, 그 다음 아주 교묘한 방식으로 다시 이성을 되찾았다. 확신컨대 아무리 고지식하고 얌전떠는 여자라 할지라도 그들의 모습을 본다면 '말할 수 없는 것'에 대해 생각하지 않을 수 없을 것이다."

하렘을 잘 알게 된 후 메리는 동양 여성들의 틀에 박힌 삶을 비판하는 많은 남자 여행자들을 조롱했다. 그녀는 "터키 여성들이야말로 이 우주에서 그 어떤 여자들보다 자유롭고, 아무 근심 없이 끝없는 향락의 삶을 영위하는 유일한 여성들일지 모른다"라고 썼다.

그러나 몬터규는 터키에서 무위한 세월만 보내는 요염한 미인들과 수연통이나 피우며 시간을 허비하지는 않았다. 동생을 천연두로 잃고 상심해 있던 그녀는 가을이면 종두를 실시하는 노파들로부터 종두법을 배웠다. 그녀는 아이들에게도 예방접종을 시켰고 그 기술을 영국에 전파하였다.

1785년에 콘스탄티노플을 여행한 레이디 크레이븐은 몬터규의 편지들이 모두 지어낸 이야기이며, 어쩌면 호레이스 월폴*이란 남자가 썼을 거라고 단정했다. 크레이븐은 콘스탄티노플에서 프랑스 대사의 영접을 받았고, 그 저택의 여러 방에서 대사가 소파에 한가로이 누워 있는 것을 보고 술탄의 삶을 떠올릴 수 있었다고 했다.

그 후 중동을 찾은 여성들은 레이디 몬터규의 『편



"그들 중 최고참인 듯한 여성이 나에게 옆에 앉으라고 청하면서 내가 옷을 벗고 목욕하는 모습을 보고 싶어했다. 나는 약간 난감해하며 거절했다. 하지만 그들이 어찌나 진지하게 설득하는지, 나는 마침내 셔츠를 벗고 코르셋을 보여주지 않을 수 없었다. 그들은 그것으로도 대단히 만족해했다. 그들은 내가 이상한 기계장치 같은 속옷 안에 감금당해 있고, 내 힘으로는 그것을 열 수 없으며, 내 남편이 그런 것을 만들었다고 생각하는 것 같았다."—레이디 메리 몬터규

---

* 월폴이 자신이 쓴 『오트란토 성』(1765)을 과거의 분실된 사본으로 속이려고 문서 위조 수법을 쓴 적이 있었기 때문에 사람들은 몬터규의 편지를 쓴 유력한 후보자로 월폴을 지목한 것 같다.

THE BOSPHORUS.

지』에 영향을 받아, 그녀가 누린 경험과 기쁨을 맛볼 수 있기를 기대했다. 1700년대에는 동양 문물에 대한 열광이 유럽을 휩쓸었고, 동양학이 나폴레옹의 이집트 연구(1809년에 출간되었다), 샤또브리앙과 라마르틴의 작품들, 장-레옹 제롬과 들라크루아의 그림들과 더불어 확고하게 구축된다.

〈스쿠타리에서 부상자들을 방문하는 레이디 레드클리프〉 레드클리프가 타고 있는 의자 가마는 콘스탄티노플의 번화하고 좁은 거리를 다니는 일반적인 운송 수단이었다. *ILN p212, 1855년 8월 18일.*

1840년대까지 콘스탄티노플에서는 하렘 방문이 줄을 이었다. 레이디 런던데리가 영국 대사에게 자신을 술탄의 하렘에 데려가달라고 청했을 때, 대사는 그런 요구까지 다 들어주다가는 다른 업무를 볼 수 없다고 말하면서 단호하게 거절했다. 런던데리는 오스트리아 대사를 설득하여 마침내 그 바람을 이루었지만, 신분이 낮은 자의 하렘으로 만족해야 했다.

몇몇 여성은 콘스탄티노플을 방문하자마자 마음을 빼앗겼다. 반면에 크림전쟁 기간인 1855년에 이곳을 방문한 에밀린과 빅토리아 워틀리 같은 여성들은 비판적인 입장을 취하였다. 빅토리아는 "자신의 하녀가 형편없는 거리

〈보스포루스〉 콘스탄티노플에 있는 하렘. *ILN, 1857년 7월 18일, p65.*

<하렘을 방문한 후 제작한 판화
(하렘 내부: 콘스탄티노플,
1860)> 헨리에트 브라운. 직업
화가였던 브라운은 콘스탄티노
플, 모로코, 이집트, 시리아를
방문하고는 동양적인 주제를 자
신의 그림에 반영했다. 메태,
『월간 여행』 8호. 1863년,
p153.

➳ 시커멓고 금이 간 벽, 갈라진 틈, 먼지와 거미줄로 뒤덮인 나무 천장, 찢어지고 기름에 찌든 소파들, 찢어진 휘장들, 곳곳에 떨어진 양초 기름과 수지들을 상상해보라. 이 범상치 않은 매력적인 은신처에 처음 들어섰을 때 나는 충격에 휩싸였지만, 그곳 여인들은 알아차리지 못했다. 그들은 장소와 묘한 조화를 이루고 있었다. 여자들은 틈만 나면 번지르르한 장식으로 치장을 했는데, 거울이 드물었기 때문에 그 기괴한 모습을 정작 자신들은 감상할 수 없었다. —크리스티나 디 벨조조소

풍경에 어찌나 넌더리가 나는지 거리만 말끔하게 해준다면 내일이라도 러시아 사람들이 쳐들어왔으면 좋겠어요!"라고 말했을 때 맞장구를 쳤다. 이집트와 팔레스타인을 오랫동안 여행한 뒤 1860년에 이곳에 도착한 실용주의자 에밀리 보퍼트는 춥고 습한 영국에서 곧장 이곳으로 온 여성들에게는 '이곳이 실제보다 더 아름답게 여겨질' 소지가 있다고 생각했다.

크리스티나 디 벨조조소는 몇 년 동안 터키를 제 집인 양 편하게 지낼 만큼 터키에 매료되어 있었다. 이탈리아의 애국자이자 공주인 이 정열적인 여인은 사랑하는 비서의 시신이 자신의 별장에서 발각되자, 오스트리아의 지배를 받는 롬바르디아를 떠나 딸 마리아와 영국인 하녀 파커 부인을 대동하고 1849년 8월에 배를 타고 콘스탄티노플에 왔다. 1850년 11월경 그녀는 에이악 막 올루라고 불리는 골짜기에 보스포루스 해협이 내려다보이는 작은 농장을 샀다. 그곳에서 밀과 양귀비를 재배해 성공을 거둔 후 농장을 알자스 출신의 한 감독에게 맡기고, 시리아와 팔레스타인으로 여행을 떠난다. 그 여행을 다녀온 후 쓴 『동양의 하렘과 풍경』(1858)과 잡지 『두 개의 세상』(1855)에 발표한 글을 통해 하렘의 생활상과 배꼽춤에 대한 견해를 밝히고 있다. 그러나 그녀는 두 가지 모두에 별 흥미를 느끼지 못했다. 또한 하시시는 몸을 불편하게만 할 뿐 별 감흥을 주지 않았다고 고백했다. 그녀에게 깊은 영향을 미친 곳은 예루살렘이었다.

아홉 달 뒤 농장으로 돌아온 벨조조소는 아무도 농장을 돌보지 않은 사실과 이를 복구하는 데 엄청난 비용이 든다는 사실에 경악했다. 당시 그녀의 수중에는 돈이 거의 남아 있지 않았다. 엎친 데 덮친 격으로 이탈리아에 있는 그녀의 자산마저 몰수당했다. 그러던 중 1853년 6월, 파커 부인과 연인 사이였던 롬바르디아 출신의 하인이 벨조조소를 칼로 다섯 차례나 찌르는 사건이 발생한다. 다행히 그녀는 살았고 치료를 통해 건강을 되찾은 듯했지만, 결코 예

전으로 돌아갈 수는 없었다. 그녀는 기력만이 아니라 젊음과 아름다움마저 잃고 유럽으로 돌아갔다.

## 시리아와 성지 순례

콘스탄티노플은 여성 순례자들의 영원한 목적지, 다시 말해 성지 여행을 위한 출발점이었다. 19세기에 성지 순례는, 특히 혼자 떠날 생각을 하는 여성들에게는 가장 내세울 만한 구실이었다. 그러나 귀족적이고 솔직한 레이디 헤스터 스탠호프에게는 그런 구실조차도 필요 없었다. 그녀는 자신의 비범한 여행과 전설적인 레반트 체류에 대해 아무 기록도 남기지 않았지만, 기이하고 화려한 성격 때문에 명성을 날렸다.

스탠호프는 부유하지만 성질이 아주 급했던 아버지와 사이가 틀어지자 삼촌이자 영국의 수상인 윌리엄 피트 집에 1803년부터 그가 죽은 1806년까지 살았다. 재치 있고 독립심이 강하며, 흠 잡을 데 없는 신부감이었던 스탠호프는 삼촌의 고위급 동료들과 잘 어울렸다. 1805년에는 곧 추방될 웨일스의 캐롤라인 공주의 시녀로 지내기도 했다. 그러나 삼촌이 죽고 나자 그녀에게는 아무런 실권이 주어지지 않았으며, 수입도 줄어들었다. 의회는 그녀에게 허울 뿐인 1200달러의 연봉만을 지급했다. 또한 삼촌의 죽음과 함께

1809년에는 이복 오빠 찰스와 그녀의 연인 존 무어 경이 죽음을 맞는 바람에 그녀는 더욱 비통했다. 두 사람 다 스페인과 벌인 전쟁에서 전사했다.

1810년 2월 스탠호프는 그녀의 또 다른 이복 오빠 제임스와 함께 지브롤터로 가는 프리깃 함선에 승선한다. 이 여행에는 하녀 엘리자베스 윌리엄스, 남자 하인, 주치의 샤를 메리옹이 따라갔다. 그러나 그녀는 샤를 메리옹을 부정할 정도로 무시했다. 스탠호프는 친구인 슬리고 경과 대여행(전에 영국의 귀족 자제가 교육의 마무리로서 하던 유럽 여행—옮긴이) 중이던 스물한 살의 마이클 브루스를 만나 그와 연인 사이가 된다. 그녀는 이 새로운 동반자들과 함께 그리스를 경유하여 콘스탄티노플로 갔고, 그곳에서 시인 바이런을 잠시 만났다.

1811년 10월 스탠호프, 브루스, 메리옹 그리고 새로운 하녀 앤 프라이는 이집트를 향해 돛을 올렸지만 로도스 섬 연안에서 그들이 탄 배가 침몰하고 만다. 죽은 사람은 아무도 없었지만 그들은 모든 짐을 잃어버렸다. 여벌이 없어서 스탠호프와 프라이는 터키 남성복을 걸쳐야만 했다. 여행은 다시 시작되었다. 이 일행은 알렉산드리아에 상륙한 뒤 계속해서 카이로로 갔다. 스탠호프는 통치자인 메메트 알리를 만나기 위해 화려한 브로케이드(아름다운 무늬를 넣어 짠 직물—옮긴이)와 금으로 수놓은 터번에다 V자형 앞 장식을 달고 남자 바지를 입었다. 그러나 알리는 유럽 여성을 한 번도 만난 적이 없었기 때문인지 그녀의 의상을 보고도 놀라지 않았다.

1812년 5월 그들은 하인과 경호원을 잘 갖추고 팔레스타인으로 출발했다. 스탠호프는 베일도 쓰지 않고 다마스쿠스로 말을 타고 가는 대범함을 과시했다. 다마스쿠스에서 그녀는 사막 길을 관리하는 아나제 부족의 촌장을 만난다. 그는 제노비아 여왕의 몰락한 제국의 유적지인 팔미라로 탐험대를 데려갈 예정이었다. 로마 시대 이후로 이 유적지를 찾은 유럽 여성은 그녀가 처음이었다. 1813년

3월, 스탠호프와 프라이는 베두인족 남자들처럼 옷을 입고 힘겨운 여행길에 오른다. 그 소문은 사막의 포도 덩굴을 따라 빠르게 퍼졌다. 모두가 이 유복하고 도전적인 영국 여성을 보고 싶어했으므로 성대한 의식으로 그녀를 환영했다. 스탠호프는 마치 여왕이라도 된 듯한 기분이 들었다.

그러나 이 탐험은 스탠호프의 재정에 심대한 타격을 입혔다. 족장에게 보호 명목으로 지불하는 돈뿐 아니라 하인, 경호원, 낙타, 텐트와 식량을 구하는 데도 엄청난 비용이 들었기 때문이다. 그녀는 수입보다 많은 돈을 쓰면서 금세 빈털터리가 되어갔다. 브루스는 스탠호프와의 애정이 식자 자신의 연간 수당의 절반을 그녀에게 보내주겠다고 약속하고 영국으로 떠난 후 소식을 끊었다. 오히려 그는 유럽으로 돌아가 그녀의 성격이 불안정하다고 비난하며 둘 사이의 관계를 철저히 부인했다.

스탠호프는 재정난을 타개하기 위해 아스칼론에 있는 돈 더미가 묻혀 있다는 곳을 찾아내기로 결심하고 발굴 허가를 따낸다. 그러나 보물은 발견하지 못하고 아름다운 조각상을 비롯해 각종 유물만 발굴한다. 그러나 사람들이 자신의 의도를 오해할까봐 그녀는 조각상들을 파괴했다. 발굴 작업은 그녀를 더 많은 빚더미에 오르게 했다.

스탠호프는 처음에는 마르 엘리아스에, 나중에는 시돈의 북동쪽 레바논 산에 있는 옛 수도원 조운에 정착했다. 이곳에서도 식솔이 많아 그에 따른 부담이 걷잡을 수 없이 커진다. 몇 해 동안 많은 방문객들이 이곳을 찾아왔다. 그 중 영국인 탐험가 제임스 실크 버킹엄은 그녀에게 『메소포타미아 여행』이란 책을 헌정했다. 나중에 케임브리지의 국회의원이 된 윌리엄 뱅크스는 그녀를 신랄하게 비방하기도 했다. 알렉산더 킹레이크는 『에오텐』에서 그녀를 이상할 만큼 삐딱하게 묘사했지만, 알퐁스 드 라마르틴은 『오리엔트 항해』에서 그녀를 높이 치켜세웠다.

　　스탠호프와 동행했던 메리옹 박사는 1817년에 홀로 영국으로 돌아갔다. 그러나 이 당시 스탠호프는 점성술과 운명학에 몰두해 있었고, 그다지 좋지 않던 건강도 매우 쇠약해졌다. 내란이 일어나자 그녀는 메리옹에게 돌아와달라고 부탁했는데, 이미 결혼을 한 그는 아내와 떨어지고 싶지 않아 그녀를 동반하고 길을 나섰다. 그러나 이 만남은 해적들로 인해 무산되

〈브런즈윅의 캐롤라인 아멜리아 엘리자베스 공주〉 토머스 로렌스 그림, 2권.

었다. 얼마 후 메리옹 부부는 다시 여행을 단행하여 마침내 조운에 도착했지만, 메리옹의 부인과 스탠호프는 이내 관계가 악화되어 서로 등을 돌려버렸다.

　　스탠호프는 가난한 살림에도 불구하고 하인과 식객을 서른 명이나 부양하고 있었다. 이후 영국 정부는 그녀가 이집트에서 진 빚을 갚지 않았다는 이유로 그녀의 연금을 끊었다. 그녀는 빅토리아 여왕과 웰링턴, 파머스턴에게 항의 편지를 썼지만 효과를 거두지 못했다. 영국으로 돌아온 메리옹 역시 그녀를 돕자고 호소했으나 어디서도 도움을 받지 못했다. 얼마 후 그녀의 요청을 받고 그는 다시 한 번 그녀를 찾아간다. 이후 그가 완전히 그녀의 집을 떠나자 그녀는 집을 굳게 닫아버렸고, 소문에 따르면 몇 달 동안 철저히 혼자 지냈다고 한다. 이 대단한 인습 타파주의자는 1839년 6월 23일에 세상을 떠났다.

　　스탠호프가 괴짜였다면 캐롤라인 공주는 허세와 경솔을 대표하는 인물이었다. 그녀는 후에 조지 4세가 되는 웨일스의 왕자와 결혼해 가련하고 사랑받지 못하는 딸을 낳는다. 그러나 평생을 수치스러운 정치 음모와 진위가 의심스러운 간통 그리고 세계 일주에 휩쓸려 살았다. 1814년 영국에서 추방된 그녀는 콘스탄티노플로 가기 전에 이탈리아의 신록이 우거진 별장에서 돈을 물 쓰듯 썼다.

〈에밀리 보퍼트의 이집트 무덤과 시리아의 사당에서 바라본 팔미라에 있는 승리의 아치문〉 1권, 1861년, p359.

소문에 의하면 스탠호프는 캐롤라인 공주가 시리아에 도착했다는 소식을 듣자마자 도망쳤다고 한다. 캐롤라인은 아크레에서 예루살렘까지 말을 타고 여행을 한 후, 이를 기념하기 위해 〈세인트 캐롤라인의 예루살렘 입성〉이라는 초상화를 의뢰했다. 또한 자신의 이름을 내건 교단도 세웠다. 마침내 이탈리아를 거쳐 영국으로 돌아온 캐롤라인은 섭정 왕자가 간통을 이유로 이혼 소송을 제기해 놓은 상태여서(나중에 철회했다) 그의 대관식에는 참석할 수 없었다.

스탠호프의 팔미라 탐험은 그녀의 뒤를 따른 많은 여성 여행자에게 장벽을 깨는 교두보 역할을 했다. 기록에 따르면 이 전설적인 폐허를 방문한 두번째 여성은 레이디 엘렌버러라고 불리던 제인 딕비 엘 메즈라브였다고 한다. 딕비는 회고록을 쓰지는 않았지만 일기는 꾸준히 썼는데, 그것을 전기 작가인 메리 러벨이 접하게 된다. 러벨은 그것을 읽고 비록 불완전하지만 딕비의 놀라운 삶을 종합할 수 있었다. 딕비의 수많은 애정 관계를 요약하기란 불가능하다. 정열적인 딕비는 바이에른 왕 루트비히 1세가 롤라 몬테스를 만나기 전에 그를 매료시켰고, 팔리카레스라는 반군 지도자 크리스토돌로스

하지-페트로스와 말을 타고 마케도니아 언덕을 달렸으며, 베두인 족장 메주엘 엘메즈라브와 결혼하여 마침내 정착을 했다.

딕비는 프랑스 하녀인 외제니를 대동하고 시리아에 처음 도착했을 때, 하녀 또한 계속해서 하지-페트로스와 잠자리를 가지고 있었다는 사실을 알고 무척 충격을 받았다. 두 사람은 베이루트에 도착하여 곧장 다마스쿠스로 간 다음, 그곳에서 팔미라로 갈 채비를 하였다. 1853년 6월, 딕비는 '나의 가장 위대한 모험'이라고 칭한 여행을 시작한다. 그러나 그녀와 함께 떠난 아나제 부족 여행대가 습격을 당해 그녀는 팔미라에서 스물네 시간 동안 폐허에 남게 된다. 이때 그녀는 여행대의 대장인 살레와 잠자리를 가지기 시작했고 마침내 메주엘을 만난다.

그녀는 잠시 그리스로 돌아가서 몇 달을 보낸 뒤 다마스쿠스로 돌아오는데, 이곳에서 메주엘을 다시 만났다. 그녀가 그에게 다마스쿠스에 집을 살 생각이라고 말하자, 그는 그녀에게 청혼을 한다. 대답을 하기 전에 그녀는 바그다드로 가서 이슬람 족장 엘 바라크와 관계를 가졌다. 그리고 다마스쿠스로 돌아와, 메주엘에게 지금 부인과 이혼을 한다면 청혼을 받아들이겠다고 말했다. 딕비는 그리스를 한 번 더 여행하고 나서 메주엘과 결혼했고, 두 사람은 1881년에 그녀가 죽을 때까지 함께 했다. 딕비는 팔미라를 자주 여행했다. 그녀는 베두인 족의 생활방식과 승마술로 이름을 날렸으며, 에밀리 보퍼트, 이저벨 버튼, 리디 파시코프, 앤 블런트를 비롯한 많은 중동 여행자들의 방문을 받았다. 딕비의 집에서 며칠을 유숙했던 버튼은, 비록 추방된 몸이지만 위세 당당한 알제리아의 반군 지도자 압델 카데르와 담배를 피우며 보낸 황홀한 밤들에 대해 글을 쓰기도 했다.

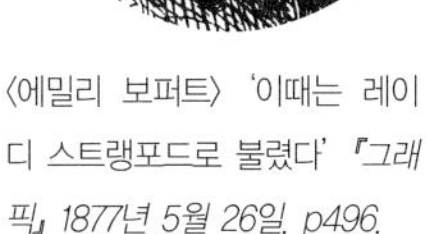

〈에밀리 보퍼트〉 '이때는 레이디 스트랭포드로 불렸다' 『그래픽』 1877년 5월 26일, p496.

"나의 목적지는 내 어린 시절과 소녀 시절의 꿈이었던 다마스쿠스였다. 나는 베두인족의 아랍 추장들 사이에서 살게 될 것이다. 사막 냄새도 맡게 될 게다. 텐트와 말과 무기도 소지할 테고, 무엇보다 자유를 만끽할 것이다." ―이저벨 버튼

1859년 에밀리 보퍼트와 그녀의 여동생 R. E. B.가 메주엘의 여행대와 함께 팔미라를 여행했을 때의 일이다. 그곳의 지역 주민들이 즉석에서 그들을 경매에 붙였다. 그것을 두고 보퍼트는 이렇게 썼다. "절대 몸을 팔지 않는다고 단언하는데도 그들은 계속 우리의 몸값을 불렀다. 그들의 제안에 내가 머리를 흔들자 한 남자가 신이 나서 만 피에스터(터키·이집트·베트남 등지의 화폐—옮긴이)까지 불렀다. 그러나…… 돈을 아무리 많이 준다 해도 나를 가질 수는 없다고 말해주자 그는 돌아서며 이렇게 중얼거렸다. '저 여자의 눈이 검은색이었다면 천을 더 불렀을 텐데!'"

팔미라를 방문한 또 한 명의 여성으로는 탐험가이자 영국 영사인 남편 리처드 버튼과 함께 1870년부터 1871년까지 다마스쿠스에서 산 이저벨 버튼이 있다. 그녀는 역병, 콜레라, 벼룩, 기아, 가뭄, 노상강도를 제외한다면 다마스쿠스도 유럽 여성들이 지낼 만한 곳이라고 했다. 그 도시에서 그녀가 처음 대면한 곳은 칭찬과 비방을 동시에 받고 있던 드미트리 여관이었다. 그 여관에 대해 그녀는 이렇게 썼다. "안마당이 딸린 훌륭한 집이었는데, 마당에는 오렌지 나무와 레몬 나무, 금붕어로 가득 찬 분수, 분수 주위로는 덮개를 씌운 미술관이 하나 있었다." 그러나 다른 여행자들은 버튼만큼 너그럽지 못했다. 버튼보다 20년 먼저 이곳을 찾은 해리엇 마티노는 오렌지 나무도, 금붕어도, 멋진 안마당도 없는 것에 분개하여 이렇게 말했다. "동양에 있든 다른 곳에 있든 이런 집을 두고 낭만적이네 어떻네라고 말하는 것은 옳지 않다. 앞으로 이 집을 찾을 여행자들은 주인의 나태함이나 거만함에 고생 좀 할 것이다."

버튼은 해먼스, 다시 말해 공동 목욕탕을 자주 찾았고 그곳에서 따뜻한 환영을 받았다. 그녀의 이야기는 낭만과는 거리가 멀다. "나는 얼마간 충격을 받았다. 그들은 알몸으로 바닥에 웅크리고 있었는데, 옷은 약탈당하기 일쑤였고, 머리와 화장은 대개가 섬뜩할 정도였다. 피부는 양피지처럼 푸석푸석했고, 머리는 당구공처럼 민숭민숭했다. 몇 가닥뿐인 머리카락도 오렌지빛으로 염색을 하고 있었다. 마치 『맥베스』에 등장하는 마녀들이나, 지옥에서 불려나온 사람들처럼 보였다…… 아무리 평범한 여성도 그들 속에 있으면 천국의 미녀처럼 보일 판이었다. 가장 유한 표현을 떠올려 보아도 그들의 관습은 짐승 같다고밖에 말하지 못하겠다." 그랬음에도 버

〈1869년의 이저벨 버튼〉 P. 노만 사진, 1898년, p350.

"침대 시트와 베일은 우리 유럽 여성들에게는 정말로 멋진 물건이라고 생각한다."
—이저벨 버튼

튼은 이 경험에 고무되어 런던과 파리에서도 공동 목욕탕을 찾았는데, 그들에 대해서는 '더러운 물웅덩이'라고 비난했다.

버튼은 영사의 부인이었기 때문에 도시든 시골이든 외출할 때마다 호위대를 대동할 수 있었다. 그녀는 여자 혼자 다니면 화를 입기 쉽다며 그 막대한 비용을 정당화했다. 한 젊은 여자가 베이루트에서 다마스쿠스까지 승합 마차로 여행을 하다가 페르시아 신사에게 입맞춤당한 사례를 들먹이기도 했다. "불쌍하고 바보스러운 여인이로구나! …… 여자는 그 페르시아 남자를 체포해달라고 했다 …… 만약 누가 나에게 그런 식으로 장난을 쳤다면, 그자가 누구든 간에 본보기로서 징계하고 내 임의로 제재를 가했을 것이다."

누구도 흉내 낼 수 없는 이야기를 지어내는 이 아름다운 이야기꾼은 다른 여성 방문객들이 본받을 만한 행동은 전혀 하지 않았다. 특히, 이슬람교 사원의 뾰족탑에 올라가서는 내려오지 않겠다고 고집을 피운 장난이 특히 뻔뻔스러웠다고 한다. "이슬람교 장로가 모든 사자를 보내 간청을 하자, 그녀는 이렇게 대답했다. '이른바 샤이크에서는 내가 페르시니 공작부인이에요. 난 여기가 아주 좋

아요. 내려가고 싶어질 때까지 여기 있을래요.' 그녀는 45분 동안 그곳에서 즐거움을 만끽했다." 버튼을 보호하기 위해 고용된 경호원들은 그녀의 남편인 프랑스 영사에게 자신들의 체면을 봐서라도 그런 일까지는 시키지 말아 달라고 간청했다고 한다.

러시아의 신문기자이자 여행자인 리디 파시코프가 팔미라로 떠날 즈음인 1872년경에는, 그곳을 다녀간 서양 여성이 적어도 열 명은 되었다(신원이 확인된 하녀들을 포함하여). 앞서 등장한 여성들 외에, 네덜란드 출신의 알렉신과 해리엇 티너 자매와 이들의 하녀인 플로라도 1857년에 팔미라를 여행한다. 그렇다고 해서 여행이 아주 쉬워진 것은 아니다. 파시코프는 달라진 추세에 따라 여행 계획을 세웠다. 베두인 호위대를 세우는 관습은 없어졌으므로 여행자들은 터키의 군인들에게 보호료를 지불해야 했다. 파둘이라는 통역 겸 안내인과 하녀 두 명으로 구성된 그녀의 일행은 러시아 영사와 프랑스 사진사 그리고 이들의 수행원들이 가세되면서 제법 큰 규모가 되었다.

장비가 지나치게 많아 식량 자루를 나를 노새 서른세 마리, 식수를 나를 낙타 서른다섯 마리, 낙타 운전수들이 탈 당나귀 스무 마리, 군인들이 탈 말 스무 마리가 필요했다. 여자들이 장시간의 이동을 견디지 못하자 여행대는 점심때가 지나서야 출발하곤 했고, 그 때문에 하루 여섯 시간밖에 이동하지 못했다.

리디 파시코프가 돈이 많았다는 것은 탐험대의 규모만 보아도 알 수 있다. 그녀가 지역 고관들에게 제공한 식사를 보도록 하자.

우리는 저녁으로 포텔과 샤보 잼, 맛있는 수프, 바닷가재, 아스파라거스, 고기 파이를 먹었다. 송아지 구이와 닭고기, 마지막에는 건포도를 넣은 푸딩을 먹었는데, 모든 음식이 커피, 라키(유럽 남동부 지방에서 곡물, 포도 등으로 만드는 강한 증류주—옮긴이), 리큐어(식물성 향료, 단맛 등을 가한 강한 알코올 음료—옮긴이)가 아닌 일류 부르고

뉴 와인과 훌륭한 샴페인과 섞여 넘어갔다. 선량한 주지사는 자신의 보좌관들에서 말했다. "이게 꿈인가, 제군? …… 우리가 이런 멋진 횡재를 거두게 된 것은 분명 이 폐허의 상서로운 마귀 덕분일 게다. 이 천막도 마법처럼 사라져 버릴까 두렵구나."

이들을 방문한 장로들은 파시코프의 의상에 아주 놀라며 옷을 자세히 볼 수 있게 해달라고 청했다. 파리에서 만든 레이스에다 수를 놓은 푸른색의 새틴 슬리퍼를 신고서 등반하는 그녀의 모습을 보게 된다면 독자들 역시 놀랄 것이다.

호화로운 여행을 한 파시코프와 달리, 1878년에 남편 윌프리드 스케이웬 블런트와 함께 팔미라를 방문한 앤 블런트는 여행 내내 꼭 필요한 물건만 가지고 다녔다. 에이다 바이런 러브레이스의 유복한 딸이자 바이런의 손녀인 앤은 1866년에 이탈리아에서 윌프리드를 처음 만났다. 그 당시 포부에 가득 찬 시인이자 영국 정부의 수행원이었던 윌프리드는 빈털터리 신세였다. 여자 꽁무니를 쫓아다니는 그에게 결혼은 족쇄가 될 수도 있지만(물론 그렇지 않았다), 그로서는 결혼이 아주 다급한 문제였다. 두 사람은 1869년 6월에 결혼을 했고, 그해 8월에 앤은 임신을 했다. 이후 이들 부부가 북아프리카와 중동을 여행하는 7년이 넘는 동안 앤은 아홉 번이나 임신을 했지만, 조산으로 태어난 주디스만 살아남는다. 앤은 자주 유산을 했다. 알제리에서는 태아가 한밤중에 죽기도 했다.

두 사람은 동양에 흠뻑 빠졌다. 남편의 바람기를 알고 있던 앤은 이슬람교 나라들을 여행할 때는 남편의 바람이 잠시 주춤해서 그 나라들에 고마운 마음이 들었을지도 모른다. 이들 부부는 1877년 11월에 알레포에 도착했고, 그곳에서 동쪽으로 바그다드, 북쪽으로 티그리스 강을 따라 팔미라로 가서 다시 알레포로 돌아오는 순회 여행을 계획했다. 이 여행의 결과물—이 여행의 목표 중 하나가 베두인의 관습과 아라비아어를 더 많이 익히는 것이었다—이 『유프라테스 강의 베두인족』(1879)이다. 앤은 이 책의 저자를 남편으로 했는데, 사실 그 책을 편집하느라 그의 고생도 이만저만이 아니었다. 비록 이 지역을 여행하는 것이 여전히 불확실하고—오스만제국 도처의 불안으로 더욱 그랬다—여건도 좋지 않았지만, 그녀의 글은 솔직하고 불평불만을 찾아볼 수 없었다. 그들은 눈비 속을 달리고, 숨 막히고 목이 타는 더위도 견디고, 다른 여행자들과 초라한 숙소에서 불결하고 비좁은 공간을 같이 쓰기도 하고, 그들이 직접 세운 천막에서 야영을 하거나 영사나 주지사, 왕자들의 신세를 지기도 했다. 1879년에는 네지드 사막을 지나 동쪽으로 바그다드와 인도까지 가는 두번째 여행길에 올랐다.

버튼 부부와 블런트 부부는 팔레스타인에 머무는 동안 조직화된 여행 단체들과 우연히 만나게 된다. 쿡 여행사가 첫 성지순례를 떠난 지 1년이 지난 1871년에 버튼은 베이루트에서 그 단체와 우연찮게 부딪쳤다. "180명쯤 되는 사람들이 메뚜기 떼처럼 마을로 모여들었다. 주민들은 그들을 보고 '이들은 여행자들이 아니다. 쿠키의 졸때기들이다'라고 말했다." 블런트 부부는 1878년에 사막에서 돌아오는 길에 베이루트 호텔에서 난폭하고 복장이 초라한 무리를 만난다. 처음에는 이 소란스러운 무리를 쿡의 여행자들이겠거니 생각했지만, 이들이 요트를 타고 온 상류층 방문객이라는 말을 듣고서 깜짝 놀랐다.

중동에서는 여성에 대한 억압이 상당히 심했지만 많은 유럽 여성들은 남자들을 대등하게 접촉할 기회를 가지면서 상당히 독립적인 생활을 영위했다. 문화상의 차이는 제쳐놓고, 여성 여행자들은 아라비아 남자들—그 중 많은 이들이 영어나 프랑스어에 유창했다—과 허물없이 지내며 서로를 존중하고 우정을 쌓기도 했다. 그러나 이와는 반대로 아라비아 여성들은 격리된 생활방식과 언어의 장벽 때문에 호기심만을 보일 뿐이었다.

# 카이로에서는 페티코트를 벗어던져라

지리적으로 보면 이집트는 아프리카에 속하지만, 그렇게 생각하는 여행자들은 거의 없었다. 이집트는 어떤 나라와도 같지 않은 그냥 '이집트'였다. 사람들이 시나이 반도에 들르는 것은 우연에 의해서거나 알렉산드리아를 두세 달 관광할 목적에서였다. 그러나 일단 닻이 내려진 후 밟게 되는 수순은 배로 몰려드는 유객꾼들을 피하고, 티격태격 싸워 세관을 벗어나 호텔로 피신하고, 마지막에는 그 여행에 나선 것을 뼈저리게 후회하는 것이었다.

알렉산드리아의 명소들—지하묘지, 폼페이의 기둥들—은 삼류로 취급되어 대부분의 여행객들은 곧바로 안내인을 고용하여 배나 노새를 타고 카이로까지 갔다(1856년에 열차가 개통되기 전까지). 카이로에 온 여행객들은 무척 만족해했고 나일 강을 따라 아스완이나 훨씬 더 먼 누비아까지도 갈 마음을 가지기 시작했다.

1863년에 수에즈 운하가 완공되기 전까지 홍해를 거쳐 인도를 찾은 여행객들은 알렉산드리아에서 카이로까지 간 다음 수에즈를 건넜는데, 그곳에서는 마드라스, 실론, 봄베이로 가는 배가 그들을 기다리고 있었다. 이 여행자들 중 엘리자 페이가 있었다. 1779년 7월 말, 엘리자와 그녀의 남편은 알렉산드리아로 출범한다. 한 달 뒤 그들은 도시를 장악하고 있는 역병을 두려워하며 카이로로 출발했다. 그들의 걱정은 당연했

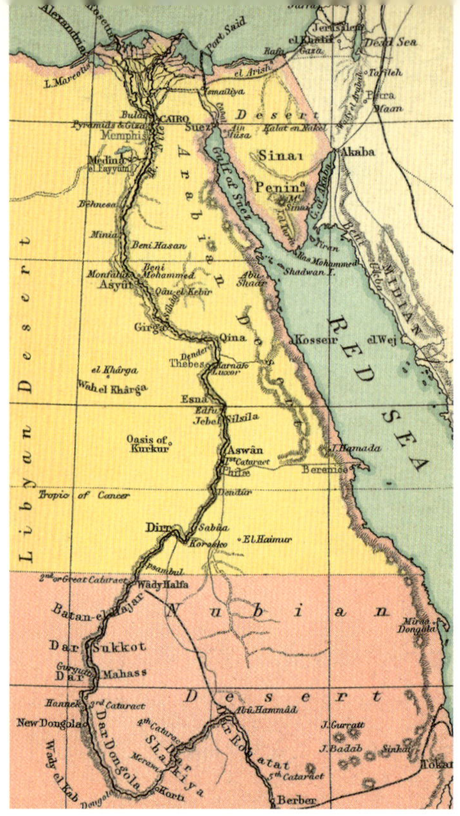

이집트와 누비아. 『필립스의 간편한 지도책』, 1900년.

〈알렉산드리아의 철도역에서〉
ILN, 1857년 4월 25일, p378.

다. 두 사람 모두 병에 걸리고 만 것이다. 그러나 곧 회복되었다.

카이로에서 페이는 망토와 베일에 싸여 숨이 막힐 지경이었지만 무더위 속을 잘 돌아다녔다. 사막을 횡단하는 유럽 사람들이 전해주는 비참한 소식에 그녀는 공포를 느끼기도 했다. 특히 아주 파괴적인 습격을 간신히 모면한 한 사람은 큰 소리로 "오, 부인, 이런 비참한 곳에 오시다니 정말로 안됐군요"라고 말한 후 "부인을 어떡하면 좋지요?"라고 비탄만 늘어놓으며 그녀를 더욱 불안에 떨게 했다. 날마다 반역이 일어날 조짐이 보여 페이는 한 이탈리아 의사의 집에 숨어서 그 가족과 불안한 마음으로 며칠을 기다렸다. 그녀는 "온갖 종류의 감금과 대량학살만이 우리의 입에 오르내렸다"라고 탄식했다.

소문은 무성했다. 그들은 포로로 콘스탄티노플에 이송될 운명이고, 소지품들은 전부 몰수당할 판이었다. 그런데 갑자기 떠나도 좋다는 허가가 떨어졌다. 마침내 타는 듯이 뜨거운 사막을 건너게 되었을 때, 그들은 커다란 공포를 느꼈다. 과연 사흘 간의 여행에서 살아남을 수 있을까? 우리는 그들이 인도를 발견할 때까지 기다려봐야 한다.

인도로 가는 도중에 이집트에 들렀다가 책을 쓸 소재를 모을 만큼 오래 머무른 여성도 있다. 『프랑스와 이집트를 거쳐 봄베이까지의 육로 여행』(1841)을 쓴 엠마 로버츠가 바로 그런 인물이다. 1839년경에 카이로-수에즈 길이 상당히 좋아진 모습을 보고 로버츠는 놀라운 마음으로 다음과 같이 썼다. "하인 세 명과 나귀 운전수 몇 명만 있으면 여성들에게 다른 보호자는 필요없었다. 트렁크와 대형 여행 가방을 실은 전방의 낙타는 말할 것도 없고, 침대, 화장품 용기, 여행용 손가방도 강도들의 구미를 당겼을 것이다." 그녀는 운이 좋았던 것 같다. 1844년의 한 보고서에는 수에즈로 가던 도중 모든 것을 송두리째 빼앗기고 등 뒤로 손을 묶인 채 길을 찾는 한 유럽 남자에 관한 이야기가 있었다.

여행자들은 팔레스타인으로 가거나 그곳을 나오기 위해 사막을 횡단하기도 했다. 카이로에서 수에즈까지의 노선보다 길이 훨씬 험하고 위험했기 때문에 여행자들은 안내인과 보호자를 고용해야만 했다. 1847년에 시나이 반도를 횡단한 해리엇 마티노는 "나는 여성들에게 사막 여행을 해보라고 절대 권하지 못할 것 같다"라고 썼지만, 평소 늘 좋지 않았던 건강이 사막에서 좋아졌다고 주장했다. 그녀와 그녀의 일행은 교대로 낙타를 타거나, 걷거나, 아니면 1인승 가마나 침상 가마를 탔다. 그녀는 챙이 넓은 밀짚모자와 검은 철사로 맨 고글, 보청기―그녀는 귀가 잘 안 들렸다―덕분에 더욱 즐거운 여행을 할 수 있었다.

〈해리엇 마티노〉 알론조 채플, 듀이킹크, 2권, p370. 배경그림) 나일 강의 다하비야. 베어드 테일러, 『중앙아프리카』 뉴욕: G. P. 퍼트남, 1864년, p85.

마티노는 동양의 신앙, 관습, 역사 그리고 고고학으로 가득 찬 진지한 여행기 『동양의 삶, 현재와 과거』(1848)를 썼다. 그녀는 세 친구들과 보편적인 여행 수단인 다하비야(숙박시설이 완비된 배―옮긴이)를 타고 나일 강을 순항했다. 당시에는 여행을 시작하기 전에 배를 물속에 가라앉히곤 했는데, 그것이 배에 기생하는 벌레들을 죽이기 위한 것임을 알게 된 여행자들은 소름이 끼쳤다. 배가 목적지까지 무사히 가는 경우도 극히 드물어서, 많은 여행자들은 아스완 행을 취소하곤 했다. 마티노는 자신의 배가 벌레를 몰아내기 위해 그런 절차를 밟지 않아도 될 만큼 흠이 없다는 사실에 자부심을 느꼈다.

항해를 하는 동안 그녀와 그녀의 친구 예이츠 부인은 무엇보다 바느질과 다리미질에 몰두했다. 그 일이 기분 전환에 아주 그만이었기 때문에 마티노는 여자들에게 "짐 속에 인두 한 쌍을 넣어둘 것이며, 풀을 먹일 줄 안다면 더욱 위로가 될 것이다"라고 권했다. 그러나 여행을 마치고 나서는 모든 것을 성실하게 기록하며 자기 모습을 되찾았다.

1840년대까지 이집트에는 그 나라에서 겪은 기쁨이나 혐오를 기록하고자 하는 여성들로 넘쳐났다. 그런 저자들과 그들의 책을 열거하면, 조지아나 다머의 『그리스, 터키, 이집트 여행과 성지 순례 일기』(1841), 이다 폰 그래핀 한-한의 『동양의 편지』, 이저벨라 로머의 『이집트, 누비아, 팔레스타인의 사원과 무덤 순례여행』(1846) 등을 들 수 있다. 로머가 베니 하산의 유적지에서 조상 하나를 훔친 것을 자랑하자, 마티노는 발끈해져 그녀의 행동을 비난했다.

아주 박식한 방문자로는 『이집트를 여행한 영국 여성』(1844)을 쓴 소피아 풀이 있었다. 대단히 존경받는 이집트학자 에드워드 레인의 여동생인 풀은 1840년대 초에 오빠의 안내를 받아 이집트를 방문했다. 그녀는 자신이 편집한 서한집이 잡담이나 늘어놓는 단순한 편지 모음보다 더 나은 평가를 받기를 기대하며 그 글에 역사, 경제학, 통계학을 가미했다. 『블랙우즈』의 평론가는 그녀의 글을 아주 칭찬할 만하다고 평하면서, 자신은 그 책에서 진짜 재미있는 부분—남성은 단 한 번도 발을 찍지 못한 곳—인 하렘에 가보고 싶었다고 고백했다. 또한 풀은 의류, 보석, 화장품, 대화의 주제를 상세히 묘사함으로써 그의 호기심을 충족시켰다. 또한 알 아즈하르

사원을 방문한 쾌거에 대해서도 썼는데, 그 사원은 기독교도의, 특히 여성들의 입장이 금지된 곳이었다.

에밀리 보퍼트와 그녀의 여동생은 1858년에 이집트로 가기로 결정했다. "우리는 그곳에서 사상과 학문, 피로하지 않은 여행, 사교계 밖의 생활 같은 아주 흥미로운 주제와 무한한 이야기를 찾아내겠다고 생각했다. 앞선 두 개의 희망사항은 실현시킬 수 있었지만, 이제는 유명해져 인파가 몰리는 나일 강에서는 고독을 만끽하기 힘들었다." 보퍼트가 그들의 여행에 대해 어떻게 '피로하지 않다'라고 말할 수 있었는지 참으로 불가사의하다. 그들의 배가 누비아에서 돌아오는 길목인 이드푸의 부두에 도착할 때 불길이 솟아 다하비야와 소지품들이 모조리 불타버렸기 때문이다.

이들 자매는 이후 두 주 동안 자신들에게 생필품을 제공하는 인정 많은 영국 여성들—그런 여성들은 너무나 적었다—의 자비에 기대어 살았다. 보퍼트는 "우리나라 남자들이 여자들보다 훨씬 더 관대하고 사려 깊다는 것을 알게 되었다"라고 씁쓸하게 말했다.[*] 이들은 절뚝거리는 다리를 이끌고 카이로로 돌아와 많은 비용을 들여 어렵사리 짐을 교환하고, 전세 보트업자들을 상대로 소송을 제기할 것인지를 놓고 망설였다. 그러나 보트업자가 먼저 그들을 고소—명예훼손으로—함으로써 그들은 궁지에 몰리게 되었다. 영사는 그들에게 빨리 이집트를 떠나라고 충고했다.

보퍼트 자매는 배가 알렉산드리아를 떠날 때 북받쳐 오르는 흥분을 억누를 수 없었다. 그들은 베이루트 근처의 산 속에 집을 구했지만, 드루즈교도와 기독교도 간의 전투가 한창이던 1859년 중순에 붙잡혔다. 우여곡절 끝에 도망친 그들은 '자매 중 한 명은 전투에서 살해되고, 다른 한 명은 하녀와 골짜기 깊숙이 도망쳤지만

> 에스네의 주지사는 '나일 강에서 홀로 더 없는 자유를 만끽하며 신기하면서도 나로서는 이해할 수 없는, 주인 없는 하렘의 광경'을 몹시 보고 싶어했다!
> —에밀리 보퍼트

---

[*] 보퍼트는 레이디 스트랭포드가 된 후에 많은 자선 사업을 베풀어 이름을 날렸다.

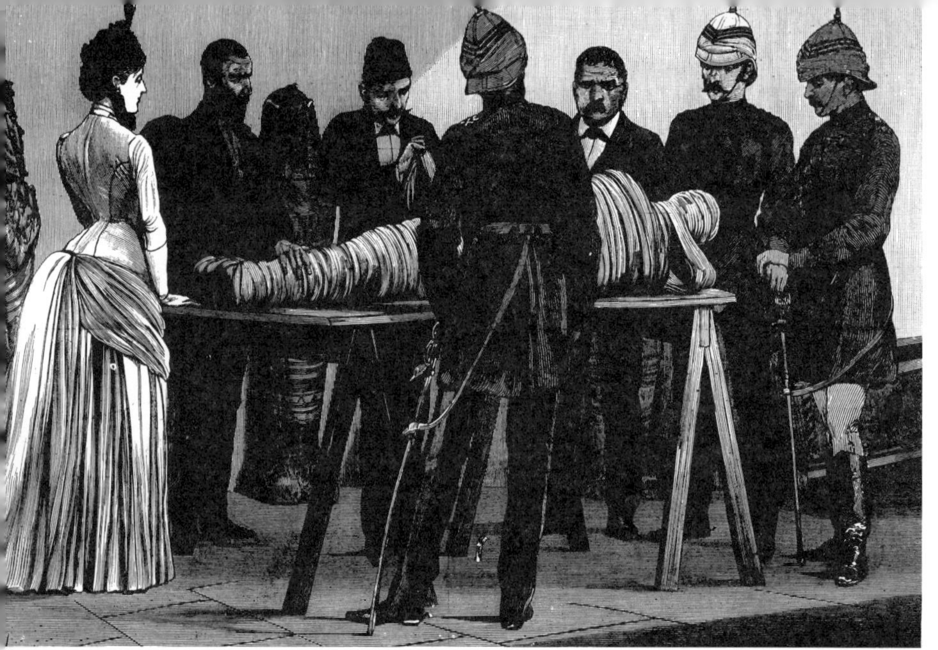

<카이로의 불락 박물관에서 고대 미라의 헝겊을 풀고 있는 장면> 학자들과 관광객들을 위한 일일 관광 항목으로 호텔에서는 정기적으로 미라의 헝겊을 풀곤 했다.

십중팔구는 총살당했거나 굶어 죽었을 것이다!'라는 소문을 들었다. 다행히 소문과 달리 그들은 살아남았지만 예루살렘으로 가는 초입인 다마스쿠스 외곽에서 산적들에게 약탈을 당했다. 또한 말을 타고 헤르몬 산을 내려가던 중에는 가파른 비탈에서 굴러 떨어졌다. 얼마 후 약탈 당한 짐은 홍해 근처에서 되찾았지만, 말에서 떨어진 하녀는 의식 불명이 되었다. 그 후 북쪽으로 나아가 터키와 그리스에 당도한 그들은 더 많은 난관과 싸웠다.

이집트의 하렘도 콘스탄티노플만큼 열광적인 호응을 받았지만, 피라미드 쪽이 인기를 더 끌었다. 사람들은 카이로를 떠나기 앞서 반드시 기자를 여행했다. 피라미드 등반에 관한 글을 쓴 많은 여성들—파이퍼, 보퍼트, 마티노—은 하나같이 '어지럼증을 잘 느끼거나' '무서움을 잘 타거나' '자신의 담력과 자제심을 전적으로 믿을 수 없는' 여성은 오르지 말라고 경고했다.

소피아 풀은 다른 종류의 위험을 경고했다. 피라미드를 둘러보는 중에 그녀의 일행은 우연찮게 베두인족 청년 두 명을 만난다. 일찍이 매우 귀여운 미국 여성을 본 적이 있던 이 청년들은 그런 미인들을 더 보고 싶어했다. 그러나 풀과 그녀의 친구들이 베일을 쓰고 있었기 때문에 그들의 바람은 좌절되었다. 청년들은 풀에게 "저기…… 이 무법한 아라비아인들은 어느 정도 현 정부에 예속되어 있습니다"라고 말하면서 그 미국 여인들을 유괴하고 싶었다고 고백했다.

> 여행, 아니 항해를 한 지 삼 일이 지났다. 나는 여전히 빈털터리이고, 팔과 다리가 아파서 움직일 때마다 고통스럽다. 이런 고통 속에서도 나는 여러분에게 우리의 탐험을 자세히 얘기하기 위해 펜을 들었다. 그곳이 옛 모습을 그대로 간직하고 있었기 때문이다.
>
> —올랭프 도두아르

1864년에 올랭프 도두아르가 말을 타고 피라미드까지 가는 것도 여전히 중요한 과업이었다. 프랑스 작가이자 여권 옹호자인 오두아르는 먼저 알제리, 모로코, 독일, 러시아, 터키, 그리고 팔레스타인을 여행했다. 그녀는 이집트에 머무는 동안 총독이 자신을 스파이로 간주해 감시하고 있다고 의심함으로써 여행에 활기를 불어넣었다. 그녀는 『이집트의 감춰진 신비』(1866)라는 책에서 이런저런 경험에 대해 썼다.

오두아르와 함께 탐험에 나선 동료는 나이 많은 영국 남자와 그의 부인, 페르시아인 남자 두 명이었다. 그들은 호텔 로비에서 새벽에 만나기로 했지만, 오두아르가 익숙하지 않은 남장을 하느라 시간을 허비한데다가, 파리 숙녀들은 열두시 전에는 일어나지 않는 버릇이 있어 약속 시간에 늦고 말았다.

바지를 입은 오두아르의 모습에 충격을 받은 영국 여성은 페티코트가 성가실 수 있다는 말을 믿으려고 하지 않았다. 첫 시험은 노새 타기였다. 여성용 안장에 올라탄 영국 여성은 이따금 떨어질 것만 같아 보일 때마다 노새몰이꾼이 자신을 똑바로 앉히려고 하면 비명을 질렀다. 오두아르

Ascension de Pyramide N°8

도 순조롭게 올라타지는 못했고 엉덩이와 복부가 안장에 짓눌리긴 했지만, 적어도 똑바로 앉아 있기는 했다. 드디어 그들이 피라미드에 도착하여 등반을 시작했을 때, 영국 여성은 오두아르의 지적이 옳았다며 오르기를 거부했다.

피라미드 등반에 대해서는 에밀리 보퍼트가 훌륭하게 묘사했다.

시련을 이겨내는 유일한 방법은 모두에게 배당된 세 명의 아라비아인이 내리는 지시를 조용히 따르는 것이다. 그들은 앞으로 나아가는 데 방해되지 않도록 옷을 단단히 묶는 방법과, 힘들이지 않으면서 다른 사람의 기분을 상하지 않게 끌어올리는 법을 누구보다 잘 알고 있었다. 우리나라 여성들에게 해주고 싶은 충고가 있다면, 그들이 여러분을 끌고 가게 내버려두라는 것이다. 그리고―카이로에서는 페티코트를 벗어 던져라.

이미 수십 명의 사람이 피라미드를 등반했다는 사실을 상기시켜 주는 글이 여기저기에서 눈에 띈다. 정상의 풍광을 망쳐 놓은 이 같은 낙서들 중에 '스웨덴의 나이팅게일' 예니 린트라는 이름도 있었다. "에잇 기분 나쁜 여자!" 빅토리아 워틀리가 그녀를 지칭하며 쓴 글이다.

'올라가면 반드시 내려가야 한다.' 이다 파이퍼는 자신의 하강을 이렇게 묘사했다.

대부분의 사람이 등반보다 하강이 훨씬 더 어렵다고 느낀다. 그러나 나에게는 오히려 그 반대였다. 나는 한 번도 현기증을 느끼지 않았고, 그래서 아라비아인들의 도움 없이 내려왔다. 높이가 3, 4피트 되는 돌을 만났을 때 나는 천천히 미끄럼을 탔다. 아주 우아하고 경쾌하게 내려와 내 하인보다 먼저 피라

《스핑크스 앞에 있는 관광객들》
1900년.

"이날의 내 유일한 기록은 작은 사진 한 장이다…… 이 사진 속에는 장엄한 피라미드와 스핑크스를 배경으로 등지고 있는 박식한 교수와 그의 검소한 부인이 있다."—R L 벤슬리 부인

미드의 주추에 도착했다. 아라비아인들조차 이 위험한 여정에서 내가 보인 대담무쌍함에 기쁨을 표했다.

거의 모든 사람들이 피라미드를 찬미했다. 그러나 1850년에 이집트에 온 피렌체 나이팅게일은 거침없이 피라미드를 비난했다. 그녀는 자신이 피라미드를 보고 기절할 듯이 좋아하지 못하는 것은, '진실의 희생양'이 된 결과 영원히 추방자가 될지도 모른다는 생각 탓일 것이라고 했다. 1870년대 초에 오스트레일리아로 가던 도중에 이집트와 피라미드를 곁다리로 둘러본 피렌체와 로자몬드 힐은 간결한 문장으로 그 느낌을 표현했다. "카이로 흘끗 보고, 거대한 피라미드 오르고, 멤피스를 방문하는 것은 지금은 너무 흔해빠진 일이어서 언급할 가치를 못 느낀다."

여성 여행자들은 이집트인들의 벌거벗은 모습을 자주 언급하기도 했다. 오두아르는 피라미드 안내인들이 이유 같지 않은 이유를 들어 거의 발가벗고 있었다고 기탄없이 진술했다. 대부분의 여성은 나체를 묘사하는 것에 아주 수줍어했으므로, 오두아르처럼 처녀성 상실과 같은 문제를 감히 쓰려던 여성이 있는지는 의심스럽다. 콥트 사람의 결혼식에 참석한 오두아르는 결혼 풍습이 자신의 예상과는 약간 다르다는 것을 알게 되었다. 그래서 신혼 첫날밤의 의식도 보고 싶으냐는 질문을 받았을 때 그녀는 선뜻 동의했다. 그녀는 신랑이 신부의 방에 들어와 신부와 그녀의 하녀를 비롯해 수십 명의 여성이 지켜보는 가운데 엄숙하게 새 아내의 순결을 빼앗는 모습을 공포와 황홀함이 뒤섞인 감정으로 지켜보았다. 식이 무사히 치러졌음을 알리는 하얀 손수건이 방 밖에서 기다리고 있는 다른 여성들에게 전시되었다.

〈레빈지 가방〉 모기와 다른 벌레들을 잡기 위해 리처드 레빈지가 고안한 수면 장치. 피렌체 나이팅게일은 그녀의 이집트 여행 일지에서 이것을 크게 격찬했다.

　폐병을 고치기 위해 1862년부터 1869년까지 룩소르에서 생활한 루시 더프 고든의 묘사도 아주 솔직한 편이었다. 그녀는 런던에서 태어난 교양 있는 여성으로, 테니슨과 디킨스, 새커리 같은 문인들의 긴밀한 모임에서도 거리낌 없이 활발한 대화를 나눌 줄 알았다.

　더프 고든은 하녀인 샐리 날드레트와 염소 한 마리를 데리고 남아프리카를 항해한 후 이집트에 도착했다. 그녀는 잇따른 폭풍우를 만나자 사나운 비바람을 맘껏 즐기기 위해 세인트로렌스 호의 갑판 기둥에 몸을 묶기도 했다. 이후 1년 뒤 영국으로 돌아갔다가 이듬해 겨울 샐리와 함께 다시 이집트에 왔다. 그녀가 알렉산드리아에 도착해서 처음 느낀 감정은 다른 여행자들과 마찬가지로 당혹감이었다. 그러나 운 좋게도 이집트에 체류해 있는 내내 함께 있어줄 통역자 오마르를 카이로에서 찾을 수 있었고, 그 덕분에 기쁜 마음으로 룩소르까지 타고 갈 다하비야를 준비했다.

　더프 고든의 이집트 생활은 그

〈루시 더프 고든〉 드롱사르, *p261.*

이집트 엘레판틴 섬에서 그림을
그리는 메리앤 노스의 스케치.
R. 피니 스피어스, 노스 1893년,
p133.

녀가 가족에게 보낸 편지에 고스란히 수록되어 있다. 출간을 의도하지 않았던 탓인지 그녀의 편지에는 당시로서는 흔치 않은 유머 감각과 관용을 가진 여행자의 모습이 엿보인다. 그녀는 남편에게 보내는 편지에서 젊은 이집트 여성들을 크게 칭찬했다. "여기서 매력적인 여성을 발견하면 사진을 찍어서 유럽에 있는 당신에게 그 여자의 가슴이 어떻게 생겼는지 보여줄게요. 여기 오기 전에는 전혀 몰랐는데, 세상에서 가장 아름다운 가슴이에요. 내가 본 무희는 아주 특이한 근육 운동으로 가슴을 움직였어요. 처음에는 왼쪽을, 다음에는 오른쪽을 말이죠. 가슴은 마치 석류 열매 같았고 근사하게도 코르셋 같은 걸 차지 않았더군요."

더프 고든은 많은 이집트인과 막역한 친구가 되고, 지역 문제에도 적극 참여하고, 의술과 충고를 베풀고, 에드워드 리어와 캐서린 페서릭, 메리앤 노스를 비롯한 유럽 방문객들을 접대했다. 그녀는 평정을 잃는 법이 거의 없었지만, 어느 날 갑자기 오마르의 아이를 낳은 샐리를 쉽게 용서하지 못했다.(그러나 오마르에 대해서는 어리석지만 잘못하지는 않았다고 생각했다.)

그러나 룩소르의 한결같은 더위도 고든의 죽음을 막지는 못했다. 그녀는 1869년 7월에 죽음을 맞이했다. 1865년과 1875년에 출간된 그녀의 『이집트 편지』는 나일 강 여행의 융성과 쇠퇴, 운송 수단의 발달(증기선 도입과 수에즈 운하 건설 같은), 이집트의 정치와 경제 상황, 이집트인들의 관습과 태도를 기록한 귀중한 보고서이다. 그녀는 다른 여행자들의 책에 대해서도 아무렇지 않게 논평했다. 그녀는 사촌 해리엇 마티노의 『동양의 삶』에 대해서, 풍경 묘사는 훌륭했지만 마티노의 태도는 편협하고 가족주의적이라고 비판했다. 이러한 그의 마음은 "우리는 그들을 아이처럼 대했는데, 이것은 더할나위없이 잘 들어맞았다" 같은 표현이 그런 태도라고 꼬집었다.

마티노의 태도는 더 심했을지 모른다. 남자만이 아니라 많은 여성 여행자도 폭력을 행사했다. 견디기 힘든 상황에서도 침착하고 공정하기로 이름나 있던 이다 파이퍼도, 노새몰이꾼을 채찍질하고 싶은 기분을 느꼈다고 고백했다. 그녀는 『성지, 이집트, 이탈리아 방문기』(1852)라는 책에서 자신이 왜 그 일을 언급하는지 설명했다. "나는 다만 미래의 여행자들에게 이런 사람들을 다루는 가장 좋은 방법을 조언해주고 싶다. 그들에게서 존경심을 이끌어내기 위해서는 결단력을 확실히 보여줘야 한다. 적어도 나의 경우는 그랬다. 그들은 나에게 결단력이 없다고 판단될 때 더 위협을 느끼는 것 같았다."

에밀리 보퍼트에 따르면 이집트는 "인기가 많고 번잡했다." 새로운 경험을 찾는 사람들에게는 진부했다는 의미이다. 그러나 이집트를 계속 가면 황량한 리비아 사막을 건너거나 나일 강을 따라 배를 타고 누비아에 이를 수 있었다. 사막 길은 확실히 매력이 떨어졌다. 남쪽으로 간 사람들은 보통 아스완에서 발길을 돌렸는데, 많은 이들이 둘째 폭포 근처에 있는 아부심벨과 와디알파에서 걸음을 멈췄다. 그 너머에 대해 알려진 것은 위험하고 치명적인 질병이 가득하며, 무시무시하고 벌거벗은 아프리카인들이 살고 있다는 것뿐이었다. 그곳에 당도한다 해도 숙녀가 머물 곳은 아니었다.

# 숙녀가 있을 곳이 아니다?

에밀리 보퍼트는 어쩔 수 없이 카이로로 발길을 돌리기 앞서 남쪽 멀리 나일 강의 둘째 폭포까지 여행했다. 그리고 자신이 아프리카의 변경까지 왔다는 사실에 경이로움을 느끼며 이곳을 다녀갔다고 '수없이 많은' 바위에다 자신의 이름을 새겨 넣었다. 그때인 1859년까지만 해도 그 정도로 먼 곳까지 온 유럽 여성은 거의 없었다. 그러나 2년 뒤에는 모든 것이 변한다. 1861년부터 1864년까지 누비아(이집트 남부와 수단 북부 지역을 가리키는 말—옮긴이)는 가장 걸출한 여성 여행자 네 명을 아프리카로 유혹했다. 그들은 캐서린 페서릭, 피렌체 베이커 그리고 알렉신과 해리엇 티너 자매였다.

**중앙 아프리카**

캐서린과 존 페서릭이 쓴 『중앙아프리카 여행기』는 존 페서릭이 영국 영사로 있을 적에 부부가 겪은 경험들을 쓴 책이다. 노예를 사고판다는 혐의와 무능하다는 비난을 면하고자 쓰인 이 책은 머리끝이 곤두서는 위험과 새로운 발견으로 가득 차 있다. 이 항해가 캐서린에게는 첫번째 아프리카 여행이었고, 남편 존에게는 두번째였다.

1861년 10월 페서릭 부부가 하르툼에 도착할 즈음 존 스피크와 제임스 그랜트 선장은 이미 위대한 나일 강 탐험을 시작하고 있었다. 딸과 어머니, 이모로 구성된 티너 가족은 이듬해 4월이 되어서야 하르툼에 도착

피렌체 베이커. 『*아비시니아의 나일 강 지류*』에서, 1868년. 『*하퍼 위클리*』에서 재인쇄. *1873년 6월 28일, p561.*

했다. 새뮤얼 베이커와 그의 동료이자 후에 아내가 되는 피렌체는 1861년 5월에 아비시니아(에티오피아)로 출발하여, 1862년 6월에 마침내 하르툼에 당도했다.

페서릭 부부는 다하비야와 낙타를 타고 카이로에서 하르툼까지 여행하면서 타는 듯한 더위와 파괴적인 뇌우, 그리고 전갈로 인한 역병을 견뎌내야 했다. 이런 것들이 얼마나 위험했는가는 그해 초에 죽은 메리 월튼의 무덤과, 좀 떨어진 아부 하미드 마을 근처에 있는 앤드루 멜리의 무덤이 증명해주었다. 스위스 태생의 영국 남성이었던 앤드루 멜리는 아내와 두 아들, 딸 하나를 남긴 채 10년 전에 열병으로 죽었다.

캐서린은 운반하기 편리하라고 두 부분으로 제조된 피아노를 가지고 다녔는데 그 점을 제외하곤 아주 실용적이었다. 여느 사람들처럼 낙타를 타기 위해 그녀는 '헐렁하고 불편한 터키식 노란 부

츠와 좀 낙낙한 터키 바지 차림에
다가 갈색 삼베 스커트나 페티코트
를 두르고 주머니가 너른 흰색 플
란넬 재킷'까지 걸쳤다. 그녀는 자
신의 추한 몰골을 보고 비참한 마
음이 들까봐 일부러 거울을 보지
않았다.

　하르툼에 도착하자마자 이들 일
행은 사전에 약속한 대로 스피크와
그랜트 선장을 위해 곤도코로의 남
쪽 역에서 원조 물자를 준비했다.
선발 보트들은 미리 보냈지만 페서
릭 부부에게는 출발이 말처럼 쉽지

《존과 캐서린 페서릭》 페서릭 1
권, 1869년.

않았다. 보급품을 다 준비해 놓자 역풍이 불어 나일
강이 몇 년 만에 최고 수위까지 올라간 것이다. 1862년
3월 20일에 마침내 배를 띄웠지만 그 배는 다른 배와 충돌하고 말
았다. 폭풍우가 선실을 덮쳤고 배 안으로는 쉴 새 없이 물이 들어
왔다.

　항해 중에 노예들이 가득 타고 있던 배가 돌아가는 것을 보고 당
황한 그들은 그 배가 더 멀어지기 전에 노예를 풀어주고 계속 나아
가야 했다. 그때는 이런 행동이 아라비아 및 유럽 상인들의 등을
돌리게 만들고, 존에게 노예무역에 관여했다는 혐의를 받게 하리
라고는 예측을 못 했다.

　페서릭 부부에게는 더 시급한 걱정거리들이 있었다. 날이 춥고
습하고 모기들이 들끓어 일행 중 많은 이가 열병으로 죽어간 것이
다. 1862년 7월경 무더위가 시작되면서 캐서린도 학질과 이질로 몸
이 허약해졌다. 그러나 그녀는 일지에다 이러한 상황을 침착하게
써나갔다. 자신이 입은 옷을 묘사한 대목도 있다. "짧고 두꺼운 면

모 페티코트, 가죽 각반, 질긴 부츠, 모직물 재킷, 밀짚모자……
허리춤의 작은 주머니에는 5구경 연발 권총이 채워져 있다. 이 권
총을 준 친구는 그녀에게 언제나 조심할 것을 신신당부했다. "숙녀
에게 이런 치명적인 무기를 주는 게 이상해 보이겠지만, 너는 말이
야, 네 옷에 달린 그 단추조차도 미개한 주민들에게는 보물처럼 보
이는 나라를, 그것도 수천 마일이나 여행하고 있는 거야. 이 총을
쓸 일이 절대 생기지 않기를 진심으로 바라지만."

한 달 후 존 페서릭이 그 일지를 이어받는다. 캐서린의 병세가
심각해졌음을 알 수 있는 대목이다. 곧이어 그들이 익사했다는 기
사가 런던의 신문들에 실렸는데, 그들은 1년이 지난 후에야 그 사
실을 알게 되었다. 물론 그들은 죽지 않았지만 파도처럼 연이어서
밀려드는 열병 때문에 죽을 뻔한 고비를 여러 번 넘겨야 했다.

그들은 스피크와 그랜트와 만나기로 한 날로부터 넉 달이 지난
1863년 2월 15일에 드디어 곤도코로에 도착했다. 그러나 탐험가들
의 모습은 코빼기도 보이지 않았다. 오히려 페서릭 부부는 간단한
조사를 받아야 했다. 그들이 없는 동안 새뮤얼과 피렌체 베이커가
무역소에 당도했고, 스피크와 그랜트도 당도했다. 그 뒤 곧바로 페
서릭 부부가 돌아왔지만 스피크는 이들의 늑장에 화가 난 나머지
그들이 실고 온 보급품을 거절하고 대신에 새뮤얼 베이커의 물자
를 받아들였다. 영국으로 돌아온 스피크는 심지어 페서릭을 의무
태만으로 고소하고, 그를 영사 자리에서 물러나게 하려고 로비 활
동을 펼치기까지 했다.

하르툼으로 돌아오기 전까지 넉 달 동안 페서릭 부부는 장티푸
스와 말라리아에 맞서 싸웠다. 나일 강을 따라 카이로로 돌아오는
힘든 여행을 시작했을 때 혈기 왕성했던 캐서린도 기력이 떨어져
그대로 누워서 죽고 싶은 심정이었다. 하지만 그녀는 아스완까지
갔고 그곳에서 다시 건강을 회복했다. 카이로로 돌아온 이들 부부
는 스피크의 사망 소식을 듣게 되는데, 사인은 자신의 사냥총 오발

사고라고 했다.

마흔 살의 홀아비 탐험가 새뮤얼 베이커는 1861~
1864년에 아비시니아와 앨버트 니안자(앨버트 호)를
탐험하면서 자신이 쓴 여행기를 런던으로 보냈다. 당
시 그는 스무 살 된 여행 동반자 피렌체 바버라 마리아와 함께 다
녔지만 글에서는 그녀의 존재를 언급하지 않았다. 그가 이렇게 신
중을 기한 데에는 이유가 있었다. 비록 남편과 아내의 신분으로 여
행을 하고 있었지만, 사실 그들은 결혼을 하지 않은 상태인데다,
그녀는 그가 2년 전 위든(비딘)의 발칸 마을에 있는 노예 시장에서
산 여인이었고, 그의 가족들은 이 사실을 전혀 모르고 있었기 때문
이다. 피렌체의 가족(지금의 루마니아에 있는 트란실바니아 출신
의 헝가리인들)은 1848년에 학살되었는데, 어찌어찌 살아남은 그
녀는 결국 노예 시장까지 끌려왔던 것이다.

애초에 백나일 강의 수원을 찾겠다는 새뮤얼의 목표는 왕립지리
협회가 스피크와 그랜트를 후원하는 바람에 좌절되고 말았다. 대
신 이들 부부는 청나일 강의 지류를 탐사했다. 이후 그들은 아주

〈새뮤얼과 피렌체 베이커〉 피렌체가 입고 있는 아프리카 의상에 대해 해리엇 티너는 남자 같다고 기술했지만, 판화를 보면 약간 올라간 치마와 부츠만이 그녀가 모험을 위해 선택한 차림인 것 같다. A 드 뇌빌, 『월간 여행』 15호, 1867년, p9.

🐦 명예를 탐내는 것이 죄라고 한다면, 베이커가 가장 많은 규범을 어긴 사람에 속할 것이다. 그가 위험한 모험을 맡은 이유들은 전혀 타당성이 없어 보이며, 오히려 그 모험에 뛰어들지 말아야 할 강력한 이유가 있었다. ―그는 결혼한 몸이었고, 그의 아내는 언뜻 보면 미지의 세계와 야만족 무리, 질병, 고생, 위험, 죽음의 현장을…… 누비며 모험을 즐기는 여행자에게는 조력자가 아니라 오히려 방해물이 될 수 있는 인물이기 때문이었다. 그러나 가시덤불 속에서도 종종 꽃이 피듯이, 또한 약해 보이던 것이 갑자기 강한 것으로 돌변하기도 하듯이, 베이커 부인은 장애물이 아니라 진짜 든든한 그의 조수가 되었다.

힘들고 기나긴 여행―이 여행에서 두 사람은 병에 걸
리고 아비시니아 사람들과 충돌하여 끔찍한 고통을 겪
었다―을 마친 후, 1862년 6월 중순에 하르툼으로 향
한다. 그리고 곤도코로에서 스피크와 그랜트를 만나
장차 앨버트 호로 불리게 될 대만 수원지에 대해 듣게
된다.

<환영식> 『월간 여행』은 인용글을 위해 베이커의 『앨버트 호』에서 이 삽화를 빌려왔는데, 모든 점에서 사건이 과장되어 있다. 페티코트 때문에 부풀어 오른 치마를 입고 부채를 들고 있는 피렌체의 모습이 아주 어색해 보인다. *A 드 뇌빌. 『월간 여행』 15호, 1867년, p37.*

새뮤얼 부부가 떠난 백나일 강 탐험은 아비시니아
모험보다 훨씬 더 극적이었다. 이제 베이커 부부는 아프리카 사람
들만이 아니라 그들 부부가 자신들의 돈벌이를 위협한다고 생각하
는 노예 상인과도 싸워야 했다. 그들이 초기에 겪은 배 멀미는 고
난의 시작에 불과했다. 피렌체의 경우에는 새뮤얼이 그녀의 무덤
을 준비해둘 만큼 죽음 직전에까지 이르렀다.

이 탐험대는 1864년 3월에야 목적지에 도착했다. 그러나 11월에
또다시 힘든 상황에 부딪쳤다. 보급품이 기다리고 있으리라 기대한
곤도코로에서 아무것도 발견하지 못한 것이다. 이후 그들은 역병에
걸린 환자들을 수송했던 배를 타고 다시 하르툼으로 행했다. 그런
다음에는 카이로로, 갔다가 런던으로 돌아왔다.

새뮤얼은 피렌체를 다른 여행자들에게 자신의 부인으로 소개했

다. 그리고 그들이 1865년 말 영국으로 돌아왔을 때 새뮤얼은 그녀와 결혼하기로 결심했고—결혼식은 비밀에 부쳐졌다—,『앨버트호』(1866) 와『아비시니아의 나일 강 지류』(1867)라는 책에 그녀의 존재를 공식적으로 알렸다.

두 사람은 왕립지리협회의 환대를 받았고, 새뮤얼은 나이트 작위를 받았다. 그는 1870년 초에 중앙아프리카로 돌아가서 1873년 중반까지 그곳에 머물렀다. 이때 이집트 총독이던 이스마일은 새뮤얼에게 노예 무역 중지를 위해 힘써줄 것을 부탁한다. 이것이 그들의 마지막 아프리카 여행이었다. 피렌체는 영국에서의 삶에 편안하게 정착한 반면, 새뮤얼은 결코 이루지 못할 회귀를 꿈꾸며 살았다.

알렉신(아카 알렉산드린) 티너와 그녀의 어머니 해리엇 티너의 아프리카 모험은 가히 전설적이다. 이 두 네덜란드 여성—딸은 스물여섯, 어머니는 예순 셋이었다—은 1862년에 나일 강을 탐험하러 나섰다가 곤도코로에 발을 들여놓게 되었다. 해리엇은 천성적으로 아주 대담한 성품을 지닌 마흔여덟 살의 여동생 아드리아나 반 카펠렌을 대동하고, 어느 지역에서나 모든 탐험가를 반기는 질병이나 뜻밖의 복병들과 사투를 벌여야 했다. 이 여인들은 자신들의 용기에 놀랐지만, 다른 한편으로는 아프리카 탐험을 주말 나들이 정도로 생각한다는 비난을 받기도 했고 다른 탐험가들은 꿈도 꿀 수 없는 장비를 구비한 엄청난 재력 때문에 부러움을 사기도 했다.

그들의 모험이 알려지게 된 것은 해리엇의 일기와 편지 덕분이기도 하지만, 또 한편으로는 다른 여행자들, 특히 페서릭 부부의 공이 크다. 그러나 당시 나일강에 머물고 있던 베이커 부부는 이들을 만나지 못했다. 그녀들의 모험을 아주 재미있게 기술한 페넬러피 글래드스턴의『알렉신의 여행기』는 1970년에 출간되었다.

알렉신은 막대한 재산의 상속녀였다. 1845년에 아버지가 죽은 뒤 베테랑 여행자인 어머니와 딸은 계속해서 유럽으로, 이집트로

〈알렉신 티너(왼쪽)와 해리엇 티너〉에밀 바야르, 『월간 여행』 22호, 1870~71년, p292-93.

—이집트에서는 나일 강을 따라 두 번 순항했다—, 네덜란드로 돌아다니다가 힘들게 팔미라에 도착했다. 그리고 1862년 초 다시 나일 강을 항해하여 아프리카 내륙까지 들어가는 계획을 실현시켰다.

그들은 1862년 1월 다하비야 세 척을 타고 카이로를 떠났다. 이 일행에는 그들 두 사람과 반 카펠렌, 1857년부터 그들과 같이 다닌 이집트인 요리사 할리브, 그들이 이집트를 방문한 1856년부터 같이 다닌 터키 병사 오스만 아가가 포함되어 있었다. 또한 이집트인 하인 두 명, 네덜란드인 하인 대여섯 명, 수많은 경호원들, 티너 가의 유럽인 하녀 플로라와 앤도 있었다. 그들은 말과 나귀, 개 다섯 마리 그리고 카메라 장비와 1년 동안 먹을 음식을 산더미처럼 싣고 다녔다. 그들은 중간 지점인 코로스코에서 낙타 백두 마리와 수많은 나귀의 등에 배에서 내린 짐을 실은 뒤 육로로 계속 전진했다. 4월에 하르툼에 도착하자 처음으로 무리를 빠져나가는 사람들이 생겨났다. 네덜란드 하인들이 북쪽으로 돌아간 것이다.

그들은 백나일 강을 따라 다음 무대로 가기 위해 갈 하르툼의 유일한 증기선(독점 이용권으로 배를 임대했다)과 다하비야와 식량 보트를 얻어 천신만고 끝에 예벨 딩카라는 노예 무역소에 당도했다. 건강을 회복한 해리엇이 식량을 구입하기 위해 하르툼에 다녀오는 사이 일행은 그곳에 머물러 있었다. 할리브도 치료를 받아야 했기 때문에 그녀를 따라 갔다. 해리엇이 하르툼에 체류해 있을 때 베이커 부부도 그곳에 있었지만, 이번에도 그들은 서로 만나지 못한다. 티너 가가 한 대뿐인 증기선을 임대하는 바람에 계획에 차질이 생긴 새뮤얼은 무척 화를 냈다.

해리엇이 돌아오자 일행은 무성한 부평초들로 인해 항해가 순조롭지 않은 초목 지대 서드를 지나 남쪽으로 계속 갔다. 병이 알렉신과 몇몇 승무원을 덮쳤다. 곤도코로에 가까워졌을 때 오스만 아가가 다하비야와의 충돌을 피하려다 죽었다. 이 비극은 잇따른 재난의 신호탄이었다.

그들은 1862년 9월 30일에 곤도코로에 도착했다. 10월 말이 되자 반 카펠렌을 비롯하여 이집트인 중 몇 명이 체력에 한계를 느낀다. 그들은 방금 출발한 베이커 부부의 배를 지나쳐 하르툼으로 돌아갔다. 새뮤얼은 나중에 자신이 그들에게 어떻게 예포를 쏘고, 그들은 어떻게 손수건을 흔들었는지 자세히 썼다. 그에 덧붙여 그들에게 장차 무슨 일이 일어날지 그때는 짐작도 하지 못했다고 했다.

알렉신은 남쪽으로는 노 호(湖), 서쪽으로는 바르-알-가잘까지 가는 두번째 탐사대를 조직한다. 그리고 1863년 2월 5일에 길을 나섰다. 이번에는 독일인 과학자 헤르만 슈토이트너(그는 곧 죽게 된다)와 호이글린 남작 그리고 네덜란드 다블라잉 남작과 함께였다. 반 카펠렌은 하르툼에 남았다.

그로부터 며칠 뒤 새뮤얼 베이커는 존 페서릭에게 편지를 썼다. "증기선을 탄 네덜란드 숙녀들은 문도에 도착하여 적도로 갈 작정으로 바르-알-가잘로 떠났습니다. 그들은 막강한 영향력을 가지고 있습니다. 여행자들이 맥주 한 잔 마시며 쉴 수 있게 적도에 술집을

세워야 할 것입니다. 그게 요즘 유행하는 여행의 풍속도이니까요." 사람들이 티너 모녀에 대해 가장 분개한 일들 중 하나는 돈에 관한 문제였다. 베이커는 이들 모녀가 모든 것의 값을 올리고 있다고 비난했다. 이 비판이 정당한지 아니면 그가 단지 시샘을 한 건지는 여전히 논쟁거리로 남아 있다.

그 당시 스피크와 그랜트는 이미 하르툼으로 돌아와 있었다. 그들은 반 카펠렌을 만나 그녀의 언니와 조카가 말로 다할 수 없는 위험에 처하게 될 것이라고 충고했다. 그들의 예상은 적중했다. 1864년 3월 29일에 탐험대가 하르툼으로 돌아올 즈음, 이들 모녀는 사기와 습격을 당하고 굶주림에 허덕였으며, 노예무역을 했다는 부당한 비난도 들어야 했고, 병이 들어 몸도 지치고 지위도 비참하게 떨어졌다. 그러나 다행히 바르-알-가잘에 무사히 도착하여 페서릭 부부를 만났다. 이들 부부는 두 모녀의 부족한 식량을 보충할 수 있도록 도와주었다. 티너 모녀와 호이글린 남작이 속한 이 무리에는 하인과 경호원, 식객들을 포함해 짐꾼까지 삼백 명 이상이 있었다.

이후 일행은 와우라는 마을을 지나 며칠 만에 작은 무역소에 당도했고 그곳에서 비가 그칠 때까지 머물러야 했다. 알렉신은 야영할 장소를 물색하러 앞서 떠났다. 그때 일행 가운데 가장 건강하던 해리엇이 병에 걸려 6월 22일에 목숨을 잃고 만다. 망연자실해진 해리엇의 딸은 하르툼으로 돌아가기로 결심하는데, 그 결정은 그동안 일궈온 모든 것을 단념하는 것이나 진배없었다. 그러나 날씨가 점점 더 나빠져 돌아가는 것조차 지체되었다. 한 달 뒤 일행이 아직까지 머물고 있던 야영지에서 플로라마저 죽음을 맞는다. 수십 년을 이 가족과 함께 했던 그녀는 예순 살이었다.

하르툼으로 돌아와 있던 반 카펠렌은 떠난 일행이 걱정되기 시작했다. 한동안 탐험대에게서 소식이 오지 않자 그녀는 보급품을 보내기로 했다. 구조대는 1864년 1월에 와우에 도착한 티너—그녀에게는 든든한 수행원이 사백오십 명이나 있었다—와 만났다. 얼마 뒤인 1월 22일에는 안나가 뜻밖의 죽음을 맞는다.

반 카펠렌도 병이 걸려 간신히 목숨을 연명하며 조카가 돌아오기만을 기다렸다. 반 카펠렌을 누구보다 찬양했던 캐서린 페서릭은 몇 달 전 이런 글을 썼다. "사랑하는 폰 카펠렌(말 그대로) 양이 불안해 보인다. 여기는 그녀가 있을 곳이 아니다. 내가 알고 있는 여성들 중 그녀야말로 가장 위대한 여장부이다. 그녀는 자신을 희생시키고 있다. 자신이 너무도 소중히 여기는 사람들의 귀환만을 기다리며 하르툼에서 오랜 세월을 고독하게 살고 있으니 말이다."

알렉신은 그녀의 어머니와 이모, 플로라와 안나를 실은 네 개의 관과 함께 1864년 7월에 카이로로 떠난다. 그 이후 카이로에서의 체류와 지중해 순항, 요트 구입에 대해서는 상세히 이야기하지 않

겠다. 이야기는 알렉신의 1867년 알제리 여행과 사하라 탐험으로 건너뛸 것이다.



## 북아프리카

1868년 초 알렉신 티너는 자신의 요트에서 내린 네덜란드 선원들과 그들의 부인들을 포함해 수십 명의 선원들, 카이로 출신의 하인 압둘라, 낙타들과 말, 그 몰이꾼들을 이끌고 알제리의 남쪽으로 떠나 투구르트라는 오아시스 도시에 이르렀다. 그러나 고약한 날씨와 선원들의 사소한 불평으로 탐험은 갑자기 중단된다. 말타에서 휴식을 취한 뒤 그녀는 트리폴리로 이동했고, 1869년 1월 30일에 사하라를 횡단할 새로운 탐사대를 꾸렸다. 이번에도 여행대의 규모는 컸지만 전보다 분위기가 좋았다. 네덜란드 선원을 두 명만 데리고 간 것이 효과가 있었던 것 같다. 3월까지 그들은 약 8백 킬로미터를 이동하여 무르주크라는 마을에 당도했지만 알렉신이 중병에 걸려 여행을 중단해야 했다. 그녀가 완전히 회복되고서야 여행대는 다시 길을 나섰다. 그러나 두 주 뒤인 1869년 4월 1일, 알렉신은 총에 맞아 숨지고 만다.

알렉신의 죽음에 대해서는 여러 가지 설이 있고 모순된 진술도 많지만, 그녀의 여행대와 다른 여행대 간의 언쟁이 원인이 된 듯하다. 그녀가 중재를 하려고 끼어들었을 때 그녀의 선원 한 명이 칼에 찔리고 그녀는 손을 베였다고 한다. 그러다 총알이 날아들기 시작하면서 그녀와 남아 있는 선원들이 총에 맞았다. 여행대의 물품은 약탈당했고, 뿔뿔이 흩어졌던 생존자들이 돌아와 그 혼란스럽고 비극적인 이야기를 전했다.

그때까지 리비아는 여성 여행자들의 관심을 거의 끌지 못했다. 필자가 조사한 바로는 트리폴리의 영사 리처드 툴리의 여동생으로 묘사되어 있는 미스 툴리가 리비아를 방문한 최초의 서양 여성이었다. 『아프리카 트리폴리에서 십 년을 지낸 이야기』(1816)는 그녀의 작품으로 추정되고 있다. 서문을 보면 그녀가 레이디 몬터규에 비유되고 있지만, 이 이야기는 몬터규의 글과 달리 거리감이 느껴지고 진실함이 묻어나지 않는다. 리비아의 건축술, 왕족의 의복, 다방, 기후, 역병, 기아, 하렘, 영사의 지위에 대한 논평이 페이지를 가득 채우고 있지만 정작 본인 자신이 실제로 어떻게 살았는지는 거의 나와 있지 않다. 미스 툴리가 1783년부터 1793년까지 트리폴리에 머문 것은 확실하다. 그러나 1793년 내란으로 인해 그녀의 가족은 아프리카에서 쫓겨났다. 그러므로 미스 툴리는 익명의 작가가 창조해낸 허구의 인물일 가능성이 높다.

리비아와 아주 대조되게 마그레브—튀니지, 알제리, 모로코—는 비옥하고 접근하기가 비교적 수월해 페니키아인들과 로마인들이 선망하던 곳이었다. 그러나 모로코 남쪽의 '블레드' 같은 광대하고 사람이 살 수 없는 지역에서는 식민지 건설이 연안 지방에서

만 이루어지고 있었다. 1844년까지 프랑스는 쓸모있는 땅을 확장하여 본국의 가족들이 정착할 수 있도록 장려했다. 스페인과 영국도 그 지역에 약간의 관심을 보였지만, 여성 여행자들은 몰려들지 않았다.

필자가 조사한 바로는 처음 북아프리카에 대한 글을 쓴 여성 여행자는 레이디 몬터규였다. 1718년 7월에 튀니스를 방문한 몬터규는 카르타고의 여성들과 잡담을 나누기까지 하였는데, 대부분이 모욕적인 대화였다고 한다. 캐롤라인 공주의 경우에는 노예가 된 기독교인들을 석방시키자는 견해에 고무되어, 1816년 4월에 튀니스로 출범했다. 그녀는 튀니스에 매료되었고, 노예 석방 임무를 맡고 있던 엑스마우스 경으로부터 떠나라는 명을 듣기 전까지 카르타고에서 유희를 즐겼다.

엘리자베스 마시는 1756년에 지브롤터 해협에서 영국으로 가고 있을 때, 바르바리 지방(아프리카 북서 해안 지역의 옛 이름. 모로코, 알제리, 튀니지, 리디아 서부가 이에 속한다—옮긴이)의 해적들에게 납치당하는 사건을 겪었다. 그녀와 제임스 크리스프—그녀는 안전을 위해 할 수 없이 그를 남편이라고 밝힌다—를 비롯한 승객들은 모로코의 살레라는 마을로 끌려갔다. 노새에 실려 모로코의 한 마을(마라케시)로 이송된 그들은 감옥에 투옥됐다. 마시는 감금 상태를 몹시 힘들어했다. 험난했던 여행과 생활 여건, 미래에 대한 불안과 가족들과 떨어져 있는 고통 때문에 그녀는 이 진기한 경험을 제대로 평가할 수 없었다. 마침내 몇 달 뒤 풀려났을 때 그녀는 크리스프와 결혼했고 그때의 시련을 일기에 남겼다.

북아프리카가 프랑스와 관련된 지역임에도 불구하고 이곳을 여행한 프랑스 여성들이 쓴 이야기는 생각만큼 많지 않다. 1871년부터 1933년에 삶을 마감할 때까지 알제리에서 생활한 오렐리 피카르의 경우, 사실상 그녀가 남긴 기록은 없지만 그녀의 이야기가 적어도 전기 학자 세 명의 상상력을 자극하기에는 충분했다. 여행자라기보다 모험가라는 칭호가 더 맞는 오렐리는 하급 중산층의 가정에서 태어나 부자가 되겠다는 꿈을 꾸며 자랐다. 보르도에서 만난 뚱뚱하지만 이국적이고 부유한 알제리의 족장 시디 아마드 알-티자니가 관심을 보냈을 때, 그녀는 이를 기회라고 생각하고 놓치지 않았다. 두 사람은 가족과 정부의 반대를 무릅쓰고 1871년에 결혼했다. 그녀는 그와 함께 알제리로 가서 처음에는 비교적 호화로운 삶을 살다가 나중에는 진흙 벽으로 에워싸이고 완전히 고립된 아인 마디라는 마을에서 살게 되다. 그러나 피카르는 전혀 주눅들지 않고 주도권을 장악해 나갔다.* 족장의 두 아내에게 짐을 싸서 나가게 하고, 프랑스 음식과 가구를 들였다. 그녀는 아라비아어와 남편의 종교인 티자니야라는 수피교단의 복잡한 사정도 배웠으며, 재정권도 넘겨받았다.

---

* 피카르는 남편의 세번째 아내가 알리라는 아들을 낳은 지 7년 뒤에야 그녀가 숨어 있는 것을 발견했다. 그녀는 친히 그 여자를 마을 밖으로 호송한 뒤, 알리를 자신의 의붓아들로 키웠다.

　　1883년에 피카르는 정부의 인가를 받아 장차 쿠르단이라는 오아시스 마을이 될 곳에 집을 짓기 위해 수백 명의 기술자를 고용했다. 알제리에 있는 집에는 어머니가 기거하도록 했다. 모든 것이 그녀가 생각한 천국의 모습은 아니었다. 또한 재산이 늘어가자 그녀가 프랑스 정보부의 끄나풀이라고 의심하는 눈초리들도 생겨났다. 1897년 4월 남편이 죽자 그녀는 남편의 동생과 결혼을 한다. 결코 유쾌하지는 않은 일이었지만 재정적으로는 유익한 처사였다. 그 동생마저 1911년에 세상을 떠나자 그녀는 알제리로 돌아가서 죽어가는 어머니와 암에 걸린 의붓아들을 간호한다. 그들이 사망한 뒤에는 프랑스로 잠시 돌아왔으나 날씨가 추운 조국의 환경에 적응하지 못하고 다시 알제리로 돌아갔다.

　　피카르가 알제리에서 번창해나간 반면, 스위스 태생의 작가 이자벨레 에버하르트는 서서히 허물어진 경우이다. 이해하기 힘들고 정체가 묘연한 에버하르트의 삶은 여러 각도에서 분석이 되어 왔다. 그녀가 이따금 시마무드라는 알제리 남자로 변장을 하고 다닌 사실은, 특히 동양학과 성 정체성을 연구하는 학자들의 흥미를 끌고 있다. 러시아어와 프랑스어뿐만 아니라 아라비아어도 유창하게 구사했던 그녀는 스스로 이슬람교도도라고 생각했다. 평소 제네바에 있는 집에서는 남장을 하고 늘 짧은 머리를 고수했다.

　　1897년 에버하르트는 몸이 약한 쉰일곱 살의 어머니 마담 나탈리 드 뫼르더와 처음 알제리로 갔다. 그러나 그녀의 어머니는 이슬람교도로 개종한 후 바로 그해에 죽음을 맞는다. 그때부터 에버하르트는 시마무드나 유럽 남자로 변장*을 하고 알제리와 프랑스를 정열적으

---

* 에버하르트는 1901년에 마르세유로 돌아와서는 자신을 '피에르 씨'라고 부르게 했다.

"지금 당장, 나는…… 무한히 넓은 하늘을 지붕 삼고 따뜻한 흙을 침대 삼아, 저 높은 곳에서 떨어지는 별들 밑에서 밤의 으스스한 침묵 속에 잠들기를 갈망한다. 지상 그 어디에도 나를 연모하는 사람이 없고, 나를 그리워하거나 기다리는 곳이 없음을 알고 있다. 그런 것을 알려면 자유롭고 방해받지 않아야 한다. 아웃사이더 외에 어떤 것도 될 수 없는 광활한 사막에서 나는 유목민으로밖에 살 수 없다." —이자벨레 에버하르트

로 오갔다. 전기 학자들에 따르면 알제리 사람들이 이자벨을 시마무드로 받아들인 것은 멍청해서가 아니라 공손했기 때문이라고 한다.

1900년 여름, 그녀는 스물네 살의 알제리 토인 기병 슬리멘 엔니를 만나(이들은 결국 결혼한다), 11월에 수피교단인 카드리야스에 입문한다. 머리는 빡빡 밀다시피 하고 아라비아 옷을 입고 다니며 험한 삶을 살았다. 언제나 돈이 부족했고, 행여 돈이 생기더라도 먹을 것을 사는 대신 마리화나나 압생트 같은 마약을 구입했다. 그 때문에 선천적으로 가냘팠던 그녀는 목숨에 위협이 갈 만큼 야위어갔다.

프랑스 관리들은 그녀가 자신들을 염탐하고 있다고 의심을 품기도 했고, 다른 사람들은 그녀가 '신경과민에다 불안정하다'고 생각했다. 그녀가 엘 웨드라는 사하라 마을에 왔을 때, 아라비아 사무국 국장 가스통 코베는 그녀가 "유럽 사람이 거의 없는 곳에서 자신의 방탕한 취미와 원시적인 것을 좋아하는 경향을 방해받지 않고 즐길 수 있다는 사실에 대체로 만족하는 것 같다"라고 썼다.

1901년 2월 베히마에서 그녀의 목숨을 노린 사건이 일어났다. 그 습격에서 회복된 후 그녀는 알제리에서 떠나라는 명을 받고 마르세유로 돌아간다. 석 달 뒤, 그녀는 암살 미수자를 증언하기 위해 알제리로부터 소환을 요구받았다. 법정에 출두하려면 유럽식 복장을 갖춰 입어야 한다는 사실을 알고 있었지만, 슬리멘에게 옷을 사달라고 부탁하는 편지에도 썼듯이, 그녀는 그런 여장을 할 경제적 여력이 없었다.

잘 차려입지 않아도, 프랑스 여자처럼 입는 데만도 돈이 얼마나 드는지 당신은 모를 거예요. 가발(나처럼 머리가 짧은 경우에는 가발 비가 15프랑이나 20프랑이나 들어요. 변발로는 어림도 없거든요), 모자, 속옷, 코르셋, 페티코트, 치마, 스타킹, 구두, 장갑, 기타 등

등. 결국 내가 선택한 길은 아라비아 사람처럼만 입지 않기로 한 거예요. 어쨌거나 그런 옷은 당국에게 나에 대한 편견만 심어줄 테니까요.

　　마침내 숙녀복을 입고 6월에 열린 재판에 출두하였지만 그녀는 다시 알제리에서 쫓겨난다. 마르세유에 추방돼 있는 동안 그녀는 자신에게 온갖 미사여구를 동원해 지나치게 공들여 편지를 보내는 리디 파시코프를 만났다. 1902년 1월에는 알제리로 돌아와 아프리카 식민지 건설에 앞장서고 있는 리요테 대령과 친분을 쌓게 되는데, 그는 알제리에 대한 그녀의 해박한 지식을 높이 평가했다. 그를 위해 일을 하면서 쉬드-오라내로 알려진 지역에 관한 보고서를 작성하기 위해 아인 세프라에 갔다가 병에 걸려 며칠 동안 병원 신세를 지게 된다. 1904년 10월 21일 그녀는 병원에서 퇴원하자마자 갑작스럽게 닥친 홍수에 휩쓸려 스물여덟의 나이에 익사한다.

## 서아프리카

유럽에 서아프리카에 대한 관심을 고조시킨 것은 포르투갈 사람들이었다. 포르투갈 사람들은 15세기에 서아프리카 일대의 길을 찾는 노력의 일환으로 해안선 지도를 만들고 있었다. 그들은 영국, 프랑스, 스페인 사람들과 함께 서아프리카에 정착하여 체계적인 조사와 탐험을 단행했다. 그 일이 잔인하면서도 의외의 결과를 낳게 된다. 그때까지 아프리카에만 한정되어 있던 노예무역이 유럽과 신세계의 식민지로까지 번진 것이다.

　　노예들은 16세기 초부터 미국으로 이송되었다. 18세기가 끝나갈 무렵, 미국독립전쟁 기간 중에 도망쳤던 많은 노예가 그들의 조국으로 돌아갈 결심을 한다. '자유의 땅'으로 불렸던 시에라리온은 영국의 노예 폐지론자들이 그런 처지의 노예들을 위해 세운 나라

〈프리타운 원경〉A. 드 바
르,『월간 여행』

이다. 그러나 척박한 땅 여기저기 흩어져 있는 정착지
는 높은 사망률로 피해를 입었다. 게다가 물자도 부족
했고 자급자족 또한 거의 이루어지지 않았다.

　1791년 초, 브리스틀 태생의 스물다섯 살의 안나 마리아 팰콘브
리지는 시에라리온으로 가는 배에 올라탔다. 전에는 노예들을 위
해 일했고 지금은 구조대를 이끌고 있는 외과 의사이자 남편인 알
렉산더가 그녀와 동행했다. 그녀가 쓴『1791~93년에 시에라리온
강을 두 번 항해한 이야기』(1794)는 영국 여성이 시에라리온에 대
해 쓴 첫 여행기일 것이다. 안나는 해방노예들과 살고 있는 영국
여성들과, 노예 수용소를 처음으로 대면한 끔찍한 현장을 당시로
서는 충격적일 만큼 상세하게 폭로하였다. 솔직한 자세로 글을 썼
던 그녀는 남편의 다혈질과 무절제한 성향에 대해서도 얼버무리지
않았다. 이런 성격 탓에 남편은 직장을 잃게 되고, 1792년 말에 본
국으로 소환되었다. 그러나 열병을 앓고 있던 알렉산더는 술을 마
시는 바람에 혼수상태에 빠져 영국으로 돌아가지도 못하고 1792년

12월 28일에 세상을 떠난다.

안나는 곧 노스캐롤라이나 출신의 영국 정부 지지자인 아이작 두보이스와 재혼을 하게 되는데, 그때가 1793년 1월 7일이다. 이들 부부는 그해 6월에 자메이카를 경유하여 영국으로 돌아갔다. 이때 처음으로 노예무역선을 타고 항해를 하였다. 안나는 노예들이 후한 대접을 받는 것을 보고 한편으로는 놀라고 또 한편으로는 기분이 좋았다. 노예들은 점잖게 음식을 먹었고, 넓고 깨끗한 공간에서 지냈으며, 항해 중에 죽은 사람이라곤 출발 전부터 아팠던 청년 한 명뿐이었다. 안나가 보고서를 쓰고 있다는 사실을 알았기 때문에 선장이 조심했는지도 모르는 일이다. 만약 그런 의도가 있었다면 그의 노력은 헛되지 않았다. 안나는 기쁜 마음으로 노예 제도의 유익한 면을 말하기도 했기 때문이다. 이후 몇 년 동안 그녀는 자신과 죽은 남편의 빚을 갚는 데 많은 노력을 했다. 그녀가 책을 쓴 것도 그 때문이었는데, 그녀에 대해 더 이상은 알려진 사실이 없다.

1816년 메두사 호가 세네갈 영해에서 난파되면서, 이곳은 테오도르 제리코에 의해 불후의 명성을 얻게 되었다. 그 지역을 놓고 프랑스와 영국 사이에 싸움이 벌어졌는데, 원칙적으로는 프랑스 소유였지만 영국인들은 그 지역을 포기하려 들지 않았다. 피카르 가족*이 메두사 호에 타고 있었고, 이 가족이 겪은 고난은 나중에 마담 다르가 되는 피카르 양에 의해 책으로 출판되었다. 이 사건에 대해서는 사비니와 코레아르라는 두 군인도 책을 썼다.

약 열 명으로 구성된 이 가족은 네 척의 함선에 호위되어 로슈포르를 출범해 서아프리카로 향했다. 그 함선들 중 한 대가 백오십 명의 군인들이 타고 있던 메두사 호였다. 또 다른 배에는 프랑스 총독과 그의 가족이 타고 있었다. 북회귀선 밑 어디쯤에서 선장은

---

*이들이 오렐리 피카르와 관계가 있는지는 알아내지 못했다.

길을 잃은 것 같다고 고백했다. 그때 한 '사기꾼'이 그 영해를 잘 안다고 공언하며 배를 접수했다가 메두사 호를 좌초시켰다. 사비니와 코레아르 그리고 이들 중 한 사람의 아내를 비롯하여, 배에 타고 있던 군인들은 물에 젖은 비스킷 자루만 쥐고서 흔들리는 뗏목으로 옮겨 탔다. 다른 함선이 그 뗏목을 견인하기로 하였지만 프랑스 총독이 도와주지 말라고 하는 바람에 피카르 가족은 여러 번의 간청을 한 뒤에야 배에 오를 수 있었다. 그들은 함선이 자신들의 뗏목을 포기했을 때 무서운 공포를 느꼈다. 사비니와 코레아르가 목숨을 건진 것은 거의 기적이나 다름없었다.

피카르 가족과 그들이 탄 배는 생루이(세네갈로도 알려진)에서 제법 떨어진 불모의 연안 구역에 상륙한다. 그들은 조잡한 여행대를 조직하여 진군하기 시작했다. 피카르 가족의 여자들과 아이들은 천천히 이동했는데(그들은 상륙하자마자 신발을 잃어 버렸다), 일행 중 몇 명은 그들을 두고 가자고 제안하기도 했다. 다행히 한 인정 많은 관리가 그들의 보호를 자처하고 나섰다. 결국 이들 생존자들은 소규모의 아라비아 사람들을 우연히 만나 안전한 호위를 받을 수 있었다.

피카르 가족은 마침내 생루이에 정착하지만 그들의 불운은 더욱 심해졌다. 11월에 피카르 부인이 세상을 떠난다. 피카르 씨는 변호사직을 잃고 무역통상을 하다 칼에 찔리는 불운을 맞는다. 그는 후에 사팔이라는 기후가 좋지 않은 섬에서 농장을 일구려 애썼다. 그들의 불운에 대해 피카르 양은 이렇게 썼다. "우리는 지구상에 존재하는 가장 불행한 사람들이었다…… 배가 난파될 때 죽지 못한 것이 골백번도 더 (후회스러웠다)."

열병으로 막내가 세상을 떠난 뒤 피카르 씨도 1819년 8월에 세상을 떠났다. 이 가족의 오랜 친구이자 프랑스 학교의 교장인 다르의 도움으로 이들은 마침내 구원을 받았다. 다르는 거지가 된 이들을 보살피고 피카르 양과 결혼한 뒤 프랑스로 돌아왔다.

그로부터 74년 뒤, 메리 킹즐리—
독신 여성이자 독학자이며 얼마 전
에 운명을 달리한 부모에게는 충직
한 딸이자 게으르고 은혜를 모르는
오빠에게는 자상한 여동생이었다—
가 가방을 꾸려 시에라리온으로 가
는 증기선에 올랐다. 그녀는 30년 동
안 병약한 어머니를 돌보느라 기본
적인 정규 교육조차 제대로 받지 못
했다. 그녀는 '물고기와 물신(物神)'
을 탐사하고 연구하기 위해 세상에
서 가장 악명 높은 지대로 향하는 중
이었다. 해먹과 텐트와 짐꾼을 버린
채 그녀는 자신의 신분을 정당화하
기 위해 상인으로 위장하고 2년 동안
두 차례나 괄목할 만한 여행을 감행
했다. 표면적으로 보면 더할나위없
이 터무니없는 짓이었다.

〈메리 킹즐리〉 A.G. 듀스미스
사진. 에드워드 클로드의 『추
억』에서. 런던: 채프먼 앤 홀,
1916년.

"기후가 좋지 않기 때문에
영국 남자들의 일반적으로
자신의 아내를 연안으로 데
리고 나가는 것을 좋아하지
않는다." —메리 킹즐리

　사실, 그녀가 이런 일을 할 수 있었던 것은 집안 배
경의 영향이 컸다. 소설가 찰스와 헨리의 형제였던 메
리의 아버지 조지 킹즐리는 여행을 밥 먹듯 하는 사람
이었다. 그는 임신 중인 요리사와 결혼한 지 몇 주 만
에 집을 나갔다가 아이가 태어나기 나흘 전에 돌아왔
으며, 돌아와서도 둘째인 찰리를 낳을 동안만 집에 붙
어 있다 다시 떠났다.

　정규 교육을 받지 못한 메리는 아버지의 큰 서재에
붙어살며 책이란 책은 모조리 탐독했다. 고전, 철학, 민족지학, 자
연사, 여행기까지 분야를 가리지 않고 읽었다. 그녀의 서아프리카

〈가봉의 오고우에 강〉 A 드 바르, 『월간 여행』 31호, 1876년, p273.

"아프리카는 숲속에 악마들이 있다고 믿는 마법사에게나, 어느 곳에나 물신들이 있다고 믿는 숙녀에게는, 밤에 돌아다니기에 불안한 곳이다."—메리 킹즐리

에 대한 지식과 관심은 위대한 탐험가인 리처드 버튼, 폴 뒤 셸뤼, 피에르 드 브라자의 책을 통해 키워진 것이었다.

메리의 동생 찰리는 부모가 죽을 때까지 밖을 떠돌면서 어쩌다 가끔 집에 돌아왔다. 메리는 그가 돌아올 때마다 보살펴주기로 결심하고 그 시간표에 맞춰 여행 계획을 세웠다. 1892년에 첫 탈출을 감행한 그녀는 카나리아 제도로 갔다. 그곳에서 아프리카를 잠시 살펴본 후 다음 목적지로 정해버린다. 1년 뒤 그녀는 바퀴벌레들이 들끓는 무역선 라고스 호에 올랐다. 열병이 기승을 부리는데도 사람들이 안전하다는 소식을 듣고 크게 기뻐한다. 배의 첫 정착지는 프리타운이었다. 이어서 아크라로, 오늘날의 나아지리아인 보니와 앙골라의 상파울루 데 로안다(루안다)로 계속 항해했다. 이 최남단에서 킹즐리는 다시 북쪽으로 전진하여 콩고 자유국, 프랑스령 콩고와 카메룬을 거쳐 칼라바르로, 칼라바르에서는 리버풀로 돌아가는 로셸 호에 올랐다.

1894년 1월에 킹즐리는 물고기 표본과 종이에 붙여놓은 곤충들, 주물들, 사진 감광판을 신고서 집으로 돌아와 『운동과 여행 수기』라는 제목의 책을 쓰기 위해 아버지가 시작한 저술들을 정리하기 시작했다. 또한 자신의 영웅인 어류학자 알버트 찰스 귄터와 친분을 쌓고, 서아프리카로 또 다른 여행을 준비하기 시작한다.

1894년 12월에 킹즐리는 두번째 탐험을 떠났다. 최종 목적지는 가봉이었으나 그녀는 다시 숲속 깊은 곳에 사는 팡 주민들을 연구하기 위해 노를 저어 오고우에 강을 건넜다. 그녀는 다시 상인으로 가장하고 칫솔과 손수건, 담배를 가득 신고서 일반적인 상식에 도전했다. 카누 다루는 법을 익혀 더욱 자유롭게 여행했고, 많은 여행자들을 좌절시킨 카메룬 산을 백인 여성으로는 처음 올랐다.

1895년 11월에 영국으로 돌아온 킹즐리는 『서아프리카 여행기』를 집필하기 시작하여 1897년 1월에 출간한다. 이해할 수 없는 지명들과 관습들이 많은데다가 부록까지 수록된 630페이지의 학술 논문이라는 점을 고려하면 이 책은 대단히 성공을 거둔 편이었다. 또한 이 책은 자신을 업신여기고 웃음을 자아내는 문체로 인해 아주 생기가 넘쳤다. 킹즐리는 이를 두고 '말들의 늪'이라고 불렀다. 몇몇 평론가들은 체면을 버리고 열광적으로 지지했다. 데일리 신문은 이렇게 썼다. "킹즐리 양의 어법에는 기묘한 데가 있다. 그녀가 사물을 바라보는 방식은 더할나위없이 익살스럽고, 사물을 꿰뚫는 방식은 아주 친절하고 상냥하고 여성스럽다. 그래서 우리 앞에 놓인 이 두꺼운 책에 누구도 만족하지 않을 수 없을 것이다." 그러나 『네이처』는 엄숙한 어조로 "이 책은 우리가 보고 싶은 만큼의 공평한 관점을 가진 작가가 쓴, 서아프리카에 대한 생생한 초상화일 뿐이다"라고 발표했다. 이 책만큼 야심적인 『서아프리카 연구』는 1899년에 출간된다.

메리 킹즐리의 이해할 수 없는 행동들을 열거하자면 책 한 권 분량으로도 모자랄 것이다. 그녀는 영국에서는 건강이 나빴지만—

특히 류머티즘과 편두통으로 고생했다—, 온갖 질병이 창궐하는 열대의 아프리카 흙을 밟자마자 건강이 좋아졌다. 그녀는 민족과 동물에 관한 귀중한 자료들—몇몇 물고기 종의 이름은 그녀의 이름을 따기도 했다—을 수집했으면서도, 자신의 연구는 실수투성이고 거의 신뢰할 만하지 않다고 공공연히 말했다. 덥고 습한 기후에도 그녀는 빅토리아 풍의 코르셋과 어색하게 길고 두꺼운 치마를 입고 다니면서, 강을 건너고, 카누를 타다 전복되고, 사냥꾼이 쳐놓은 구덩이에 빠지기도 했다. 그녀는 보수적인 시대의 인물이었지만 아프리카인들에게 술을 파는 것을 옹호했고, 일부다처제를 지지했으며, 선교사들의 활동을 비난했다. 또한 오늘날의 서구 여성들보다 더 독립적이었지만, 남녀평등에 대한 여성들의 주장에 대해서는 공공연히 비난하며 여권주의를 비방했다. 다분히 여성스러웠지만 때로는 자신을 남자로 언급하곤 했다. 『서아프리카 연구』에서 그녀는 "나는 (남성)문인이 아니라 서아프리카의 학생일 뿐이다" "나는 천성적으로 (남자)상인이 아니다"라고 썼다.

킹즐리는 또한 숫기 없고 쑥스러움을 많이 타는 성격이었지만, 때론 간담이 서늘해질 만큼 흥미진진한 경험담을 듣기 위해 몰려든 이천여 명의 군중에게 H음을 빼고 발음하는 런던 사투리의 신랄하고 재치 있는 목소리로 이야기를 들려주기도 했다. 스코틀랜드 지리협회에서는 그녀가 직접 강의를 했으나, 리버풀 지리협회에서는 남자 대리인이 그녀를 대신해 강의하는 것을 지켜보는 것으로 만족해야 했다. 반면 런던 국립지리협회에서는 완전히 배척되었는데 당시 명망 있던 그 단체는 여성들을 받아주지 않았기 때문이다.

킹즐리는 자신이 원하던 대로 서아프리카로 돌아갈 수 없었다. 그 대신 1900년 3월 10일 보어전쟁의 부상자들을 간호하기 위해 케

이프타운으로 가는 무어 호에 몸을 실을 수 있었다. 그러나 그녀가
감당할 수 없는 많은 시련이 찾아왔다. 1900년 6월 3일, 그녀는 장
티푸스로 인한 심장마비로 눈을 감은 뒤 바다에 묻혔다.

# 위험에 뛰어들고 싶은 욕구

두 명의 기수가 말에서 내려 그들 앞의 키 작은 관목에 말을 매어 놓고는 메마른 사막을 바라본다. 낮은 바위투성이의 언덕들과 뒤틀리고 바람에 날리는 관목들이 끝도 없이 펼쳐져 있다. 그들이 잠시 쉬려고 앉으려 할 때 둔탁한 '쿵' 소리가 침묵을 깼다. 그리고 누군가 "말에 올라타. 습격이야!"라고 다급하게 외쳤다. 그러나 순식간에 앤과 윌프리드 블런트는 어디선가 나타난 베두인족의 습격을 받았다. 며칠 전 무릎을 삔 앤은 빨리 움직일 수가 없어 그대로 창에 맞고 쓰러졌다. 습격자들 중 한 명이 윌프리드의 권총을 낚아채 그의 머리를 있는 힘껏 내려쳤다. 앤은 아라비아어로 소리쳤다. "나는 당신들의 보호를 받고 있습니다." 그때서야 로알라 부족의 산적들은 자신들이 방금 부녀자를 공격했음을 깨닫고 얼떨떨한 표정으로 공격을 멈췄다. 그때부터 로알라 부족은 자신들이 공격하려 했던 희생자들을 손님으로 맞아 여러 날을 같이 보냈다.

이때가 1879년 1월이었고 블런트 부부는 아라비아의 네지드 사막을 탐험하는 중이었다. 1년 전에는 시리아에 있었다. 이후 잠시 영국에 돌아와 있다가 남아라비아로 갈 준비를 하고 다마스쿠스로 돌아왔다. 시리아를 여행할 때 함께 다녔던 모하메드와 한나는 다마스쿠스에 도착한 지 딱 일주일 만인 12월 13일에 떠난다. 그들 앞에는 풀이 무성한 평야와 황량하고 바위투성이의 사막이 번갈아 나타났다. 또한 사납게 날뛰는 모래폭풍이 그들의 걸

〈앤과 윌프리드 블런트〉 습격을 당하면 공포를 느끼느냐는 질문을 받은 앤 블런트는 이렇게 대답했다. "어떻게 느꼈든 간에 나는 두려움을 내색하거나 고백할 만큼 어리석은 사람이 아니다." G. 뷰일리에, 『월간 여행』 43호, 1882년, p1.

습격의 표적이 된 앤 블런트가 쓰려져 있다. 창끝이 그녀의 머리 위에 아슬아슬하게 닿아 있다. 윌프리드는 강탈당한 자신의 권총으로 머리를 세게 맞았다. G. 뷔이에. 『월간 여행』 43호, 1882년, p13.

음을 한없이 더디게 만들었다. 게다가 지금은 사우디 아라비아 영토인 카프 근처에서 앤이 말에서 떨어져 무릎을 삐는 사고를 당하기도 했다. 그들은 로알라 부족과 떠들썩한 대면식을 치른 후 알자우프로, 하일로 계속 여행을 했다. 하일에서는 에미르 모하메드 이븐 라시드로부터 융숭한 대접을 받으며 일주일을 보낸 뒤, 바그다드 남쪽인 메셰드 알리(안 나자프)로 가기 위해 북쪽으로 떠나는 페르시아 대상의 무리에 들어갔다. 여행은 진행이 느리고 단조로웠지만, ─그들은 먹을 것이 부족했고, 대상의 우두머리가 사람들로부터 더 많은 돈을 뜯어내려고 했기 때문에 화가 나기도 했다─어쨌거나 무사히 마쳤다. 계속 전진하고 싶은 열망에 그들은 페르시아를 지나 인도까지 나아갔다. 이 모험을 마치고 앤은 『네지드 순례기』를 썼고, 그녀가 전에 출판한 책처럼 윌프리드가 편집을 맡았다.

서아시아. 『필립스의 간편한 지도책』, 1897년.

레반트보다 더 오랫동안 유럽의 영향을 받지 않은 아라비아, 페르시아, 메소포타미아는 여자들이 공공연히 여행하는 것을 엄격히 통제했다. 대부분의 여성은 이 지역을 여행하는 것은 엄두조차 내지 못했다. 적은 인구와 황량한 땅, 소름 돋는 추위와 타는 듯한 더위가 그들의 용기를 꺾었다. 그럼에도 불구하고 시대마다 영국, 프랑스, 러시아, 터키 정부는 이 지역에 관심을 가졌고, 그러한 관심은 필연적으로 여행자들을 불러들였다.

오늘날의 이라크에 해당하는 메소포타미아는 여행객들이 보통 시리아나 페르시아 만을 통해 건너왔다. 블런트 부부가 1878년에 바그다드에 도착했을 때 그들은 전성기 때의 화려함을 거의 엿볼 수 없는, '껍질 속의 시든 열매'처럼 쪼그라들고 볼품없는 마을을 발견했다. 바그다드에 관한 글을 쓴 초기 여성 여행자들 중 한 명인 이다 파이퍼도 똑같은 인상을 받았다.

파이퍼는 1848년 자신의 기념비적인 첫 세계 일주 기간에 바그다드를 방문했다. 그녀는 무스카트를 경유하여 봄베이에서 바스라까지 항해를 했다. 그 여행 중에 선실에 천연두가 발생하여 승객 세 명이 목숨을 잃었고 그녀는 어쩔 수 없이 갑판에서 십팔 일이나 지내며 담즙을 일으키는 열병을 이겨냈다. 바스라에 도착해서는 티그리스로 출범했다. 반드시 베일을 쓰라는 경고를 들었음에도 숨 막히는 복장을 참을 수가 없어, 그녀는 천으로 감싼 터키모에다 넉넉한 리넨 실내복만 입었다.

그녀는 바그다드의 하렘과 공중목욕탕에서 목격한 장면과 음담 패설에 크게 충격을 받았지만, 무엇이 그렇게 충격적이었는지에 대해서는 구체적으로 언급하지 않았다. 반면, 자신이 받은 환대에 대해서는 몹시 감격했다. 여행 허가가 금방 떨어졌고, 후한 음식과 잠자리도 제공받았다. 6월의 뜨거운 태양 아래 그녀는 한 대상에 들어가 '가장 가난한 아라비아 사람'처럼 여행하며 십사 일 만에 모술에 당도한다. 그곳에 있는 동안 님루드에서 레이어드(영국의 외교관으로 메소포타미아의 유적에 흥미를 가지고 발굴을 시작했다—옮긴이)의 발굴지를 찾았고, 다음에는 타브리즈로 향했다. 이 여행에 대해 그녀는 이렇게 썼다. "약간은 불안한 마음으로 이 여행을 시작했고, 결말이 좋으리라고는 감히 기대하기 어려웠다. 그 때문에 나는 언제나 나의 논문과 원고를 유럽으로 보내야 했다. 또한 약탈당하거나 살해당할 경우를 대비하여 어떤 방법으로든 나의 일기가 아들의 손에 들어갈 수 있도록 조치를 취할 생각이다." 그녀가 보낸 소포가 오스트리아까지 가는 데에는 무려 1년 반이나 걸렸다.

타브리즈로 가는 여행은 루완디즈에서 잠시 지체되었다. 그 지역의 상인 대장이 같이 출발하는 대상이 없다며 가기를 거부했기 때문이다. 그는 대상도 없이 혼자 여행하는 것은 '총에 맞아 죽거나 참수당하는 것'을 의미한다며 펄쩍 뛰었다. 그러나 파이퍼는 용케 안내인과 말 한 필을 구해 약 80킬로미터에 이르는 대장정 끝에

오로미아(우르미아) 마을에 무사히 도착했다. 그곳에서 선교사들의 집에 머물면서 다음 여행을 준비했다. 그녀가 타브리즈에 도착하자 너무나 놀란 한 유럽인이 그녀에게 물었다.

〈이주하는 타타르 사람들의 무리〉 메소포타미아의 시골을 요란스레 돌진하는 이다 파이퍼에 대한 어떤 화가의 인상. *파이퍼, 1851년, p208.*

"어떻게 여기까지 왔습니까, 그것도 혼자서? 강도를 만나지는 않았나요? 일행은 마을에 남겨둔 채 혼자서 왔습니까?" 그 남자는 언어도 모르는 여자가 어떻게 여러 지역을 무사히 지나왔는지 믿을 수 없다고 감탄했다. 나 또한 신이 내게 베풀어주신 보호에 감사하고 또 감사했다. 마치 수명을 더 연장받은 것처럼 행복하고 활력이 넘쳤다.

파이퍼는 러시아의 아시아 지역으로도 여행을 감행한다. 그러나 술에 취한 러시아인과 열성적이고 의심 많은 두 근위병이 오해를 하여 그녀를 납치하는 바람에 여행은 엉망진창이 된다. 그녀는 역사에서 불편한 밤을 보낸 후 석방되었으며, 이후 서쪽의 크림반도까지 갔다. 그러나 그녀의 여행은 오스트리아에서 혁명이 터졌다는 소식에 중단되고 만다. 1848년 10월, 파이퍼는 마침내 집으로 돌아온다.

잔 디윌라푸아는 페르시아로 여행을 떠나면서 숨 막히는 차도르를 쓰는 대신 마부처럼 옷을 입고 말에 올라탔다. 사실은 '소년 마차꾼' 같았다고 할 수 있다. 그도 그럴 것이 서른 살의 이 프랑스 여성은 몸이 호리호리하고, 당연한 일이지만 수염도 없었기 때문이다. 그녀와 그녀의 남편인 공학자 마르셀 디윌라푸아는 두 번이나 페르시아를 탐험했다. 처음에는 1881~82년에 흑해에서 페르시아만까지 고고학 답사를 했고, 두번째에는 1884~86년에 수사(선사시대에서 페르시아 제국에 이르기까지 이란문명의 정치·경제적 중심이었던 도시유적—옮긴이)에서 발굴 작업에 참여했다. 잔은 『월간 여행』(1883년과 1887년)에 이 두 탐험에 관한 글을 기고했다. 페르시아에서 겪은 하루하루의 기쁨과 고통이 생생하게 묘사된 활기차고 간결한 이야기였다.

이들 부부가 동쪽으로 향하기 전에, 잔은 자신의 체력을 시험한 적이 있었다. 갓 결혼한 스무 살 신부로서, 처음에는 남편을 따라, 나중에는 어떤 장교를 따라 프로이센-프랑스전쟁의 전선까지 간 것이다. 그들은 스페인, 모로코 알제리, 그리고 이집트 오지를 여행하기도 했다.

이들의 첫 페르시아 여행은 타브리즈, 이스파한, 시라즈, 메소포타미아를 거쳐 바그다드로 이어졌다. 초라한 대상의 눅눅하고 창문도 없는 침실에서 자고 최소한의 장비로 여행을 하면서도, 그들은 끊임없이 글을 쓰고, 사진을 찍고, 발굴할 만한 땅을 조

잔 디윌라푸아, 드롱사르,
54p

사하고, 공무원들을 수완 있게 다루었다. 그들의 조사 목록에는 1851년에 윌리엄 로프터스가 일부 발굴한 수사라는 도시도 포함돼 있었다. 그 도시에는 많은 매혹적인 언덕들이 그들의 탐사를 기다리고 있었다.

카산에 머물고 있을 때 잔은 카메라를 가지고 시장에 갔다가 주민들이 사진 찍히기를 한사코 거부해 한바탕 소동이 벌어진 일이 있었다. 마르셀은 그러한 푸대접에 대해 총독에게 즉각 불만을 토로했는데—체신을 세우는 조치로서—뜻밖에도 아주 유쾌한 결과를 얻었다. 문제의 사진사가 여자라는 사실을 들은 총독의 아내가 사진을 찍으려고 하인의 베일을 쓰고 몰래 찾아온 것이다.

디윌라푸아 부부는 피곤하고 집에서 쉬고 싶은 생각뿐이어서 1882년에 페르시아를 떠나 고향으로 향한다. 그러나 고향에서 여섯 달을 얌전히 지내고 나자 수사의 언덕에 무엇이 있는지 알고 싶다는 조급증이 일어 다시 떠날 준비를 하였다. 복잡한 협상 끝에 그들은 1884년이 끝날 무렵에 여행길에 오른다. 그들은 마르세유에서 출범하여 수에즈를 거쳐 아덴으로 갔다. 그곳에서 페르시아 만으로 계속 올라가 카룬 강 입구에 닿았다. 그리고 프랑스를 떠난 지 칠십 일 만에 수사에 도착한다.

그들은 갱부들을 조직한 지 며칠 안 돼 아주 희귀한 것을 찾아내었다. 파이앙스 도자기로 포장이 된 어떤 명소를 발견한 것이었다. 이듬해 봄에 잠시 프랑스로 돌아간 그들은 페르시아 사람들이 그들의 발굴 작업을 반대한다는 의견을 프랑스 정부에 전한 사실을 알게 되었다. 그러나 작업을 계속해도 좋다는 공식 허가를 다시 얻어낸 뒤 그들은 페르시아로 돌아와 시간을 쪼개 발굴 작업과 시골 지역 답사를 같이 했다. 드디어 갱부들이 눈부신 파이앙스 도자기 벽을 발굴해냈는데, 고대 페르시아 미술의 귀중한 작품인 궁수의 소벽임이 밝혀졌다. 1886년에 프랑스로 다시 돌아온 잔은 집필을 계속한다. 스페인에 관한 그녀의 논문들은 1900년부터 1907년까지

『월간 여행』에 발표되었다.

1890년에 페르시아와 경계가 모호한 쿠르디스탄(터키, 시리아, 이란, 이라크 접경 지역)을 1년 동안 여행한 이저벨라 버드는 『페르시아와 쿠르디스탄 여행기』(1891)라는 책을 출간한다. 그녀는 주로 혼자 다녔지만, 때로는 정치적인 이유로 그 지역을 조사하고 있던 메이저 허버트 소여(외교적으로는, 모씨로 일컬어졌다)와 함께 다니기도 했다. 지독할 정도로 독립적인 버드는 자유를 박탈당하는 것을 좋아하지 않았지만, 도처에 위험이 도사리고 있다는 풍

문을 들은 이상 호위병을 데리고 다니지 않을 수 없었다. 그녀는 테헤란과 콤 같은 도시를 방문하고 페르시아 중부의 바크티아리에서 석 달 반을 보낸다.

그녀가 첫 목표지로 잡은 곳은 테헤란이었다. 그녀는 소여와 마약 중독자이자 아라비아 상인인 하지 후세인, 그리고 한 대상과 함께 1월에 바그다드(버드는 바그다드를 마음에 들어했다)를 떠났다. 버드는 권총집을 두 개나 차고 있었는데, 한 쪽에는 연발 권총과

〈잔 디욀라푸아(왼쪽)〉 잔과 그녀의 남편, 두 명의 학자는 악천후로 인해 이틀 동안 텐트에 발이 묶여 있었다.

차 세트를 넣고 다른 쪽에는 우유와 대추야자를 넣었다. 그녀는 코르크 헬멧과 가면, 재킷과 무두질한 부츠로 이루어진 '미국식 등산복'을 입고 자랑하였다. 버드와 그녀의 동반자들은 몹시 춥고, 축축하고, 불결한 대상의 숙소에서 머물며, 눈이 쌓이고 바람이 휘몰아치는 황야를 가로질러 무사히 도착했다. 그들은 노새와 짐을 전혀 잃지 않고 재난이 될 뻔했던 사고에서 살아남은 영웅이었다.

쉰아홉 살이 된 버드는 척추병으로 인해 큰 고생을 했다. 처음에는 노새를 타다가 허리 통증이 점점 심해져 말을 타야 했다. 이번 여행은 그녀가 감행한 여행 중 가장 힘이 들었다. 타의 추종을 불허하는 그녀의 강인함과 인내심만이 아니었다면 이 여행은 성공할 수 없었을 것이다.

공공장소에서는 베일을 쓰고 다녔음에도 불구하고, 버드는 케르만샤와 이스파한 같은 대도시에서조차도 모욕과 조롱의 대상이 되었다. 또한 그녀만 나타나면 따라붙는 듯한 군중들 때문에 그녀는 휴게소에도 제대로 쉴 수가 없었다. 수많은 병자가 그녀에게 시술을 받기 위해 몰려들었기 때문이다. 그녀가 의술을 행할 수 있는 범위는 눈병, 류머티즘, 귓병, 심지어는 죽어가는 상사병에 이르기까지 아주 폭넓었다. 그녀가 주민들을 위해 시간과 의료행위를 아낌없이 베풀었음에도 불구하고, 그녀는 돈이며 동물이며 꼭 필요한 물품들을 여러 번 도둑맞았다. 어느 마을에서는 족장이 사람들에게 그녀에게서 훔친 돈을 내놓으라고 으름장을 놓기도 했다.

버드는 고초도 많이 겪었지만 그만큼의 기쁨도 얻었다. 그녀의 페르시아 통역인 미르자 유스프는 그녀의 아주 소중한 친구가 되어주었다. 그녀는 무엇보다 자유롭게 여행하는 것을 무척 좋아했다. 그녀는 항상 타고 다닌 페르시아 말 '보이'에게 정이 듬뿍 들어 트레비존드라는 터키 도시에서 여행을 끝낼 때에는 그 말과 헤어지기 힘들어했다. 1890년 12월에 트레비존드에 도착했을 때 그녀는 흑해를 바라보며 이런 생각을 한다. '아시아의 마술 같은 매력을 다시 느끼기 위해 지금 당장이라도 아르메니아의 눈 덮인 고원과 쿠르디스탄의 황량한 산으로 되돌아갔으면 좋겠구나.'

Madame Dieulafoy. — Dessin de É. Bayard, d'après une photographie.

# 늑대의 탈을 쓴 양들

많은 여성 여행자는 여행을 할 때, 특히 여성들의 여행이 금기시된 나라에서는 남장을 하는 것이 여러모로 아주 효과적이라는 것을 깨닫게 되었다. 남장은 또한 등산이나 말타기, 몸을 움직여야 하는 경우에도 유용했다. 그러나 이런 복장이 아무리 편리하다 해도 승인되지 않은 복장을 과시하는 것은, 적어도 어떤 여성들 사이에서는, 여성으로서 지켜야 될 정도를 벗어난 것으로 여겨졌다. 프랑스 여성들은 영국 여성들보다 '남장'에 대해 훨씬 더 유연한 태도를 취했다—남장을 선도한 조르주 상드(물론 여행자였다)가 그들의 모델인 것을 고려하면 그리 놀라운 사실도 아니다.

파나마 지협에서 유리한 지위에 올라 있던 메리 시콜은 "여성이라는 본연의 성적 역할을 무시하고, 남자들이 가진 특권을 누리고 싶어하는 프랑스의 여류 작가들은 산타크루스(스페인의 옛날 유대인의 거리. 좁은 길 양쪽에 흰 벽의 집들이 줄지어 서 있고 강가에는 1년 내내 꽃이 피어 있다—옮긴이)의 거리에서 자신들이 바라는 행동 규범을 실천하고 있는 문하생들을 보았다면 분명 기뻐했을 것이다"라고 썼다. 이 말을 할 때 아마도 그녀는 상드를 떠올리고 있었는지 모른다.

카탈리나 데 에라우소나 잔 바레, 로즈 드 프레시네 같은 여성들은 상드가 바지를 입기 오래 전에 남장을 한 인물들로 알려져 있다. 부관급 수녀로도 알려진 스페인 태생의 17세기 인물 에라우소는 이름을 아예 안토니오로 바꾸고, 여자 애인까지 만들고, 고급 선원으로 페루와 칠레와 아르헨티나 곳곳을 항해하면서 남자 행세를 완벽하게 해냈다. 그러나 결국에는 그녀의 정체가 들통 나는 바람에 신원이 애매모호하다는 이유로 추방을 당하고 만다. 남자의 신분이었을 때는 아무런 의심 없이 존중받았는데도 말이다.

바레는 박물학자 필리베르 코메르송의 '남자' 하인으로 일했다. 1766년에는 프랑스 항해사이자 군인 부갱빌의 세계 일주 탐험대에 그의 시종으로 동행하기도 한다. 만약 코메르송이 스물여섯 살의 이 남자가 여자임을 알았다면 절대 허락하지 않았을 것이다. 선원들 사이에 의심의 목소리가 있어 소문이 돌긴 하였지만—어쨌거나 그녀는 수염도 나지 않았고 체격도 호리호리했다—그녀의 정체가 밝혀진 곳은 타히티였다. 그곳의 주민들이 배에서 내리는 그녀를 보자마자 대번에 여자라는 것을 안 것이다. 그때부터 선원들은 그녀를 더 이상 남자로 대하지 않았지만, 그녀는 코메르송의 시중을 계속 들며 숙련된 식물학자가 될 수 있었다.

루이 클로드 드졸 드 프레시네의 아내인 로제 드 프레시네는 프랑스 함선에 여성은 탈 수 없다는 규정을 어기고, 1817년에 남편의 프리깃 범선인 뤼라니 호에 몰래 승선하려고 잠시 남장을 했다.

그 밖에도 많은 여성이 남장을 시도했다. 올랭프 도두아르, 아델 오메르 드 엘 그리고 마리아 드 위즈팔비-부르봉은 그들의 바지를 자랑스러워했다고 한다. 그러나 19세기 프랑스에서는 건강상의 적합한 이유—융통성이 있는 조항으로 보인다—가 아니면 여자들이 공공연히 남장하는 것을 불법화했다. 그래서 잔 디윌라푸아의 경우에는 남장을 허가해달라는 신청서를 내 인가를 받기도 했다.

이저벨 버튼은 시리아에 머무르는 동안 남장이 주는 자유를 만끽했다. "남장을 한 덕분에 나는…… 여자가 볼 만하지 않다고 여겨지는 모든 곳에 들어갈 수 있었다. 가장 큰 어려움은 한밤중에

용변을 봐야 하는 것이었다." 때때로 그녀는 남장을 했다는 사실을 잊기도 했는데, 남장을 한 채 무심코 하렘으로 들어갔다가 그곳의 여자들이 놀라 허겁지겁 달아나게 만든 사건도 있었다.

그녀는 "길을 걸을 때 사람들이 나를 남자로 착각하는 게 너무 좋았다. 나는 어떻게 변장하는지를 알지 못했지만 방법을 알고 나서는 그대로 실행했다. 인적이 드문 길을 떠날 때면 항상 변장을 했다"라고 말했다.

로렌스 호프는 남편과 함께 지내기 위해 파탄(인도와 그 서북 국경에 사는 아프가니스탄 사람—옮긴이)의 청년들이 입는 옷을 입었다. 이저벨 건은 남장을 한 덕분에 캐나다의 허드슨스베이 사의 주둔지에서 일을 할 수 있었다. 에든버러 출신의 내과의사인 제임스 미란다 스튜어트 배리는 남자 행세를 하며 크림전쟁에 복무했고, 나중에는 캐나다 북부에서 병원의 감사원장이 된다. 이자벨레 에버하르트는 소녀 시절부터 남장을 즐겨했는데, 그래서인지 여자 옷을 입는 것에 강한 거부감을 갖고 있었다. 나아가 그녀는 알제리 남자로 변장하고, 남자 이름을 쓰고, 남자 옷을 입고, 이슬람교 남자들만 드나들 수 있는 종교 의식에 참가했다.

이다 파이퍼는 네덜란드를 여행할 때 남장을 하라는 충고를 듣고 이를 시도했지만, 결과적으로 그녀의 남장은 참으로 우스꽝스러운 모습이었다. 그녀는 작고 마른 체형이어서 언뜻 보면 젊은이처럼 보였지만 얼굴은 노파에 가까웠다. 그래서 블라우스와 터키바지를 입고 있던 그녀는 항해 내내 사람들에게 어르신 취급을 받았다. 또한 여자들은 편의상 짧게 자른 그녀의 머리 모양이 이상하다고 생각했다.

한편, 남장이 여성의 품위를 떨어뜨린다고 비웃는 여자들도 있었다. 에밀리 보퍼트는 남자들만 드나들 수 있는 팔레스타인의 한 수도원인 마르 사바에서 수도사들을 속인 어느 미국 여성을 비판했다. "(그녀는) 남장을 하고서 수도원에 들어갔다. 건물을 둘러보는 동안에는 손을 주머니에 숨기고 다녀서 드러나지 않았지만, 커피를 마실 때 정체가 발각되고 말았다. 당연히 화가 난 수도사들은 그녀를 즉시 수도원 밖으로 내쫓았다. 그녀의 행위는 분명히 선량한 믿음을 배신하는 것이었다. 그러나 그녀를 남자로 착각했을지는 몰라도, 적어도 신사로 착각한 사람은 없으리라고 생각하면 그나마 위안이 된다."

많은 여성이, 특히 중동에서, '현지인'처럼 옷을 입고 다녔지만 그들이 누군가를 우롱하고 있다고 생각하는 사람들은 거의 없었다. 헤스터 스탠호프는 아라비아의 남장을 하고서 마르 사바처럼 여성들에게는 금지된 마르 안토니우스 수도원에 들어갔다. 그녀는 암말을 타고 현관으로 들어가 모든 장소를 참관했다. 수도승들은 이를 보고 병적으로 흥분했다—그들은 수도원 문턱을 넘은 여성은 '무시무시한 사고'를 당하게 된다는 저주의 말들을 퍼부었지만, 이를 비웃기라도 하듯 스탠호프에게는 아무 일도 일어나지 않았다. 오히려 이 일을 목격한 남자 일행은 수도사들이 그녀를 공격하지 않았다는 것을 확인하고서 더욱 그녀를 따르게 되었다. 앤 블런트는 베두인 의상을 입었다. 제인 딕비 엘 메즈라브도 베두인 옷을 입었는데, 시리아의 생활에 흠뻑 빠져 있던 그녀로서는 당연한 처사였다.

한편 해리엇 마티노는 서양인이 동양인의 옷을 입으면 웃음거리밖에 되지 않을 것이라고 생각했다. 그녀는 이렇게 주장했다.

"영국 여성이여, 동양의 나라를 잠시 지나칠 때는 동양 여자처럼 보이려고 애쓰지 말라. 그 나라 고유의 관습을 멋대로 도용하는 행위는 아무런 존경도 받지 못할 뿐 아니라, 오히려 자신의 태생과 풍습을 부끄럽게 여기는 것처럼 보일 것이다."

미지의 세계를 여행하던 서구 여성들은 남장을 했을 때 더 편안하고 안전함을 느꼈다. 하지만 계속 남장을 할 것인지에 대해서는 확신을 가질 수 없었다. 사회적인 비난의 눈초리를 감당해야 할 일이 너무 많았기 때문이다.

　여성의 다리 노출은 많은 사람에게 지탄의 대상이 되었고 남성 고유의 상징을 빼앗는다는 비판을 받을 수밖에 없었다. 하지만 많은 여성이 단순한 의복의 변화만으로 세상의 자유를 얻고 자신만의 새로운 길을 열게 된다는 점을 깨닫게 되었다.

인도

# 충격조차 잊는다

엘리자 페이는 남편 앤서니와 인도로 가는 배를 타기 위해 수에즈를 향해 출발할 때 자신에게 어떤 운명이 닥칠지를 생각하며 두려움에 떨었다. 비적들이 유럽 여행자들을 발가벗긴다는 소문이 돌고 있었기 때문이다. 다행히 이들 부부는 아무 해도 입지 않고 수에즈에 도착했는데, 엘리자는 모든 것을 빼앗겼다고 주장했다. 하지만 그들은 1779년 11월에 캘리컷에 도착하자마자, 영국인들과 대립하고 있던 인도의 지배자 하이더 알리의 배들에 포위당한다. 배에 타고 있던 부인 중, "어떤 종류의 모험이든 간절히 해보고 싶다"라고 뻔질나게 말하던 툴로 여사는 의자를 갑판으로 가져와 이것이 '조난을 피하는 가장 좋은 방법'이라며 그 광경을 지켜보았다.

　어떤 오해로 인해 덴마크 사람들만 유럽 대표로 남을 수 있게 된 반면, 영국 영사는 황급히 떠나야 했다. 어쨌거나 캘커타로 계속 갈 생각을 하고 있던 페이 부부는 조국의 보호를 받지 못하더라도 그 배에 남기로 결심한다. 대부분의 승객은 배에서 내렸다. 영국이 캘리컷을 공격할 것이라는 소문에 이어, 한때 노상강도였고 이제는 하이더 알리의 용병이 된 아이레스 선장의 인도 병사들이 대거 배에 난입했다. 군인들은 승객들을 보호하겠다고 선포했지만 오히려 그들의 물건을 약탈했다. 페이 부부는 값비싼 금시계의 소리가 새어나가지 않도록 핀으로 시침을 멈춘 다음 엘리자의 머리카락 속에 숨겼다.

　몇 가지 필수품만 지급받은 여행자들은 해안에 내린

〈히말라야의 오후〉 오른쪽 두 여성이 타고 있는 것은 해먹처럼 생긴 기묘한 모양의 탈것인 '댄디'이다. 「그래픽」 표지, 1880년 9월 25일.

인도. 『필립스의 간편한 지도책』, 1897년.

뒤 군인들이 강탈한 영국인 공장에 감금된다. 앞서 배를 떠났던 다른 승객들도 갑자기 체포되어 그들과 운명을 같이하게 되었다. 이렇게 억류된 것은 몸값 때문이었다. 페이 부부는 석방 증서와 프랑스 남자 신분으로 된 여권 두 장을 살 만큼의 돈을 그러모았다. 변장을 위해 엘리자는 남경목면으로 만든 재킷에다 줄무늬 바지를 입었고, 아주 맵씨 있는 나이트캡을 쓰고 앤서니의 구두를 신었다. 앤서니는 그 모습을 보고 그녀의 아버지와 똑같다고 말했다. 그럴듯한 변장에도 불구하고 그들의 탈출은 실패했고, 그들은 더 많은 돈을 뱉어내야 했다. 1780년 1월 21일, 이들 부부는 마침내 캘커타로 향한다.

앤서니 페이는 상황을 잘못 판단하고 망쳐놓기 일쑤여서 결국 무능한 남자라는 딱지를 달게 된다. 엘리자는 10년 넘게 남편과의 관계를 유지하다가, 그가 빚더미에 앉아 망신을 당하고 친구들과도 멀어지고 사생아까지 낳자 그를 떠났다. 그녀는 『인도에서 온 괴이한 편지: 이집트 여행과 캘리컷에서 하이더 알리에게 감금된 이야기: 1779~1815』(1817)를 썼으나 계획을 잘못 세운 모험으로 많은 돈을 잃는다. 이후 뉴욕뿐 아니라 영국과 인도를 두 차례 더 다녀온 그녀는 1816년 캘커타에서 예순 살의 나이로 숨을 거두었다.

면화와 실크, 보석, 마약, 향신료로 유명한 인도는 유럽이 수세기 동안 레반트를 경유하여 무역한 나라였다. 직통 거래는 1498년에 바스코 다 가마가 희망봉을 도는 항로를 개척함으로써 이루어졌다. 1600년까지는 포르투갈이 이에 대한 독점권을 가지고 있었는데, 이것을 깬 나라가 네덜란드였다. 이후 영국과 프랑스, 덴마크도 무역 거점을 따내고자 저마다 무역 회사를 차렸다. 그리하여 영국과 프랑스가 동인도회사를 세우게 되었다. 무역 경쟁은 각 나라의 주도권 쟁탈로 인해 육지와 바다에서의 싸움으로 번졌다. 인도가 통일 국가가 아니었기 때문에 협상할 지도자들 또한 여럿이었다. 민감한 거래들은 종종 성공을 못 거둔 채 유럽인들과 인도인들 사이의 폭력으로 이어지곤 했다.

1680년대까지 영국 사람들은 봄베이(뭄바이)와 마드라스, 캘커타에 정착했고, 프랑스 사람들은 퐁디셰리와 샹데르나고르에 정착했다. 그러나 1765년 무렵에는 영국이 군인들과 관리들을 인도로 물밀듯이 보내면서 주도권을 잡게 된다. 초기에는 국외이주자들의 봉급이 가족을 부양하기에도 부족했지만, 상황은 빠르게 바뀌었다. 영국인 아내를 찾는 수요가 커지자, 특히 캘커타에서는, 결혼 시장이 탄탄하게 조성돼 '전도유망한 미혼 여성들이 정기적으로 공급되었다.' 높은 임금과 낮은 생활비가 영국에서는 이룰 수 없는 호화로운 생활양식을 가능하게 한 것이 가장 큰 원인이었다.

남아메리카에 대한 글을 계속 써 온 마리아 그레이엄은 『인도 거주 일지』(1812)에서 자신의 1809년부터 1811년까지의 인도 체류를 기술했다. 그녀는 인도에 거주하는 영국 여성들을 보고, 그들은

CURRY & RICE

(ON FORTY PLATES)

OR

THE INGREDIENTS OF SOCIAL LIFE

AT

"OUR STATION" IN INDIA

BY CAPT.N GEO. F. ATKINSON.

LONDON.

JOHN B. DAY, LITHOGRAPHER, PRINTER & PUBLISHER,

3 SAVOY STREET, STRAND

"상스럽고 옷치장이 화려하며, 한두 사람을 제외하곤 아주 무식하고 천박하다"라며 불편한 속내를 드러내었다. 그녀의 평가가 전적으로 공정하다고는 말할 수는 없지만, 대부분의 인도 거주 영국 여성은 새로운 주거지를 배우려고도, 그곳에 적응하려고도 하지 않았다. 그들은 굳게 결속된 공동체 안에서 더위와 질병, 벌레 이외의 인도의 다른 생활과는 담을 쌓고 살았다. 또한 대부분은 인도인들과 가까이 접촉하기를 꺼려했는데, 그에 따른 보복이 카스트 의식을 가진 힌두교도의 반감이었다. 시크교도 또한 유럽 여성들과의 교제를 경멸하는 경향이 있었다.

패니 파크스는 두 문화를 오가는 능력이나 자발성에서 예외적인 인물이었다. 그녀는 동인도회사에 서기로 발령받은 남편 찰스와 함께 1822년에 캘커타로 간다. 4년 뒤 찰스는 알라하바드에 배속되었고, 카운포르(칸푸르)로 잠시 전근을 갔다 희망봉에서 휴가를 보낸 것을 빼고는, 퇴직한 해인 1846년까지 캘커타에 머물렀다. 패니는 원칙적으로 남편을 동행했지만, 때로는 혼자서, 때로는 친구들과 여행을 다녔다. 그녀는 힌디어로 된 『그림 같은 곳을 찾아다닌 어느 순례자의 만유』(1850)라는 두 권짜리 책을 냈고, 통역으로 일해도 손색이 없을 만큼 힌디어에 능숙했다. 책표지에는 그녀의 이름이 페르시아어로만 표기되어 있어, 작자불명의 책이라고 생각한 사람들도 있었다.

이저벨라 페인과 에밀리 이든도 패니 파크스와 같은 시기에 인도에 있었다. 파크스가 영국인 가정보다 인도의 여인방인 하렘에서 일어나는 일에 훨씬 더 관심을 보였다면, 페인과 이든은 많은 영국 여성의 삶에 초점을 맞추었다. 서늘한 계절이면 영국 여성들은 이곳저곳을 방문했고, 유럽에서 건너온 최신 유행을 연구했고, 입이 떡 벌어질 만한 성대한 만찬을 준비했으며, 더위나 모기, 이질로 죽는 경우가 많았다. 식솔도 불어

فاني پاركس

조지 F. 앳킨슨 선장이 쓴 『카레라이스』(연도 불명)에는 인도에 사는 영국인들의 삶이 낙천적으로 그려져 있다. 책의 표지에는 말안장에 앉은 젊은 여성과 수행원들, 그리고 경관 한 명이 보인다.

나는 하인들 수에 비례하여 어마어마했다. 페인의 식솔은 예순일곱 명이었다. 모든 여성은 시녀를 한 명씩 두었고, 심지어는 시녀들도 시녀를 둘 정도였다. 기온이 오르는 10월이 되면, 이 대식구는 짐을 꾸려 카슈미르 계곡에 있는 피서지 심라로 이주했다. 그곳은 공기가 서늘하여 한결 지낼 만했기 때문이다.

인도 사령관 헨리 페인의 사생아로 태어난 페인*은, 캘커타에서 아버지의 안주인이라는 고귀한 지위를 등에 업고 영국의 상류사회를 신랄하게 고발했다. 편지마다 그녀의 날카로운 관찰이 넘쳐난다. 모욕적인 말들이 난무하고 무례한 표현들이 사람과 명승지 묘사마다 따라다닌다. 그녀가 에밀리 이든과 그녀의 여동생 패니에 대해 쓴 "둘 다 지독한 수다쟁이에다, 늙고, 못생기고, 족제비 같은 여자이다!"라는 글을 우리 독자들이 읽었다고 하면 그녀는 무척 기뻐했을 것이다. 바랏푸르 왕국의 왕이 가슴을 노출시킨 일 또한 그대로 묻어둘 수 없는 사건이었다. "그의 축 처진 가슴은 가장 크다는 여인의 가슴보다 더 컸다. 나는 그 반이나마 가진 것을 자랑으로 여겨야 하겠지만, 그만한 크기를 가지지 못한 것이 정말 유감스럽다!" 지극히 개인적이거나 끔찍한 사건에 대해서도 입을 다물 수 없었다는 점에서 페인은 제2의 몬터규라고 불러도 될 만했다. 1836년 2월에 갠지스 강을 둘러본 페인은 강에 떠다니는 시체들을 본 기분을 이렇게 썼다. "내 호기심(기특하게도!!)은 충족되었다. 훌륭한 시체들을 많이 보았기 때문이다—특히 돌아오는 길에 아름답고 온전한 남자의 시신이 내가 서 있는 선실의 창문 옆으로 떠내려가는 게 보였다."

페인은 홀아비인 베레스포드와 마음이 잘 통했다. 그가 만약 청혼을 하면 받아들일 생각을 하고 있었기에 그가 자신의 사촌과 결

---

* 페인의 부모는 아버지가 이미 기혼자였기 때문에 결혼을 못 했는데 (그녀의 어머니는 영국으로 돌아갔다), 이것이 그녀의 사회적 지위에 영향을 미친 것 같지는 않다.

혼을 하자 크게 상심했다. 그녀가 서른네 살이 되던 해, 은퇴를 하게 된 아버지와 어머니의 사이가 소원해지면서 페인은 자신이 그토록 조롱해온 상류사회의 주변부로 떨어지게 된다. 그녀는 자신의 뿌리가 없어지자 유럽으로 돌아가 주로 프랑스에서 지내다 1886년에 생을 마감한다.

페인이 비록 이든 자매를 조롱하기는 했지만 내심은 그들을 아주 좋아했다. 이들 자매도 글을 썼지만 당대에는 에밀리의 것만 출간되었다. 『인도에 대하여』(1866)는 에밀리가 패니와 오클랜드 총독인 오빠와 함께 1837년부터 1840년까지 캘커타에서 카슈미르까지 여행한 기록이다. 이 대규모 일행은 1837년 10월에 증기선을 타고 캘커타를 떠나 갠지스 강을 따라 멀리 바라나시까지 항해했고, 다음에는 말과 코끼리, 노새를 타고서 또는 걸어서, 때로는 진기한 기구를 타고서 육로 여행을 마쳤다. 보통은 야영을 했지만 가끔은 총독 관저에 머물기도 했다. 도중에 파트나를 지나치게 되었을 때에는 마약 공장들을 둘러보고, 디나푸르, 베나레스(바라나시), 알라하바드, 파테푸르, 카운푸르 근처에서는 기아에 허덕이는 비참한 광경을 목격하기도 했다. 러크나우, 델리, 심라도 방문했다. 이든의 철자법은, 특히 지명 표기에 있어 아주 독특했는데, 그녀는 자신의 실수를 굳이 고치려 하지도 않았다. 페인처럼 이든도 글쓰기에 대한 억제할 수 없는 열정을 가지고 있었고, 루시 더프 고든 같은 탁월한 독자는 그녀의 글을 읽고 "이상한 나라의 풍습을 일종의 해학극처럼 묘사했다"라고 논평했다.

이든의 인도에 대한 생각은 조금 피상적이었다. 그러나 사실성을 중시했기 때문에 그녀는 심라에 거주하는 유럽 사람들의 무절제와 천박함이 지역 주민들을 정말 화나게 할 만하다고 생각했다. 그녀는 이렇게 썼다. "그들이 우리의 목을 베지도 않고, 아무 말도 하지 않는 것이 때때로 놀랍다." 그런 반면, 시크교도에게 무시를 당하는 것에는 발끈했다. "가난하고 무지한 그들은 영국 여성이 얼

〈하이데라바드에서 치타들과 검은 수사슴 사냥에 나선 레이디 앤 브래시와 그 가족〉 브래시, 1889년.

마나 높은 지위를 가진 사람인지 전혀 의식을 못 한다. 그들은 우리를 경멸할 만한 존재로 보는데, 그것은 잘못된 생각이다."

페인과 이든이 카슈미르에서 암리차르의 왕 마하라자 란지트 싱의 초대를 받았을 때에는 아주 배은망덕한 손님이 되었다. 페인은 1837년의 만찬에 대해 "내가 위대한 사람의 딸이었기 때문에 (란지트)는 다른 사람의 손을 거쳐온 메추라기 카레 요리를 자기 손가락으로 나에게 먹여주었다. 맛을 보는 흉내만 낸 후 나는 이 일을 대비해 헤이 선장의 장갑 속에 그 음식을 뱉었다"라고 썼다. 이든도 비슷한 경험을 했다. 그녀는 '불에 구운 메추라기 고기 두 점, 사과, 배, 커다란 사탕과자, 석류 씨 몇 알'만 겨우 먹었다. 아마도 이든은 용서받을 것이다. 종종 아팠으니까.

심라에서 이든은 이국적인 스페인 무용수 롤라 몬테스를 만난다. 이때는 몬테스가 아직 춤을 배우기 전이었고 스페인 사람이 되기도 전이었다. 이름도 엘리자 제임스였으며, 처녀 때의 성은 길버트였다. 열일곱 살의 그녀는 서른 살의 잘생긴 남편 토머스 제임스 중위와 함께 있었다. 일찍이 그들은 엘리자의 어머니의 소개로 영국에서 만났는데 그것은 화근이 되고 말았다. 토머스는 즉시 그녀를 유혹해 아일랜드로 함께 도망친 후 그녀와 결혼했다. 토머스의 휴가가 끝난 1839년 9월, 이들 부부는 캘커타로 출범한다. 이든은 엘리자의 미모에 꽤 놀랐으며, 이 신혼부부에게 닥칠 불화를 예감했다. 그러나 제임스·몬테스의 이야기는 잠시 후에 꺼내도록 하겠다.

심라는 불륜의 온상이었다. 남편 없는 여자들이 많았고, 아내 없

이 지내는 장교들도 상당수였다. 미혼 여성이 넘쳐나자 샤프롱(사교계에 나가는 젊은 여성의 보호자―옮긴이)이 번성하기 시작했다. 이든은 말하길, 남자를 잠깐이라도 오래 바라보면 관심이 있다는 뜻이고, 남자와 한 번 이상 춤을 추는 것은 약혼 선언이나 마찬가지였다고 한다. 앤 블런트가 1879년에 심라에서 윌프리드를 자유롭게 풀어준 것은 전술적으로 큰 실수였다. 그는 후에 그의 또 다른 애인이 되는 배튼 부인을 유혹함으로써 궁지에 빠졌다.

인도에 살고 있던 여성들은 그저 여행만 하는 여자들을 내쫓는 데 열을 올렸고 성과를 거두었다. 오직 여행만 하는 여성 중 한 명이 이다 파이퍼였다. 1847년 그녀는 자신의 첫번째 세계 일주 중에 실론을 방문했다. 그녀는 홍콩을 기점으로 싱가포르를 거쳐 실론까지 왔고, 다음에는 마드라스, 캘커타, 베나레스로 여행을 계속한다. 그녀가 인도인 마부들과 안내자들만 대동하고서 일주일간 델리에서 봄베이까지 한 여행은 대단히 유별났다. 이동 수단은 소가 끄는 마차나 낙타였다. 잠자리는 다른 인도 여행자들과 함께 대상의 숙소나 주재 사무관의 집을 이용했다. 1848년 2월, 숙박 시설이 전혀 없는 룸차(코타 남쪽)라는 마을에 도착했을 때에는 지붕도 없는 베란다에서 잠을 청해야 했다. 그녀는 마침내 여행에 따른 좌절감을 약간 드러낸다. "마을 주민들 과반수가 내 주위로 모여들어 나의 일거수일투족을 지대한 관심으로 관찰했다. 나는 그들에게 화가 난 유럽 여성의 모습을 연구할 기회를 주었다."

메리앤 노스와 콘스턴스 고든 커밍 또한 인도에 많은 시간을 바쳤다. 노스는 1877년부터 1879년까지 인도의 구석구석을 빠짐없이 탐험했다. 고든 커밍의 『히말라야와 인도의 대평원에서』(1884)에는 몇몇 사원에 안치되어 있는 에로틱한 조상을 보고 유럽 여성들이 과연 무슨 생각을 했을 것인가에 대한 답변이 실려 있다. 그녀는 빛이 어스레한 더러운 계단을 밟고 도착한, 알라하바드의 아크샤이 바르 사원을 이렇게 묘사했다. "안내인은…… 우리를 어두운 통로로 데리고 갔다. 각종 혐오스러운 우상들이 벽감에 안치돼 있었는데, 어떤 것은 실물 크기만 하고 어떤 것은 아주 작았다. 그러나 한결같이 섬뜩했고 꽃 장식이 되어 있었으며, 성스러운 갠지스 강물의 신주로 젖어 있었다…… 일단 들어가면 세속적이고 관능적인 악마를 숭배하고 있다는 몸서리쳐지는 인상을 받지 않을 수 없다." 몇 달이 흐른 뒤 고든은 또 이렇게 털어놓았다. "이 우상 숭배 장치에 둘러싸여 있노라니 어느 순간 마음이 매우 편안해졌는데, 이것은 정말 놀라운 경험이었다……." "지금은 그때 받은 충격을 완전히 잊었다. 그것은 너무나 자연스러웠고, 전적으로 사람들의 기분에 따라 그렇게 되는 것 같았다!"

심라에서 어떤 선장과 그레이브스 부인을 알게 된 고든 커밍은 그들과 티베트 국경까지 석 달을 같이 다닌다. 그들은 수틀레지 강을 끼고 이어지는 엄청난 산악 지대를 통과했고, 계단식으로 이루어진 흰 양귀비 꽃밭도 우연히 만났다. 고든은 들것을 타고 간 반면, "그레이브스 부인은 일급 걷기 선수여서…… 온갖 길을 다 걸어다녔는데, 때로는 공포를 일으키는 험한 산길이나 무시무시한 언덕 꼭대기로 잘못 들기도 했다. 그럴 때면 부인은 몇 시간 뒤에

나타나서, 나로서는 도저히 갈 수
없는 곳들을 묘사하여 질투를 불러
일으켰다.”

고든은 콜레라가 횡행하고 있던
한 지역에서 크게 아팠는데—치명
적인 콜레라 때문이 아니라 상한 감
자 때문이었다—히말라야 삼목들
틈에서 영원히 잠들게 되리라고 생
각했다. 그러나 그녀가 자주 이용하
던 아주까리기름으로 병은 깨끗이
치유되었다. 이들 일행이 가장 멀리
까지 간 곳은 라룽이었다. 이곳에서
는 티베트가 힐끗 보였다.(현재는 라룽의 위치를 알 수

〈콘스턴스 고든 커밍〉 고든 커
밍, 『중국 기행』, 에든버러: 블
랙우드, 권두화, 1888년.

없다. 고든 커밍이 방문한 장소들 가운데 많은 곳이 사
라졌거나, 그녀가 쓴 철자가 실제 지명과 맞지 않았다.)

히말라야는 마리 드 위팔비-부르동이 목표한 곳이기
도 했다. 1881년 그녀는 인류학을 공부하고 있던 남편 카를 오이겐
폰 위팔비를 따라나섰다.

이들 부부는 새로이 설치된 철도 덕분에 봄베이에서 펀자브 지
방의 암발라까지 큰 어려움 없이 빠르게 여행할 수 있었다. 『월간
여행』(1883)에는 그들이 5월 14일에 출발하여 12일에 도착했다고
기록되어 있는데, 인쇄 과정에서 날짜를 잘못 표기한 것 같다. 이
후 그들은 우편 마차를 타고 심라로 갔다. 그곳에서 인도 총독으로
부터 스리나가르 방문 허가를 받아냈는데, 당시에는 정식 허가가
떨어지지 않던 지역으로 짐작된다.

스무 명의 짐꾼이 나른 이들 부부의 짐에는 텐트와 가구, 부엌세
간뿐만 아니라 하인들과 말, 사육사들도 있었다. 시종들은 여행 중
에 줄어들거나 불어났고, 동물들도 마찬가지였다. 한번은 마리가

〈우편 마차〉 토머스 W. 녹스의 『녹스 보이 여행자들』. 뉴욕: 하퍼 앤 브라더스. 1881년, p419.

가젤(아프리카 영양의 일종)을 한 마리 샀는데 도중에 죽어버렸다. 이 일행에는 지금의 런던 과학박물관인 사우스켄싱턴 박물관을 위해 수집 임무를 맡고 있던 클라크도 있었다. 그들은 산 고개를 따라 수틀레지 강을 건너고, 작은 부락들을 지나쳤다. 카를 오이겐은 여행 중에도 인류학적인 자료들을 모았는데, 주로 사람들의 머리 크기를 측정했다. 실험 대상자들은 때로는 기꺼이, 때로는 벌벌 떨며 그녀의 요구를 받아주었다.

마리는 종종 의자 가마를 탔지만 언덕 꼭대기에 있는 요새를 답사할 때는 이동식 해먹인 댄디에 올라탔다. 짐꾼들은 그녀의 거북한 자세를 전혀 고려하지 않고 가장 가파른 지름길을 택해 산양들처럼 바위를 껑충껑충 탔다. 결국 그녀는 첫 휴식 장소에서 그 기묘한 기구를 버리고 걸어 오르기로 결심했다. 짐꾼들은 그녀를 밀고 당기며 정상까지 끌고 갔다. 하산할 때 천둥, 번개와 함께 비가 내리기 시작했는데 날이 어두워지면서 빗줄기가 더욱 거세졌다. 그녀는 다시 댄디에 올라탔다―욕조처럼 생긴 기구 속에서 그녀의 몸이 출렁거리는 모습을 상상해 보라. 바로 그때 돌풍이 일어나 그녀와 짐꾼들을 절벽 가장자리까지 날려 보냈다. 정말 위험천만한 순간이었지만, 어쨌거나 그들은 마을까지 무사히 내려왔다.

그들의 여정은 차 농장을 지나 콜레라가 창궐하고

〈기능적인 히말라야 복장을 한 마리 드 위팔비-부르동〉 『월간 여행』 45호, 1883년, p393.

〈의자 가마를 탄 또 다른 히말라야 여행자〉『인도의 알프스, 우리는 알프스를 어떻게 넘었나』(1876)의 저자인 니나 마주켈리. 토머스 W. 녹스의 『녹스보이 여행자들』에서 재쇄. 뉴욕: 하퍼 앤 브라더스, 1881년, p422.

있는 지역들로 이어졌다. 콜레라가 일행을 덮쳤고 장마는 아직도 끝나지 않았다. 일행 모두 영국인 의사로부터 좋은 치료를 받았지만, 마리는 그가 요구한 진료비가 너무 과하다고 볼멘소리를 했다.

스리나가르에서 이들 일행은 카슈미르의 왕을 만나고 그 도시의 풍요로움에 경탄한다. 금과 고급 직물과 과일이 풍부했으며, 도시의 운하들 사이에 세워진 정원들이 특히 아름다웠다. 그들은 8월 중순에 스리나가르를 떠나 산악 지역을 따라 발티스탄의 스카르두 마을까지 간 다음, 북쪽으로 계속 이동하여 가장 먼 목적지인 카라코람 산맥에 있는 아스콜레에 당도한다.

카라코람 산맥에 뚫린 길은 말이나 댄디를 타고 가기에는 너무 험해서 그들은 걸어서 가야만 했다. 부츠가 너덜너덜해진 모습을 보고 마리는 만약 모든 길이 이렇듯 험하다면 구두 장수들에게는 더없이 좋을 것이라고 투정했다. 이들 부부는 티베트가 얼마 남지 않은 곳에서 아쉽게도 발길을 돌려야 했다. 때는 9월이었고 산에서는 이내 통행이 불가능해질 터였다. 그들은 유명한 정원들을 구경하기 위해 스리나가르에서 며칠을 머물다 살리마르(라호르 근처)를 잠시 방문한 뒤, 라왈핀디로 떠났고 그곳에서 기차를 타고 봄베이로 돌아갔다.

살리마르의 정원들은 로렌스 호프가 쓴 인도에 관한 매혹적인 시 모음집 『카마의 정원』(1901)으로 인해 불후의 명성을 얻게 되었다. 본명이 아델라 피렌체 코리인 호프는 상식보다는 열정을 따르는 젊은 여성이었고, 이자벨레 에버하르트처럼 자신이 태어난 세계에서는 결코 만족을 하지 못했다. 열여섯이 되던 1881년에 학교 교육을 마친 그녀는 영국을 떠나 인도로 가서 부모님과 함께 지낸다. 예전부터 여행을 좋아하고 독립심이 강했던 그녀는 라호르의 영국 사교계에서는 어쨌거나 이단적인 존재였다. 라호르에서 그녀는 아버지가 만드는 군대 신문의 편집을 거들었다. 1889년에는 자신의 반려자가 되는 벵골 부대의 대령인 아주 훤칠한 맬컴 니콜슨을 만났다. 그의 나이는 거의 그녀의 두 배나 되었다. 결혼 후 그녀는 남편을 따라 북서쪽의 외딴 변경으로 갔고, 여행의 편의를 위해 이따금 파탄의 청년들이 입는 옷을 입었다. 그

로렌스 호프(아델라 피렌체 코리). 『로렌스 호프의 인도 연가에서 추려낸 시』 런던: 윌리엄 하이네만, 권두화, 1922년.

녀는 자신이 혐오하는 조직화된 사회로 돌아왔을 때에도 이에 순응하지 못하고 머리를 푼 채 맨발로 손님들을 맞곤 했다.

　호프의 글은 모험적이고 자유분방한 삶에 깊은 애정을 표현하고 있다. 어떤 사람들은 그녀가 인도 왕자의 부인이 되었다며 「도시의 벽에서」라는 시를 그 증거로 내세웠다. 그러나 1904년에 니콜슨이 죽고 난 두 달 뒤 그녀는 자살로 생을 마감한다.


　인도에서 살고 인도를 여행한 수천 명의 유럽 여성 가운데 많은 이들이 일기와 편지, 책을 남겼다. 그 중 걸출한 여성들은 영국 사람들이 그들만의 조직화된 삶에 안주하며 사는 것에 반기를 들고 인도의 입장에서 그 나라를 이해하려 애썼다. 그에 따른 충분한 보상으로 그들은 비옥하고 문명화된 나라에 대한 통찰력을 얻었다.

# 세계 일주 여행자들이 한데 모이다

북반구 출신의 사람에게는 오세아니아가 잡동사니를 모아 놓은 맨 아래 서랍처럼 느껴질 것이다. 남태평양, 동남아, 오스트레일리아, 태즈메이니아, 뉴질랜드 같은 많은 섬들로 이루어진 이 지역은 여행자들의 용기를 잃게 할 만큼 각양각색이다. 사실 이곳을 전부 탐험한 여행자는 거의 없다.

### 오스트레일리아와 태즈메이니아

아마도 여성이 출간한 첫 오스트레일리아 여행기는 군함 고르곤 호의 선장 존 파크의 부인인 메리 앤 파커의 『세계 일주 항해』(1795)일 것이다. 그녀의 항해는 희망봉, 오스트레일리아, 노퍽을 거쳐 영국으로 돌아오는 것이었다.

파커는 두 아이의 엄마로 행복한 가정을 일구며 살았다. 친정 어머니와 사이가 좋아 같이 프랑스와 이탈리아, 스페인을 여행한 적도 있었다. 그러나 오스트레일리아 여행을 제안한 것은 남편이었고, 그가 두 주일의 말미를 주었을 때 그녀는 곧바로 결정을 내려 버렸다.

바다 여행은 견딜 만했다. 죽은 사람은 승무원 두 명 뿐이었다. 그녀는 '적당한 말동무'로 지낼 수 있는 노퍽 총독의 아내인 킹 여사를 만났다. 또한 스페인어를 할 줄 알았기 때문에 배가 스페인어를 쓰는 항구에 닿을 때면 '통역 장군'처럼 행동했다.

〈하와이 여인들의 기마대〉 이저벨라 버드는 샌드위치 제도(하와이)에 있을 때 여자 기수들로부터 말 타는 법을 배웠다. 에밀 바야르. 『월간 여행』 26호, 1873년, p17.

오스트레일리아, 태즈메이니아, 뉴질랜드. 『*필립스의 간편한 지도책*』 *1897년.*

그들은 1791년 9월에 잭슨 항(시드니 북쪽)에 도착했다. 그녀는 시드니 코브와 파라마타를 둘러보았고, 이주민들이 넉넉하게 살 수 있을지를 기록했고, 식민지 유지에 드는 과중한 비용과 '뉴사우스웨일스에 거주하는 남자와 여자들'의 충격적인 전라(全裸)의 모습에 대해서도 의견을 말했다. 또한 그 고장의 요리도 몇 종 맛을 보았다. 그녀는 "나는 마치 산해진미를 찾아다니는 미식가라도 된 듯이 아주 기꺼이 캥거루(진짜) 고기를 종종 먹었는데 …… 나중에는 그 음식에 신물이 나서 아주 불쾌했다"라고 썼다.

그들은 귀향할 때 사람들과 가축, 식량으로 가득 차 있는 배에다 캥거루, 주머니쥐, 그리고 '그 나라에서 생산되는 온갖 진기한 물건'을 함께 실었다. 그리고 12월에 돛을 올렸다. 파커 선장은 도중에 황열병으로 죽었고, 메리는 과부가 되어 상륙했다.

『뉴사우스웨일스 여행 수기와 스케치』(1844)의 저자 루이사 앤 메레디스 또한 남편을 따라 오스트레일리아로 갔다. 그러나 파커와 달리, 메레디스는 그곳에 머물 계획을 세우고 있었다. 결혼 전에 오스트레일리아에 자리를 잡은 남편이 그녀와 함께 살기 위해 데리러 왔기 때문이었다. 이들 부부는 1839년 6월에 시드니 직항 상선인 레티샤 호를 타고 영국을 떠났다. 마데이라와 테네리페를 방문하고 싶었던 그녀의 바람은 좌절되었다. 그녀는 선상 생활을 최대한 즐기려고 노력했지만, 뱃멀미로 처음 몇 주 동안은 꼼짝도 할 수 없었다. 배에서의 답답한 생활을 표현한 그녀의 글은 너무나 생생하여 누구나 공감할 수 있다.

오스트레일리아에 도착하자마자 메레디스와 그녀의 남편은 수도에서 약 190킬로미터 떨어진 배서스트로 갔다. 식물과 곤충, 경치에 대한 그녀의 묘사는 아주 빼어나며, 원주민들의 생활 환경과 출세를 꿈꾸는 전과자들의 지위를 논한 뼈 있는 발언도 훌륭하다. 그러나 뉴사우스웨일스 여관들의 황량한 분위기를 묘사한 대목이 가장 탁월하다. 메레디스는 수많은 여관에 숙박했는데, 그 중에 리불렛이라는 여관이 있었다. 벽에 페인트칠을 새로 한 이 호텔은 고급스러움을 보장하는 듯이 보였다. 그러나 슬프게도 그곳은 '술 마시며 떠들어대는 주인공들'의 무대였으며, 오히려 다른 어느 곳보다 형편없었다. 방을 둘러보자마자 메레디스는 너무나 시커먼 침대 시트를 보고 "굴뚝 청소부들이 씻지도 않고 돌아가며 두 주 동안 같은 침대를 썼을지라도 이보다 더 시커멓지는 않을 것이다"라고 말했다. 그녀가 심한 불평을 해대자 주인 여자는 좀 더 깨끗한 시트를 한 벌 내주었다. 메레디스가 침대 시트를 갈고서 자리에 들 준비를 마쳤을 때 하녀가 문을 두드렸다. "부인, 주인마님이 벗겨

오스트레일리아에서 가장 흔한 여행 수단인 4륜 마차. 브래시 1889년, p280.

낸 침대 시트를 가지고 오라십니다. 신사 한 분이 방금 오셨거든 요!" 메레디스는 파라솔을 이용해 그 더러운 시트를 문 밖으로 밀어냈다.

한 영국인 평론가는 메레디스의 책을 이렇게 칭찬했다. "그런 여성을 따라 바다와 육지로 다닌다면 진짜 기쁠 것이다 .물론 넉 달간의 항해 기간 동안 바다는 단조로운 모습 일색이었을 테지만, 그 단조로움은 역사든, 시든, 그림이든 간에 모든 것에 대해 과거나 현재의 이해관계가 없는 나라—뉴사우스웨일스—의 햇볕에 그을린 '영원한 갈색' 표면으로 교체되었다."

메레디스는 태즈메이니아와 빅토리아에서도 살았으며, 『9년 동안 거주한 태즈메이니아의 나의 집』(1852) 『우리의 섬 집』(1879) 『태즈메이니아의 친구들과 적들: 모피를 달고 지느러미가 있는 깃털』(1880)을 비롯하여 여러 권의 책을 썼다. 그녀는 1895년 멜버른에서 생을 마감한다.

처녀 때 성을 알 수 없는 영국의 기개 있는 미혼 여성 엘렌 클래시는 '채광'으로 큰 돈을 벌 수 있다는 소문에 고무되어, 1852년에 오빠와 함께 오스트레일리아로 갔다. 그리고 1년이 채 안 되어, 찰스 클래시라는 남자를 이끌고 『여성의 오스트레일리아 금광 방문기』라는 책을 쓸 계획으로 영국으로 돌아온다.

멜버른에서 남매는 벤디고의 금광 지대로 향했다. 사실 그녀는 빅토리아에 사는 것이 아주 힘들고 밑천이 많이 든다는 사실을 전혀 모르고 있었다. 물건값이 하늘 높은 줄 모르고 오르자, 새로 도착한 사람들은 상당한 차익을 남기기 위해 옷을 팔고 싶어했다. 클래시의 말에 따르면, 모든 것의 품질이 떨어졌다고 한다. 셰리(스페인산 백포도주—옮긴이)는 거의 쓰레기였고, 승합마차는 단순한 짐마차였으며, 집들은 초라했다. 호텔마다 만원을 이루고 있어서 여섯 명으로 늘어난 그들 일행은 결국 일반 가정집에서 묵어야 했다. 청년 다섯은 한 방으로 떠밀리다시피 들어갔고, 클래시는 주인 여자

와 같은 방을 썼다. 멜버른의 밤들은 개 짖는 소리와
사격 소리로 소란스러웠다.

〈금광 발견 후인 1855년의 멜
버른〉 몬테피오레, G.E. 앤드루
즈의 삽화, 1880년 11월 6일,
p449.

　그러나 벼락부자가 될 수 있다는 기대가 너무나 컸
기 때문에 그들은 이런 불편이나 강도의 위협이나 폭
우에도 전혀 기가 꺾이지 않았다. 벤디고에서 그들은 말뚝을 박고
불하(拂下) 청구지를 확보했다. 클래시가 집(정확히 말하면 천막)
을 지키고 사금을 가려내는 동안 남자들은 땅을 팠다. 그녀가 항해
와 멜버른에 대해 쓴 글은 유쾌한 반면 금광에 관한 글은 아주 흥
미진진하다. '땅을 파고, 수레를 끌고, 금을 운반하고 씻는' 수천
명의 사람들에서, 텐트에서 할아버지의 시신과 함께 있는 고아 소
녀에 이르기까지 클래시는 아무리 작은 것이라도 그냥 넘기지 않
고 한두 마디라도 꼭 논평을 달았다. 그러나 정작 그녀 자신에 대
해서는, 자신은 '여성의 포켓판'이었고 강도를 만났을 때 두려움에
벌벌 떨었다는 사실 외에는 거의 언급하지 않았다. 클래시는 『한
여성의 오스트레일리아 금광 방문기』와 몇 권의 소설을 냈다.
　『오스트레일리아에서 우리가 본 것들』(1875)의 저자인 피렌체와 로저먼드 힐 자매는 그들의 자선 행위를 펼칠 곳으로 오스트레일리아를 정하고, 호위자 없이 떠난다는 사실에 한껏 고무되어 길을 나섰다. 그들은 예전에 비해 오스트레일리아와 뉴질랜드 여행이 쉬워졌다며 모험이라고 생각하지 않은 반면, 친구들은 이들 자매가 둘이서만 떠난다는 얘기를 듣고 제정신이 아니라고 생각했다. 그러나 힐 자매의 말이 옳았다. 그들의 여행은 특별히 어렵지 않았다. 1873년 초 그들은 편리한 P&O 증기선을 타기 위해 기차를 타고 베네치아로 간다. 이집트에서는 사촌의 도움으로 더 편하게 머물 수 있었다. 애들레이드에서는 고모의 배려로 거의 여섯 달 동안 그 집을 기지처럼 쓸 수 있었다.

힐 자매의 여행은 그들이 선택한 관광 코스 때문에 더욱 흥미롭다. 여러 어려움을 견디며 산과 호수를 넘고 건넜지만 어디까지나 그들의 최종 목표는 감옥이나 고아원, 소년원, 농장, 광산, 극빈자 수용소를 최대한 방문하는 것이었다. 시드니에서는 그들이 항구를 방문했을 때 가장 재미난 일이 일어난다. 자매는 코카투 섬에 도착하여 배와 실업학교를 같이 운영하던 소년원에서 기거했다. 만약 이 마음씨 고운 자매가 자신들이 시드니에서 묵은 페티 호텔에 20년 전 부도덕한 롤라 몬테스가 숙박했던 사실을 알았다면 무슨 말을 했을까?

힐 자매가 박애주의 외에는 관심이 없고 책 또한 너무 진지했기 때문에 오스트레일리아 관광을 10년 정도 늦추는 데 한몫한 것은 사실이다.

〈1847년에 이다 파이퍼를 태우고 싱가포르에서 실론으로 가고 있는 브라간자 호〉 이 배의 원래 노선은 런던-콘스탄티노플이었다. *1884년 7월 6일, p4.*

## 남태평양과 동남아

오스트레일리아가 시끄럽고 어지러운 곳이었다면, 남태평양과 동남아는 멀리 떨어진 곳이자 미개하고, 말라리아가 들끓는 지역이었다. 이곳

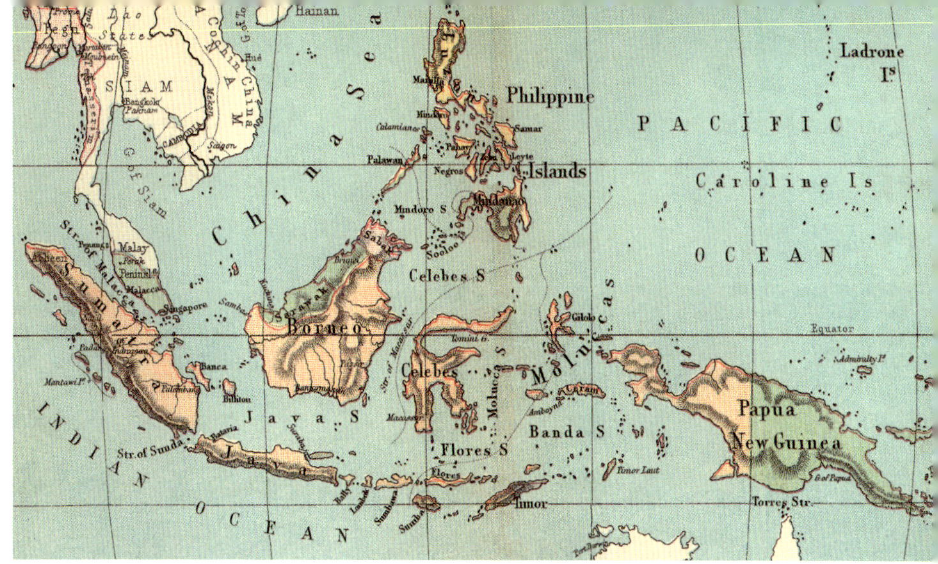



동양의 군도(인도네시아). 『필립스의 간편한 지도책』 1897년.

에 간 여행자들은 남편이 있거나 일이 있는 여성들이 대부분이었고, 그도 아니면 이다 파이퍼처럼 아주 용감한 여성들이었다. 그녀는 이곳을 두 번이나 방문했다. 첫 여행은 1846년 12월에 시작되었는데, 그녀는 네덜란드 배를 타고 발파라이소에서 첫번째 세계 일주를 하기 위해 타히티를 거쳐 홍콩으로 갔다. 타히티는 그녀를 아주 당혹스럽게 했다. 그곳은 분명 천국이었지만 그녀는 쾌락을 추구하는 타히티 사람들의 '타락한' 삶을 받아들일 수 없었다. 타히티 사람들이 그곳에 정기적으로 상륙하는 유럽 선원들과 가지는 '죄 받을 행동'은 더욱 충격적이었다. 그러나 타히티 사람들은 그녀에게 호의적이었고, 그녀는 삼 주간 체류하면서 섬의 아름다움과 생소하고 상큼한 과일이나 조개로 충분한 보답을 받았다.

쉰네 살에 이루어진 파이퍼의 두번째 오세아니아 여행은 그녀의 두번째 세계 일주에 포함돼 있었다. 그녀는 1851년 3월에 오스트리아 정부에서 150파운드의 후원금까지 받고 빈을 떠났다. 그녀는 작가라는 유명세를 이용하여 할인이나 무임승차를 통해 경비를 아꼈다. 그녀의 아시아 노선에는 당시 동양의 군도(인도네시아)—싱가포르, 보르네오, 자바, 수마트라, 셀레베스, 세람, 몰루카스—로 알려진 곳이 거의 포함돼 있었다. 보르네오에서는 수장인 제임스 브룩의 집에서 편히 기거할 수 있었지만, 잠깐만 머문 뒤 정글로 뛰

어들었다. 그녀는 당시 정글에서 벌어지고 있던 다야크족의 전쟁으로 얼마 전에 잘려나간 듯한 두 사람의 머리를 보고 경악을 한다.

브룩의 노력으로 보르네오는 다소 평온을 찾았지만, 다음 정거장인 수마트라에는 브룩 같은 통솔자가 없었고 바태커 부족이 유럽 사람들을 살해한다는 보고가 종종 들려오곤 했다. 그러나 이에 굴하지 않고 파이퍼는 말을 타고 1100킬로미터를, 도보로

240킬로미터를 답파했다. 그녀는 식인종과의 대결을 피했으며 결핵으로 위독한 어느 살인자의 오두막을 비롯한 원주민들의 오두막에서 잠을 잤다. 그러나 온갖 고초를 이겨내며 탐험을 계속하던 중 이른바 '불멸의 체질'을 자랑하던 그녀도 말라리아 열병에 걸려 더욱 고생을 하게 된다.

파이퍼가 보르네오와 수마트라에 출현한 것은 "매우 진기하고 놀라운 일이었다. (원주민들 중에는) 백인 남자를 본 사람은 극히 드물었고, 백인 여자를 본 사람이 아무도 없었다. 여자 혼자 집 밖을 나와 먼 길을 떠난다는 것을 상상조차 못 해본 그들로서는 그 놀라움이 아주 컸다." 파이퍼는 자신이 여자여서 비교적 쉽게 여행할 수 있었다고 생각했다. 그녀는 수마트라에 대해 이렇게 썼다. "만약 내가 남자였다면, 그들은 나를 스파이로 여기고 돌려보냈거나, 심지어는 죽었을지도 모른다."

파이퍼는 작가로서 우쭐해졌던 때가 있다. 그녀가 책을 쓰고 있다는 말을 들은 셀레베스의 왕이 "우리말로 책을 내면 100루피를 주겠다"라고 제안을 한 것이다. 그녀는 그 말을 듣고 "오 친절한 폐하!" 하고 탄성

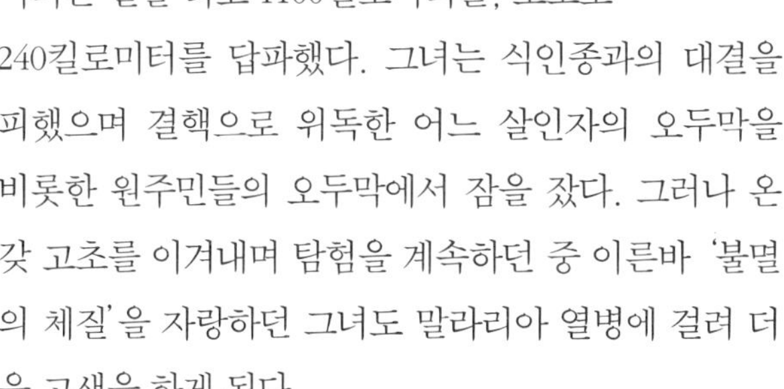

이다 파이퍼는 언뜻 보아 키가 작고, 연약하고, 등이 약간 굽었지만, 나이에 비해 걸음이 꽤 빠른 편이었다. 여행에서 돌아올 때마다 그녀는 검게 탄 모습을 자랑했다. 그 점을 제외하면 용모를 통해 그녀의 특이한 경험을 알아차리기는 힘들다. 메테, 『월간 여행』 5호, 1862년, p405.

『월간 여행』에 기고한 이다 파이퍼의 보르네오 다야크족 삽화. 『여성의 두번째 세계 일주』(1856)에서 발췌한 것이다. C. 모랑과 G. 불랑제, 『월간 여행』 4호, 1861년, p301.

을 질렀다. '만약 내가 유럽 사람들에게 나를 그만큼 생각하게 만들 수만 있다면 무엇이든 못 하겠는가, 또한 나의 여행지는 얼마나 풍부해질 수 있겠는가!'

대부분의 여행자는 건강상의 이유로 동남아로 떠났다. 안나 레오노웬스도 같은 이유로 남편과 싱가포르로 갔다. 남편이 죽고 나서 안나는 자신과 두 아이를 부양하기 위해 가정교사로 일을 해 생계를 유지했다. 그러던 중 1862년 2월에 시암의 왕으로부터 자신의 나라에 와서 아이들을 가르쳐달라는 편지를 받게 된다. 이후 그녀의 삶은 180도 달라진다. 사실 그 일이 썩 내키는 것은 아니었지만 그녀는 기회를 잡아보기로 결심했다. 어린 아들인 루이스를 데리고서 그녀는 싱가포르에서 증기선 초우 퍄 호를 타고 방콕 근처의 빡남(사뭇 쁘라깐)으로 갔다.

시암을 처음 대면한 그녀는 많이 놀라워했다.

이곳은 이상한 수상 도시였다. 도시 자체보다 더 이상한 것은 사람들이었는데, 그들은 훤히 트인 입구와 부두와 방파제에 서 있었다. 무수한 뗏목과 보트, 카누와 곤돌라, 정크와 선박, 증기선에서 올라오는 시커먼 연기 장막, 엔진의 커다란 굉음, 쇄쇄 소리와 삐걱 소리, 남자들과 여자들과 아이들의 당혹스러운 고함 소리, 중국 사람들의 아우성, 개들이 컹컹 짖어대는 소리, ─그러나 나를 제외하고 아무도 그것에 개의치 않는 듯했다.

마중을 나온 자들이 아무도 없었기 때문에 안나는 같은 동포인 B─선장의 집에서 첫날을 보냈다. 다음날 수상이 그녀를 자신의 관저에 들였는데, 그녀는 수상의 하렘에서 집중적인 관심을 받았다. 여자들은 그녀에게 수상의 아내와 왕의 아내 중에 어느 쪽이 더 좋으냐고 물었다. 그녀가 어느 쪽이든 그런 식으로 결혼하느니 차라리 천천히 죽는 쪽이 더 낫다고 대답하자 그들은 깜짝 놀란다.

〈빡남, 안나 레오노웬스가 시암에서 처음 보았을 풍경〉 *사바티에, 『월간 여행』 8호, 1863, p222.*

그것은 보석이나 금에 버금가는 자기 몸값을 무시하는 처사였기 때문이다.

안나는 마침내 왕을 알현하러 갔다. 그녀의 황궁 입성은 동화에 나오던 것과는 거리가 멀었다. B—선장의 호위를 받아 그녀는 지붕이 있는 통로를 따라 걸으면서 몇 개의 사원을 통과했다. 한 사원에는 도금을 한 거대한 '잠자는 신상'이 있었다. 에메랄드 신상이 있는 또 다른 사원은 표상들과 신화의 인물들, 별자리들로 장식돼 있었다. 높이 30미터의 피라미드식 제단에는 금으로 만든 뾰족탑이 올려져 있었고, 바닥에는 윤이 나는 놋쇠가 깔려 있었다. 금으로 만든 에메랄드 신상에는 보석들이 박혀 있었다.

그들은 대리석 계단을 올라 웅장한 홀로 안내도 받지 않고 걸어갔다. 레오노웬스는 이렇게 썼다. "양탄자에는 미동도 없이, 말없이 엎드려 있는 형체들이 줄지어 있었다. 그들의 머리를 밟고 싶은 충동은 위험하기도 했지만 지극히 자연스러운 것이었다. 왕은 재빨리 우리를 발견하고는 갑자기 앞으로 나와 성이 난 듯한 목소리로 소리쳤다. '누구냐? 누구냐? 누구냐?'" B—선장은 그녀에게 사적인 질문을 연거푸 받게 될 거라고 경고한 바 있었다. 왕이 첫

〈시암의 왕인 솜뎃치 프라 빠라
멘드르 마하 몽꿋과 그의 아내〉
E. 보쿠르, 『월간 여행』 8호.
1863년, p225.

질문을 쏘았다. "몇 살이 되었는가?" 그녀는 대답했다.
"백오십 살입니다." 그녀는 계속해서 이렇게 썼다.

만약 내가 훨씬 더 젊었다면 왕은 나를 비웃거나 몰아세웠
을지 모른다. 하지만 왕은 잠시 놀라고 당황한 표정으로 서 있었
다…… 마침내 내 농담을 이해했는지 헛기침을 하고, 큰소리로 웃
고, 다시 헛기침을 하더니 높고 날카로운 어조로 물었다. "그럼 몇
년도에 태어났는고?"

그 즉시 나는 정신을 가다듬고 최대한 엄숙하게 대답했다. "1788년 입니다."

이때 왕의 얼굴 표정은 형언할 수 없을 만큼 익살스러웠다. B—선장은 기둥 뒤에서 웃음을 참지 못하고 있었다…… 왕은…… 활기차게 공격 태세로 돌아섰다.

"그럼 결혼한 지는 얼마나 됐는고?"

"몇 년 됐습니다, 폐하."

왕은 생각에 잠겼다. 그런 다음 큰 소리로 웃으면서 나에게 달려와 의기양양하게 물었다.

"하! 그럼 손주들은 얼마나 있는고? 하, 하! 얼마나! 얼마나! 하, 하, 하!"

레오노웬스는 6년 동안 궁에 있으면서 왕의 비위를 맞추기도 하고 권위에 도전하기도 했다. 그녀는 왕의 많은 자녀 외에 그의 아내들까지 가르쳐야 했다. 또한 번역가, 로비스트, 외교관 노릇도 했다. 1866년 여름에 그녀는 건강이 급격히 나빠졌고 그 1년 뒤에 시암을 떠난다. '소란스러운 동양'에서의 생활로 기력을 소진하긴 했지만, 이별은 힘들었고 그녀는 눈물을 흘리며 떠났다. 왕에게 그녀는 '어려운 여자, 보통 사람들보다 더 어려운 여자'였지만, 모두가 그녀를 그리워할 것이라고 말했다. 그녀의 이야기는 연극과 두 편의 영화로 만들어져 크게 성공했다.

〈이저벨라 버드〉 1891년 6월 27일 p839

이저벨라 버드가 오스트레일리아와 뉴질랜드를 여행한—1872년 중반에—것은 쇠약한 건강 때문이었다. 그녀가 겪고 있던 불면증과 신경과민, 요통은 집과 몸 약한 여동생 헨리에타를 떠나 오스트레일리아를 여행할 빌미를 제공해주었다. 그러나 오스트레일리아는 그녀에게 별다른 감흥을 주지 않왔다. 그녀는 젊었을 때 가봤던 미국을 다시 가기로 결심한다. 그러나 여행 도중 병든 동료 승객을 간호하기 위해 샌드위치 제도(하와이)에 머물게 된 것이 여섯 달이나 이어졌다. 원시림이 무성한 지역에 넋을 빼앗긴 버드는 심한 요통에도 불구하고 말을 타고 구석구석을 탐험했다. 사실 그녀의 건강은 놀라울 정도로 호전되었다. 땡볕과 폭우에도 그녀는 급류와 깊은 계곡을 건너면서 킬라우에아 산과 마우나로아 산 같은 활화산 지대까지 들어갔다. 여관이 거의 없었기 때문에 하와이 주민들의 집에 머물곤 했는데, 그때마다 후한 대접을 받았다. 대개는 얼마라도 숙박비를 냈는데, 와이피오에서는 집 주인이 "남편도 없이 여행하는 숙녀에게 돈을 받는다면 부끄러워해야 할 일이지요"라며 돈을 사양했다. 그녀는 선교사들도 방문했는데, 이것을 계기로 그 후로는 어디를 가든 선교사들을 방문했다. 또한 교회의 자선 사업에도 줄기찬 관심을 보였다. 이 여행으로부터 『하와이 군도: 샌드위치 제도의 야자수와 산호초와 화산들 틈에서 보낸 여섯 달』(1875)이 탄생한다.

여섯 달 뒤 버드는 일본 내륙을 관광하고서 동남아로 갔다. 1878년 1월에는 사이공과 싱가포르로 향한 다음, 말라카로 가서 지금의 말레이시아를 여섯 주 동안 탐험한다. 그 결과물이 『황금 반도와 길 건너편』(1883)이다. 그녀는 지인들의 노력으로 후한 대접을 받고, 법의 보호도 받았으며, 아름다운 기후와 경치도 즐길 수 있었다. 또한 다른 여행들과 달리 별다른 고초 없이 식물군, 동물군, 인구 통계와 경제에 관한 항목들을 기록할 여유도 가졌다.

이 책에서 가장 인상적인 대목은 버드가 페라크 주(말레이시아 말레이반도 북서부에 있는 주—옮긴이)의 콸라 캉사에 있는 영국인 관저에 머물 때의 일일 것이다. 주지사인 로 씨가 부재중이어서 하인이 그녀를 맞이했다. 그녀는 옷 갈아입기도 힘들 만큼 지치고 누구와 어울릴 기분도 아니어서 식당으로 갔다. 식탁에는 세 사람분의 음식이 차려져 있었다. 그녀가 자리에 앉자 다른 손님들이 두 하인의 안내를 받고 들어왔다. 마릇과 에블리스였다. 두 사람 다 매력적이지만 예측할 수 없는 얼간이들이었다. 열대지방의 환상적인 만찬이 엄숙하게 진행되었지만, 이따금 마릇이 지나가는 접시를 세게 붙잡을 때면 그 분위기가 깨지곤 했다. 버드가 물었다. "이렇게 성대한 만찬을 어디서 또 맛볼 수 있을까요?"

치안 판사의 아내인 에밀리 이네스는 말레이시아에 대한 버드의 열광적인 평가에 이의를 제기하며 유럽 여성이 말레이시아에서 사는 것이 얼마나 끔찍한 일인지를 그녀의 입장에서 썼다. 그것이 『도금이 벗겨진 반도』(1885)이다. 이네스가 이런 악평을 한 데는 이유가 있었다. 로이드 선장이 중국인 일당에게 살해되고 선장 아내의 두개골이 깨지는 사건이 일어나던 날 그녀가 그 집에 기거하고 있었기 때문이었다. 이네스 자신도 폭행을 당했다. 이 사건에 대해서는 버드도 언급을 하긴 했지만 다른 심각한 사건들과 함께 겨우 두세 페이지만 할애했을 뿐이다.

세계 일주를 해낸 또 한 명의 인물인 메리앤 노스는 오세아니아를 두 번 여행했다. 첫번째 방문은 그녀가 처음 세계 일주—첫 장거리 여행은 아니었다—를 하던 1876년이었다. 그녀는 사라왁(쿠칭)에서 브룩 부부와 지내다가 자바로 갔다. 거기서부터 실론으로 계속 나아가 마침내 영국으로 돌아간다.

4년 후 메리앤 노스는 브룩 부인으로부터 족장과 함께 사라왁으로 돌아가자는 제안을 받는다. 노스는 여섯 주일 동안 그림을 그리고, 식물을 채집하고, 정글을 여행하고서 오스트레일리아로 갔다—첫 정거장은 브리즈번이었다. 다음 여섯 달 동안은 주로 마차를 타고, 때로는 혼자, 때로는 여자 동반자와 함께 오스트레일리아를 힘차게 누비고 다녔다. 마차 회사인 코비 앤 코는 동행이 없는 여성들을 실어 나르는 것을 무척 자랑스러워했기 때문에 '정거장마다 여분의 소고기를 준비해 놓으라고 미리 전보를 쳐두었다.'

노스는 멜버른이야말로 '오스트레일리아의 본고장'이라고 주장

메리앤 노스는 그림을 그리기 위해 새롭고 이국적인 식물을 찾아서 동남아, 동양의 군도, 오스트레일리아를 광범하게 여행했다. 노스 세이셸나무, 노스 벌레잡이통풀, 노스 문주란, 노스 빈랑나무, 노스 트리토마 등 많은 식물의 학명이 그녀의 이름을 따서 지어졌다. *엘리엇과 프라이, 노스, 1893년.*

했다. 그녀는 애들레이드에도 가고, 배를 타고 퍼스에도 갔다. 멜버른으로 돌아온 다음에는 태즈메이니아, 뉴질랜드, 하와이를 방문했다. 주로 그림 그리기와 희귀식물을 채집할 계획으로 감행된 노스의 여행은 비록 색다르고 힘들기는 했지만 파이퍼와 같은 대담한 모험성은 부족했다. 노스는 두터운 인맥 덕분에 기금도 많이 받을 수 있었다.

상당한 재력가였던 콘스턴스 고든 커밍은, 피지에 부임하는 새 총독의 부인의 말동무로서 남태평양에 도착한다. 군함을 타고 여행할 기회가 찾아왔을 때 그녀는 거부할 수가 없었다. 1870년대에 이 지역을 여행한 그녀는 세 권의 책을 쓴다. 『피지에서의 생활』(1881), 『여성의 프랑스 군함 순항』(1882) 그리고 『샌드위치 제도의 불꽃 분수』(1883)이다.

안나 포브스는 1880년대 중반에 박물학자인 남편 헨리 O. 포브스와 동양의 군도를 여행했다. 그녀는 여행을 통해 건축 양식과 기후, 열대 식물에 크게 감탄한다. 바타비아(자카르타)에서는 네덜란드 호텔에 투숙하고 있던 유럽 여성들마저 놀랍게도 실내복 차림으로 계속 돌아다녔다. 그녀는 네덜란드 여인들이 머리를 풀고, 사롱(말레이 군도 원주민의 허리에 둘러 입는 치마―옮긴이)을 즐겨 입고, 양말도 안 신고 슬리퍼를 신고 다니는 것을 보고 충격을 받았지만 결국에는 그녀 자신도 그런 차림을 하는 것에 동의하고 만다. 『인슐린드: 동양의 군도에서 박물학자의 아내가 겪은 체험기』(1887)는 여행을 하기 전 자신의 세계가 얼마나 좁

앐는지 깨닫는 과정과, 새로운 삶에 기꺼이 뛰어들어 비록 느리지만 적응해 가는 모습을 생생하게 묘사하고 있다.

*〈보르네오에서 개울을 걸어서 건너고 있는 브래시 가족〉 브래시, 1889년, p 196.*

　포브스 부부는 헨리의 연구를 위해 네덜란드령 동인도를 철저하게 탐험했다. 그러나 그 여행에는 종종 견디기 힘든 시련이 따랐다. 그 덕분에 포브스와 잠깐 만난 적이 있는 젊은 포르투갈 여성은 그녀가 오래 전부터 꿈꿔온 탐험가의 아내로 사는 것이 결코 '낭만적이지 않으며 영원한 소풍도 아니라는' 것을 깨닫게 된다.

　포브스 부부는 수라바야, 마카사르(이곳에서 안나는 그 유명한 머릿기름의 흔적을 찾지 못했다), 뉴기니, 반다 제도, 암보이나, 그리고 그들의 진짜 목적지인 티모르 섬(타님바르 제도)을 방문했다. 이곳에서 헨리는 아내를 잠시 떠나 내륙으로 들어간다. 그러나 안나는 이 종착지에서 공포와 열병에 굴복하고 만다. 어느 날 그녀는 증기선 편에 편지를 보내기 위해 항구로 출발했다가, 남자나 짐승을 만날지도 모른다는 공포에 시달리다 길을 잘못 들었다. 급기야 한 원주민과 단둘이 길을 가게 되자 그녀는 길바닥에 주저앉아 울음을 터뜨렸다. 거기다 도둑들이 그녀의 집에 들어와 가져갈 만한 물건을 죄다 털어가는 바람에 그녀에게는 생명을 부지할 음식조차 없었다. 외로운 사투를 벌이던 그녀는 때때로 자신을 덮치곤 하던 말라리아로 인해 목숨의 위협까지 받게 되었다. 당시의 심정을 그녀는 "하루 사이에 아주 거만해진 쥐들이 내 시체를 갉아 먹는 모습을 남편이 발견하는 상상을 하지 않았다면 나는 그때 죽었을지도 모른다"라고 썼다. 그녀는 옆 마을에 사는 의사에게 간신히 전갈을 보내 목숨을 건졌다. 헨리는 서둘러 돌아왔고, 이들 부부는 그녀가 영국으로 돌아가야 한다는 데 합의를 본다.

안나는 정신적으로나 육체적으로 그렇게 위험한 여행을 할 준비가 되어 있지 않았음이 틀림없다. 그녀의 무력함은 비극적이었다. 그녀는 자신의 책에서 네덜란드령 동인도에는 위험이 도사리고 있기 때문에 잠재적인 관광지밖에는 될 수 없다고 결론지었다. 그러나 이러한 의견도 레이디 애니 브래시와 그녀의 가족이 1887년에 자신들의 요트 선빔 호를 타고 이곳에 오는 것을 막지는 못했다. 나중에 밝혀지지만 이 여행은 브래시의 마지막 항해가 된다. 애니 브래시는 다섯 아이의 어머니였고, 아주 대중적이고 아름답게 제작된 책을 다섯 권이나 낸 여행기 저자였으며, 열성적인 박물학 표본 수집가

〈레이디 애니 브래시〉 1887년 10월 22일, p483.

였다. 그녀의 남편인 토머스는 국회의원이었다. 그녀는 남편을 위해 지칠 줄 모르고 선거운동을 펼쳤다. 그러나 이들 부부는 정무와 가사의 의무에서 용케 벗어나 오랜 시간 동안 마음껏 돌아다녔다. 그들은 540톤급에 승무원과 승객 사십여 명을 태운 세대박이 스쿠너 선빔을 타고 북극, 카리브해, 남아메리카와 폴리네시아를 방문하였다. 1886년 11월에 시작된 이 항해는 지중해, 홍해를 거쳐 아덴, 봄베이, 실론, 랑군, 싱가포르, 보르네오, 사라왁, 마카사르, 서오스트레일리아, 애들레이드, 멜버른, 시드니까지 갔다가 인도양

으로 돌아오는 것이었다. 1887년 9월, 남위 15도 50, 동위 110도 38에서 애니의 수장(水葬)이 행해진다. 이 부분에 대한 기록은 그녀의 책 『마지막 항해, 1886-1887』(1889)의 부록으로 붙은 항해 일지에 비통한 검은 십자표로만 기록되어 있다. 그녀의 이야기는 남편과 그의 친한 친구에 의해 마무리되었다.

레이디 애니는 다른 책에서 자신의 몸이 최상은 아니라고 넌지시 비춘 적이 있다. 여성 여행자들이 모험 중에 숨을 거두지 않은 것은 기적이나 다름없다. 왜냐하면 아무리 돈이 많아도 19세기에는 아주 사소한 병이나 사고조차도 단순한 불편에 그치지 않고 참사로 이어지기 쉬웠기 때문이다.

# 살아남기

크리스티나 디 벨조조소는 알레포에서 병에 걸리고 말았다. 질병에 대한 경고를 받았던 이다 파이퍼는 메소포타미아를 무사히 빠져나왔다고 좋아했지만, 너무 이른 축하였다. 집에 돌아온 후, 균덩이가 발진해 여덟 달 동안이나 그녀를 괴롭힌 것이다. 앤 블런트는 질병에 걸리는 것을 몹시 무서워했지만 용케 피해 갈 수 있었다.

그들이 벌레에 물린 것일까? 아니다. 그것은 희생자들에게 깊은 상처를 남길 수 있는 흉한 종기, 알레포 버튼이었다. 나일 버튼, 바그다드 종기, 일부인(日附印)으로도 알려진 이 무시무시한 종기—현재는 기생충이 원인인 것으로 알려져 있다—는 이집트, 시리아, 이라크 등지에서 우연히 발견되었다. 벨조조소에게 생긴 종기는 그녀가 만난 어느 폴란드 육군 대령의 코에 난 열세 개의 종기들에 비한다면 아주 작은 것이었다.

종기는 말라리아, 학질, 역병, 콜레라, 황열병같이 죽음을 부를 수 있는 염증을 일으켰다. 각국의 정부는 전염의 확산을 막기 위해 세균을 옮기는 여행자들, 특히 배를 타고 오는 여행자들을 격리 조치하기 시작했다. 많은 여자 여행자가 배나 검역소, 또는 수많은 사람들을 밀어 넣은 지저분하고 침구도 제대로 갖춰지지 않은 격리 병원에 감금됐던 일을 기록으로 남겼다.



승객들은 배에서 이미 몇 달을 보낸 상태이었지만 검역관들은 앞으로 며칠 더 정박해 있어야 한다고 하였다. 서인도 항구에 정박해 있는 배의 전경. 〈하퍼의 위클리〉 1873년 11월 29일, p1069.

툴롱이나 마르세유에서 온 여행자들이 리옹 역에서 훈증소독을 받고 있다. 1884년 남프랑스에서 콜레라가 발생하여 유럽으로의 여행이 엄격하게 통제되었다.

만약 이 시절의 여성 여행자들이 임신을 이유로 여행을 꺼리는 오늘날의 여자들을 본다면 어쩜 비웃었을지도 모른다. 앤 블런트는 임신과 두 번의 유산—한 번은 알제리에서, 또 한 번은 아라비아에서(유럽에서는 여러 번 있었다)—을 겪으면서도 결코 여행을 중단하지 않았다. 빈에서 유산을 경험한 레이디 런던데리도 마찬가지였다. 남겨진 기록의 출처에 따라 다르긴 하지만, 앤 팬쇼는 열넷이나 열일곱, 열여덟 정도의 아이를 낳은 것으로 기록되어 있는데, 이는 그녀의 여행 횟수와 거의 맞먹는 셈이다.

질병과 임신에다 여성들 스스로 인정했듯이 허약하고 민감한 체

질을 가진 여자들이 어떻게 여행을 다녔는지는 그저 놀라울 따름이다.

건강을 지키고 싶은 사람들은 한기를 막기 위해 무더운 기후에도 허리에 플란넬을 두르고, 말라리아가 많이 발생하는 지역에서는 퀴닌을 먹거나 담배를 피면서 각종 예방조치를 취했다. 특히 18세기에는 물에 유독 성분이 많이 함유되어 있어 와인을 마시는 것이 보편적이었다. 또한 이질과 콜레라가 심심찮게 발생하여 그에 따른 설사를 조절하기 위해 마약을 먹는 사람들도 많았다. 남인도에서 기아와 홍수가 났을 때 메리앤 노스는 "모든 사람이 아편을 마셨기 때문에 나 또한 치료보다는 예방 차원에서 그들을 따랐다"라고 썼다. 요코하마에서 그녀는 류머티즘 관절염이 발생하여 미국인 의사를 불렀다. "(의사는) 내 팔에 모르핀을 주사하여 스물네 시간 동안 나를 잠에 빠뜨렸다. 그 호텔 사람들은 내가 죽었다고 생각했다."

필자가 찾아본 바로는 여성 여행자들 중에 단지 기분 전환을 위하여 마약을 마시거나 먹은 이들은 거의 없었다. 물론 예외도 있었다. 1854년에 리버풀에서 캐나다의 핼리팩스까지 항해한 이저벨라 버드는 같은 선실에서 지내는 동료가 침대 속에 진과 브랜디, 맥주 등을 숨겨두고 마시는 것을 보았다. 그가 끊임없이 비틀거리는 통에 그녀는 넌더리가 났다고 했다. 크리스티나 디 벨조조소는 다마스쿠스에서 하시시를 시험 삼아 복용해보고는 크게 실망했다. "나는 하시시를 피우기도, 먹기도, 마시기도 했지만 모두 허사였다. 머리가 핑 돌지도 않았고(본심을 말하지는 않겠다), 거의 무감각했다."

<수연통을 피우고 있는 알제리
여인> 우편엽서, 1900년.

그녀는 터키에 있는 자신의 농장에서 양
귀비를 재배하기도 하였다. 이자벨레 에버
하르트가 흡연용 마약을 피우고 압생트를
마시는 것은 널리 알려진 사실이었다. 이
로 인해 이미 심각한 상태에 있던 그녀의
건강은 돌이킬 수 없이 악화되었다.

레이디 메리 더퍼스 하디의 경우에는 샌
프란시스코의 차이나타운에서 만난 한 신
사에게 아편굴까지 안내해달라고 끈질기
게 졸라댔다고 한다. 버드의 경우에는 양
쯔 강에 정박해둔 자신의 요트에 아편굴을
마련해두고 있었지만 그 같은 쾌락을 즐기
는 것을 거부했다고 한다. 사실은 암실의 화학약품과
건강에 좋지 않은 강안개가 뒤섞여 만들어진 가스가
그녀의 머리를 몇 번쯤 몽롱하게 했을 것이다.

패니 파크스는 인도에서 마리화나, 대마, 흰독말풀, 중동지방의
독한 술을 사용하는 것에 대해 이야기하면서 얼굴의 통증을 가시
게 하려고 마약 한 덩어리를 삼켜보기도 했다. 그 영향 때문인지
그녀는 더없이 행복해졌고, 다음날 아침까지 평소보다 훨씬 더 많
은 말을 했다. 그러나 아편으로 인한 두통 때문에 치료를 받아야
했다. 기름에 살짝 튀긴 양귀비꽃의 진미에 대해 그녀는 이렇게 말
했다. "충분히 먹으면 자신이 원하는 만큼 머리가 어질어질해질 것
이다."

동양을 여행한 적이 있거나 동양에서 살았던 많은 여성이 담배
를 피웠다. 버튼은 여자들이 우아하게 컬런이나 수연통, 긴 담뱃대
를 이용해 담배를 피우는 것은 괜찮지만, 여송연이나 토관을 피워
서는 안 된다고 생각했다. 벨조조소는 터키로 출발하기 전부터 수
연통을 피웠다. 해리엇 마티노는 긴 파이프가 달린 담뱃대를 좋아

했다. 그녀는 "아편을 마셔보니 영국 여자들이 날마다 집에서 백포도주를 한 잔—나에게는 필요하지 않은 도락이었다—씩 마시는 이유를 알 수 있었다"라고 말했다. 마티노의 경우에는 상습적으로 마시던 술은 쉽게 끊을 수 있었지만 자신을 흥분시키던 최면과 마약으로부터는 평생 자유롭지 못했다.

# 신념과 어리석음의 나라

1847년 7월, 낡은 구식 여행가방 하나를 손에 든 유럽 여성이 번화한 항구 광둥(광저우)에 닻을 내린 정크(중국식 돛배—옮긴이)를 걸어 내려온다. 그녀와 배의 선장은 아가시의 집을 찾아 미로 같은 거리를 걸었다. 그녀는 소개장을 가지고 있었다. 주소를 찾아낸 그녀는 선장에게 작별 인사를 한 뒤 문을 두드렸다. 체구가 작은 쉰 살의 이다 파이퍼가 혼자 서 있는 모습을 보자마자 아가시는 놀라움에 이어 경악한다. 파이퍼는 나중에 이렇게 썼다. "그는 내가 아무런 곤경도, 상해도 당하지 않은 것을 믿을 수 없어했다. 그의 말을 듣고서야, 여자가 다른 호위자도 없이 중국인 안내인과 단둘이 광둥 거리를 다니는 것이 얼마나 위험한 일인지를 알게 되었다. 이제까지 나 같은 여성은 한 명도 없었다고 한다."

비아시아권 여성이 중국의 다섯 개항장에 들어올 수 있게 된 것은 난징조약이 체결된 후인 1842년이었다. 광둥도 그런 개항장 중 하나였다. 그러나 이때조차도 그 나라는 비아시아권 여성에게 그리 관대한 편이 아니었다. 파이퍼가 그런 사정을 모를 만큼 어리석었을까? 5백 년 넘게 광둥에서는 엄격한 여덟 가지 규정—여성의 입국을 금지하는 규정도 있었다—을 내세워 유럽 사람들을 통제하고 있다는 사실을 몰랐을까? 이러한 규정이 1842년의 조약으로 폐지되었는데도 별반 달라진 게 없었다. 여전히 그 도시에는 외국인 여성이 거의 없었다.

그러나 모르긴 해도 파이퍼는 앤 노블에 관한 이야

<여행복을 입은 캐서린 드 부르불롱> 에밀 바야르, 『월간 여행』 11호, 1865년, p241.

중국과 일본. 『필립스의 간편한 지도책』, 1897년.

기를 들었을 것이다. 노블은 1841년 광저우에서 배가 난파해 남편과 아이를 잃는 비극을 겪었다. 생존자들은 지역민들로부터 친절한 보살핌을 받았지만 곧 군인들에게 체포되었고, 노블은 누더기를 걸친 채 감옥으로 이송되었다. 더 굴욕적이었던 것은 그녀를 작은 우리에 가둬놓고 이 도시 저 도시로 이송을 시켰다는 것이다. 이후 노블은 많은 어려움을 겪은 후 석방되었다.

폭력의 위협이 늘 도사리고 있긴 했지만 다행히 파이퍼는 광둥에서 별다른 사고 없이 다섯 주일을 보냈다. 그녀가 여성이라는 제약 때문에 양보한 것이 있다면 광둥으로 진출할 때 자신을 호위해줄 남성을 동반하고 만리장성을 여행할 때 남장을 한 것뿐이었다. 파이퍼는 유럽 선교사의 아내인 볼트 부인을 만났고, 많은 상인들이 자기 가족들을 사방이 막힌 가마 안에서만 지내게 하는 것을 목격하곤 했다. 콘스턴스 고든 커밍과 애니 브래시, 아저벨라 버드는 1870년대 들어 광둥을 찾아왔다. 그러나 이때쯤엔 여성들도 비교적 자유롭게 돌아다닐 수 있었다.

유럽 사람들에게 개방된 다른 네 항구는 상하이, 아모이(샤먼), 닝포(닝보), 푸주(푸저우)였다. 서른두 살의 캐서린 매클라우드 드 부르불롱은 제2차 아편전쟁이 끝난 1859년에 상하이에서 살았다. 스코틀랜드 태생의 캐서린은 톈진조약에서 프랑스의 지분을 따내기 위해 1859년부터 1862년까지 중국에 머물렀던 프랑스 외교관의 아내였다. 이때는 중국에서 서양인을 보는 것이, 더구나 서양 여성을 보는 것이 극히 드물던 시기였다. 태평천국의 난에 휩쓸려든 중국은 기아, 학살, 고문에 시달리고 있었다. 부르불롱은 그 많은 사건을 자신의 아파트에서 내려다볼 수 있었다. 1860년 11월 그녀와 그녀의 남편은 톈진에 새로이 설립된 프랑스 공사관으로 떠났다.

1861년 3월 북경(베이징)으로 이동한 그들은 더욱 잔혹한 행위들을 목격해야만 했다. 그러나 유럽 사람들에게는 그 도시가 그나마 안전한 편이었다. 『월간 여행』(1864-65)에 발표된 캐서린의 일기에는 일상의 모습들—혁명 기간에도 사회가 정상적으로 굴러가고 있는 듯한 증거—뿐 아니라 소름끼치는 참수 현장과 좌우로 양

<호모치에서 야영을 하는 부르불롱 일행> 에밀 바야르. 『월간 여행』, 11호, 1865년, p233.

분된 시체들의 형상이 서술되어 있다. 이야기의 전반부는 상하이에서의 삶을 다루고 있는 반면, 지금의 우리에게 더 흥미로운 후반부는 북경에서 모스크바까지 여행하는 동안 겪은 이야기를 다루고 있다.

캐서린이 구체적인 병명을 알 수 없는 병을 앓고 있었음에도 불구하고, 이들 부부는 뱃길을 이미 다섯 번이나 이용한 터라 이번에는 육로를 통해 파리로 돌아가기로 결정한다. 그때가 1862년이었다. 그들에게는 해낼 수 있으리라는 자신감이 있었다. 육로를 이용해 모스크바에서 중국까지 온 러시아 공사의 아내 마담 드 발루섹이 그들과 함께 돌아갈 예정이었다. 영국인 대사 프레더릭 브루스 경도 이 일행에 끼었지만 그는 국경에 도착하기 전에 방향을 돌린다. 샴페인과 같은 생필품을 실어 앞서 출발시킨 보급품 마차 두 대에, 가벼운 수송 마차 열두 대, 1인승 가마 두 대(하나는 부르불롱이 말을 타다 지쳤을 때를 대비한 것이고, 다른 하나는 그녀의 강아지들을 위한 것이었다), 말과 노새, 낙타, 하인(브루스는 자신의 호텔 지배인을 데리고 왔다), 안내인, 호위대, 한 명의 통역과 의사가 이 여행대를 구성하고 있었다. 중국 국경을 넘어도 좋다는 허가를 받은 일행은 대략 1만 2천 킬로미터에 달하는 넉 달간의 여행길에 오른다.

그들의 여정은 북서쪽으로 고비 사막을 거쳐 우르가(울란바토르), 베르흐네웃킨스크(울란우데), 이르쿠츠크, 만리장성으로 이어졌고, 서쪽으로는 산맥과 사막을 건너고 장엄한 사원들과 무덤들을 지나쳐 크라스노야르스크, 옴스크, 예카테린부르크(스베르들로프스크), 모스크바로 이어졌다. 작은 오두막집들이 옹기종기 모여 있는 거주지들을 지날 때마다 수많은 사람이 밖으로 나와 그들을 구경했다.

그들은 여행 초기에는 여관에서 묵었다. 그러나 그 뒤로는 손수 텐트를 세우고 야영을 했다. 악취 나고 지저분한 어느 여관에서 비참한 하룻밤을 보낸 부르불롱은 텐트가 여관보다 "천 배는 더 낫다"라고 썼다. 당연한 일이었다. 그들의 텐트는 직경이 약 5미터에 높이가 3미터나 되었고, 나무문에는 비단 벽지가, 바닥에는 카펫이 화려하게 깔려 있었다.

　그러나 이 여행이 마냥 호사스러웠던 것만은 아니었다. 때로는 모래 강풍을 이겨내야 했고, 마차가 고장 날 때마다 큰 난관에 부딪쳤다. 또한 말이나 가마에 타고 있으면 끊임없이 덜컹거려 부르불롱은 무척이나 고통스러웠다. 그녀는 이때를 이렇게 기록했다. "나는 사력을 다해 하루하루의 피로를 견뎌내고 있다. 내가 이대로 좌절한다면 아직 1천 킬로미터나 남은 시베리아 국경까지 어떻게 갈 수 있겠는가? 이런 사막에서 중병이 든다면 서글픈 일이 아닐 수 없다." 어쨌거나 이런 열악한 상황에서도 그녀와 그녀의 일행이 고비 사막에서 처음으로 휘스트 놀이를 했다는 사실은 주목할 만한 일이다.

　이들 일행이 시베리아를 건너 예카테린부르크에 도착했을 때에는 부르불롱의 건강도 상당히 호전되었다. 그녀는 여행 구간인 모스크바와 파리까지는 증기선과 기차를 이용했다. 그러나 3년 뒤 그녀는 세상을 떠난다. 1865년에 『러시아, 폴란드, 핀란드 여행자들을 위한 안내서』를 쓴 머리는 "성별을 떠나 많은 여행자들이 이미 육로로 여행을 했고…… 러시아어를 전혀 몰라도 쉽게 여행을 할 수 있다고 호의적인 평가를 내렸다"고 말했다. 여행자들은 런던에서 북경까지 가는 데 오십 일이 걸린다고 했다.

　이저벨라 버드는 단 한 명의 통역관과 함께 아시아 곳곳을 여행했는데, 가끔은 사고를 위해 짐꾼을 고용하기도 했다. 이런 방식으로 그녀는 일본과 한국을 여행했고 양쯔 강을 거쳐 티베트에 도착한다.

〈일본식 '밀짚 비옷'을 입은 이저벨라 버드〉 이저벨라가 직접 스케치했다. *버드 1권, 1880년, p346.*

유럽 여성은 1인승 가마를 타고 상하이 거리를 다녔다. E. 그랜드사이어. 『일러스트레이션』 1860년 10월 13일, p261.

버드는 4년간 휴식을 취했다가 다시 일본을 찾아왔다. 이후 샌드위치 군도와 미국을 방문한 뒤 1874년에 여동생 헨리에타가 있는 집으로 돌아왔다. 여행에서 돌아온 그녀는 예전처럼 다시 병석에 누워야 했다. 1878년에 그녀는 오랜 친구인 존 비숍 박사로부터 청혼을 받는데, 그 역시 이저벨라와 헨리에타처럼 오랫동안 병마와 싸우고 있는 환자였다. 버드는 결혼을 고려하는 대신 요양을 핑계 삼아 다시 한 번 아시아로 향했고 일본에서 말레이시아까지 여행을 하였다. 국내에서나 일본에서나 사람들의 충고는 하나같이 기분 나쁜 내용들이었다. 버드는 이렇게 썼다. "영국 여자들 중에 일본을 혼자 여행한 사람이 아직 한 명도 없었기 때문에 내 계획은 아주 지대한 관심을 불러일으켰다…… 수없이 많은 경고와 만류는 들었지만 격려의 말을 단 한마디도 듣지 못했다."

그녀는 젊은 통역인 이토를 동반하고 일본 내륙과 예조(홋카이도)를 일곱 달 동안 여행했다. 다행히 여권을 소지하고 있어서 북쪽 지방을 아무 제한 없이 여행할 수 있었다. 그녀는 주로 말을 타고 다녔다. 전대미문의 장마 기간에는 진창이 된 작은 마을들을 길을 따라 계속 지나면서 여행자들을 위한 불결한 오두막에서 머물렀다. 그러나 호기심 많은 마을 사람들은 벽으로 설치해 놓은 칸막

이에 구멍을 뚫어 사생활을 침범했다. 그들에게는 사생활이라는 개념이 없었다. 버드의 『일본의 인적미답 길』(1880)은 생존에 관한 심리학적 입문서와 다름없다. 오늘날 '불쾌한 경험담'에 대해 글을 쓰고 싶은 작가가 있다면 그녀의 책에서 많은 교훈을 얻을 수 있으리라.

1878년 크리스마스 전날, 버드는 볼가 호를 타고 홍콩으로 향한다. "음울한 객실에 앉을 데라곤 식탁 옆의 벤치밖에 없는…… 비참한 증기선이었다. 인정이 많았던 선장은, 내가 보기에는 고트족, 반달족, 훈족, 서고트족을 모두 합쳐놓은 인물 같았다."

새해 전날 버드는 광둥으로 떠난다. 킨키앙 호에는 유럽인 두 명(그 중 한 명이 버드였다)과 중국인 1천 950명이 타고 있었다. 버드는 광둥에서 열흘을 머물면서 성벽을 자유로이 돌아보고, 좁고 번화한 거리와 병원과 수상 도시를 답사했다. 심지어는 아편 연기로 가득한 혼잡하고 형언할 수 없을 만큼 불결한 곳에서 수감자들이 무거운 족쇄를 찬 채 비참하게 지내고 있는 '남호이 감옥'도 답사했다. 그녀는 잔혹하고 비참한 분위기를 풍기는 '피의 현장', 즉 처형장을 보고 크게 충격을 받기도 하였다. 그녀는 광둥에서 홍콩으로 돌아간 다음 말레이시아로 향했다.

1880년 헨리에타가 죽고 나자 버드는 비숍 박사와 결혼을 한다. 그리고 얼마 동안은 유럽 내 온천장만 돌아다녔다. 1881년 메리앤 노스는 버드에 대해 떠돌고 있던 이야기를 이렇게 옮겼다. "버드는 뉴기니에 가고 싶으냐는 질문을 받았다. 그녀는 말했다. '그럼요 하지만 결혼을 한 몸이라…… 남자를 데리고 갈 수 있는 곳은 아니거든요.'" 1886년에 비숍 박사가 죽을 때까지 두 사람은 육체적으로 고통스러운 삶을 살았다. 남편이 죽고 난 3년 뒤 버드는 카슈미르와 티베트 국경으로 떠났고, 그곳에서 작은 티베트(발티스탄, 지금의 라다크)로 알려진 레 마을에 우여곡절 끝에 도착한다. 그리고 페르시아를 경유하여 집으로 돌아왔다.

<광둥의 거리> 제임스 톰슨 사진 『월간 여행』 30호, 1875년, p391.

버드는 1894년부터 1897년까지 한국과 중국도 방문한다. 한국 여행은 다소 실망스러웠지만, 『조선과 그 이웃나라들』(1898)이라는 두 권짜리 책을 남겼다. 중국과 티베트를 두번째로 방문할 때에는 훨씬 더 도전적인 마음자세를 가져야 했다. 외국인들에 대한 적개심이 심해져 일본과 페르시아를 여행할 때처럼 분위기가 섬뜩했기 때문이다. 버드는 짐을 가볍게 꾸리고 중국옷을 개조해서 입기까지 하였는데, 몸에 꽉 끼는 유럽 옷에 비해 몰골이 초라해 보였다. 또한 그녀는 많은 사진을 찍어 임시로 만든 암실에서 필름을 현상하고 양쯔 강의 흙탕물로 하이포를 씻어냈다. 그녀는 사공들이 마약을 피워대 연기로 진동하는 요트를 타고 항해하거나, 짐꾼들이 메는 의자 가마를 타고 진창길을 다녔다. 여행에 대한 열의가 식지 않았음에도 불구하고 그 결과물인 『양쯔 강 저 너머』(1899)에는 초창기의 진취적인 기상이 많이 퇴색해 보인다. 어쩌면 예순세 살이라는 나이와 류머티즘

에 의한 통풍과 피로, 폐렴, 심장 악화로 어느 때보다 건강이 악화된 상태였기 때문인지도 모른다.

1901년 버드는 여섯 달 동안 모로코를 여행하는데, 그것이 마지막 여행이 되었다. 그 후 1902년에 종양과 심장병 치료를 받고 나서 곧바로 중국으로 돌아갈 준비를 한다. 그러나 그 여행은 결국 이루어지지 못했다. 이저벨라 버드는 1904년 10월 7일에 눈을 감았다.

많은 유럽 여성이 티베트에 도전했다. 인도의 총독 부인 샬럿 캐닝은 1860년에 인도와 티베트 국경까지 갔고, 1870년대에는 콘스턴스 고든 커밍이, 1883년에는 마리 드 위팔비-부르동이 도전했다. 니나 마주켈리는 1870년대 중반에, F.D. 브리지와 버드는 각자 1870년대 후반과 1889년에 작은 티베트의 레 마을까지 갔다.

영국의 선교사 애니 로일 테일러는 1892년에 티베트를 횡단한 최초의 유럽 여성이었다. 그녀는 티베트에서 살아도 좋다는 허락까지 받았다. 여행가 윌리엄 캐리는 1899년 7월에 다르질링 북쪽의 야퉁(야둥)이라는 시장 마을에서 '가게'를 운영하고 있는 테일러를 처음 만났다. 캐리가 그녀를 열심히 찾은 이유는 자신이 쓰고 있는 책에 참고할 티베트 관습에 대한 정보를 그녀에게 얻기 위해서였다. 이 방문 기간에 테일러는 그에게 자신의 알아보기 힘든 일기를 슬쩍 보여주었다. 캐리는 해야 할 여행이 아직 남아 있었지만 그녀의 일기에 계속 흥미가 당겨 결국에는 일기를 베낄 수 있게 해달라고 청했다.

캐리는 그녀의 휘갈겨 쓴 일기를 정성스럽게 판독하다가 신앙심이 깊었던 그녀가 하느님의 말씀을 전하겠다는 사명으로 자신과 안내인의 목숨까지 위협을 당하는 상황에서 라사까지 간 사실을 알게 된다. 테일러는 1884년부터 중국 내륙의 선교회와 함께 티베트 국경 근처에서 몇 년을 보낸 후 중국으로 들어갈 계획을 세웠다고 한다.

여행을 하기 위해 티베트식으로 갖춰 입은 애니 테일러(왼쪽), 푄초와 그의 여주인(이름 미상), 그리고 테일러가 차를 마시고 있다(오른쪽). *캐리, p198과 p242.*

테일러는 1892년 9월 하인들과 함께 타우 차우*의 국경 마을을 떠난다. 이 일행에는 인도에서부터 그녀를 따라온 티베트인 푄초, 중국인 레우초체와 놉게이, 중국인 안내자 노가와 그의 티베트인 아내 에르미니에가 포함되어 있었다. 출발한 지 얼마 되지 않아 손발이 얼어붙는 추운 겨울이 들이닥쳤다. 구성원이 이백여 명이나 되는 몽골 대상과 함께 갔는데도, 그들은 산적들에게 옷과 침구를 강탈당하고 말았다. 목숨을 거진 것만으로도 행운이었다. 남루한 차림으로 이들은 눈보라 속을 비틀거리며 걸었다. 황허 강의 물이 불어나 건널 수가 없을 때에는 그저 기다리는 수밖에 없었다. 여행을

---

* 타우 차우는 테이 추, 타이 추, 타오 초 등으로도 알려져 있는데, 현대의 루구인 듯하다.

지체할 수 없었던 노가는 아내를 때리기 시작했고, 티베트 관리들에게 넘기겠다고 테일러를 위협했다.

그들은 물에 절은 동물가죽을 입고 마침내 강을 건넜지만, 다시 한 번 굽이치는 강을 만나 더 혹독한 시련을 겪었다. 신앙심이 깊지 않은 여행자였다면 벌써 포기했을 이 여행은 10월까지 계속되었다. 테일러는 기름기 많은 티베트 음식을 소화하지 못하고 눈이 아프도록 부신 햇빛에 계속 노출되면서 날로 병약해졌다. 그러던 중 레우초체가 숨을 거두고 만다. 그로부터 한 달이 지난 어느 날 노가는 그녀를 죽이겠다고 위협했다. 테일러는 노가가 이 무리에서 떠나게 해달라고 날마다 신에게 기도했는데, 12월 중순에 그는 정말로 대열을 이탈했다. 그러나 악의적인 의사를 표하고 싶었던지 테일러를 티베트 당국에 고발했고, 1893년 1월 4일 그녀는 스파이 혐의로 체포되었다. 라사에서 며칠 동안 행군하여 낙츄카(나취)라는 마을로 호송된 그녀는 즉결재판을 받고 추방되었다. 녹초가 된 여행자들은 다시 동쪽으로 향하여 쓰촨 지방의 타첸루(캉딩)라는 국경 마을에 당도했다. 테일러는 『티베트를 개척한 사절단의 기원』(1894)이라는―캐리는 다소 실망했다―책을 썼다. 대망을 품고 라사로 간 사람 중에 테일러만큼 허술한 장비로 떠난 이는 아무도 없었다.

부풀은 꿈에 젖어 이곳을 찾은 사람 중에는 온타리오 출신의 의사 수지 카슨 린하르트가 있다. 그는 자신의 체험을 담은 『텐트와 사원에서 지내는 티베트 사람들』이라는 책을 썼다. 1894년 가을 그녀와 네덜란드 선교사인 남편 페트루스 린하르트는 티베트 국경에서 가까운 루사르에 의무실과 기독교 선교회를 세우기 위해 중국으로 떠났다. 그들은 루사르에서 쿰붐 라마 사원 근처에 있는 탕카르(황위안)로 이동한다. 그리고 티베트에 곧 도착하리라는 기대 속

〈티베트 의상을 입은 수지 카슨
린하르트〉 린하르트, p312.

에 티베트어를 열심히 배웠는데, 나중에 알고 보니 그들의 선생이 그들에게 몽골어와 티베트어를 뒤죽박죽으로 가르쳐 놓은 것이었다. 하지만 그들은 중국어에는 유창했다.

그들은 티베트에 도착하자마자 피비린내 나는 이슬람교 반란을 목격하게 된다. 그러나 다행히 루사르 라마 사원 안의 성소에 들어갈 수 있는 특별한 혜택을 받는다. 처음부터 인기가 많았던 수지의 의술이 치열한 전쟁터에서는 더욱 절실히 필요했던 것이다. 1897년 6월 30일에는 그들의 아들 찰스가 태어난다. 이후 1년이 조금 안 되어 이들 부부는 라사로 떠났다.

그들의 계획은 충분히 사리 있어 보였다. 그들은 탐험가 웰비 선장 밑에서 일한 라다크 안내인 라민을 비롯하여 남자 세 명, 승마용 말 다섯 마리와 짐을 실은 말 열 마리, 2년 동안 먹을 식량을 꾸려 규모가 작고 눈에 띄지 않는 여행대를 조직했다. 1898년 5월 중순, 이 일행은 다시 대장정을 시작한다.

여행을 떠나자마자 말 한 마리가 날뛰다 안장을 박살내는 사건이 있었지만, 시작은 순조로웠다. 그러나 차이담 분지를 가로지를

〈1880년대의 타치엔루〉 윌리엄 질 선장의 황금 모래의 강. 런던: 존 머리, 1883년, p169.

때만 해도 좋던 날씨가 쿤룬 산맥을 오르기 시작할 때부터 눈발이 날리기 시작했다. 그러더니 뜻하지 않은 재난까지 덮쳤다. 안내인 두 명이 식량을 챙겨서 도주했고, 노상강도들이 말을 다섯 마리나 훔쳐간 것이다. 뒤이어 한참 이가 나고 있던 찰리마저 갑작스레 죽었다. 그들은 아이를 묻고서 슬픔을 달랠 겨를도 없이 여행을 계속해야 했다.

　일행은 애니 테일러가 방향을 돌렸던 곳에서 가까운 낙츄카에 도착했지만, 더 이상은 여행 허가를 받아내지 못했다. 그들과 함께 왔던 라민은 고향으로 돌아가기 위해 떠났다. 티베트 관리들이 그들을 타치엔루로 데려갈 호위 부대를 내주었지만, 출발한 지 며칠 되지 않아 매복해 있던 산적들의 습격을 받았다. 티베트인 한 명이 팔에 총을 맞았고, 말들은 도둑맞거나 총에 맞아 죽었다. 안내인들은 당연하다는 듯이 도망쳤다. 짐은 여전히 산더미 같이 남았지만 그것을 운반할 동물들도 안내인들도 사라져 버렸다. 산적들이 다시 돌아올 것이 걱정된 린하르트 부부는 대부분의 물건을 버리고 길을 떠났다. 얼마 후 그들은 물살이 빠른 차츄(짜취) 강에 당도한다. 강 맞은편에는 소리가 미칠 만한 곳에 야영지가 하나 있었다.

아무 도움이라도 얻으려면 강을 건너야 한다는 페트루스의 의견에 그들은 동의했다. 페트루스는 걸어서 강을 건넌 뒤 기슭으로 와서 뭐라고 큰소리로 말했는데, 수지는 전혀 알아들을 수가 없었다. 강가를 따라 걸어가던 그의 모습이 어느 순간 사라졌다. 그는 다시는 돌아오지 않았다.

홀로 남은 수지는 두려움에 떨며 며칠을 기다리다 야영지에서 오는 티베트 사람들에게 강을 건널 수 있도록 도와달라고 간청했다. 야영지에 도착하여 남편의 생사를 알아보았지만 허사였다. 남편을 본 사람이 아무도 없는 듯했다. 결국 수지는 그다지 신뢰할 순 없었지만 어쩔 수 없이 두 사람을 안내인으로 고용했다. 그리고 두 사람에게 자신을 작은 라마 사원까지 무사히 안내해주면 망원경과 권총을 주겠다고 약속했다. 라마 사원에서는 인정 많은 중국 상인을 만나 국경을 안전하게 통과할 수 있는 통행권을 얻어냈다.

페트루스가 실종된 지 두 달이 지나고, 노천에서 잠을 자고, 부츠는 해어지고, 굶주림에 시달리고, 술 취한 도적들에게 위협까지 당한 후에야 수지는 만신창이 상태로 타치엔루에 도착했고 선교사인 터너 씨의 집으로 인도되었다. 그녀가 그 집에 들어섰을 때 안마당에는 두 남자가 서 있었다. 그녀는 이렇게 회상했다. "중국옷을 입은 그들이 얼마나 깨끗하게 보이던지, 얼굴은 또 얼마나 하얗던지! 그제야 내가 깨끗하지 않다는 것을 알았다. 나의 불결함과 누더기 옷을 의식하면서 나는 그들이 말을 걸어주기를 기다렸다. 그러나 이런, 내가 먼저 말문을 열어야 했다. 그래서 나는 영어로 말했다. 터너 씨인가요? 그러자 모이스 씨가 '네'라고 대답했다."

수지는 이렇게 해서 두번째 남편이 될 제임스 모이스 박사를 만났다. 그러나 두 사람의 결혼은 1905년에야 이루어진다. 수지는 여섯 달 동안 페트루스의 사망 소식을 기다렸지만, 끝내 아무 것도 듣지 못하고 캐나다로 돌아갔다. 그녀는 1902년에 타치엔루로 다시 돌아와 의술과 선교 활동을 펼쳤다. 그러나 1908년 무렵 그녀는 건강이 쇠약해져 모이스와 함께 캐나다로 다시 돌아갔다. 그녀는 캐나다에서 생을 마감한다.

티베트는 라사까지 가기를 열망하는 선교사들과 탐험가들을 계속 유혹했다. 20세기에 여행을 했기 때문에 이 책에서는 다루지 않았지만, 『라사로 가는 여행』을 쓴 알렉상드라 다비드 넬이 유럽 여성으로 라사에 최초로 들어간 인물임은 지적하고 넘어가는 것이 좋겠다. 인도에서 기자로 활동한 프랑스 여성 다비드 넬은 달라이 라마를 인터뷰하라는 의뢰를 받았다. 그녀는 1923년에 라사로 들어가 나머지 생애를 티베트와 관련된 일에 바쳤다.

# 트롤럽처럼 되어라

새롭게 등장한 식민지로서 캐나다와 미국은 돈에 혈안이 된 외로운 남자들로 가득했다. 『순록』(1862)이라는 브리티시컬럼비아(캐나다 남서부의 주—옮긴이) 금광에 대해 글을 쓴 익명의 남성 작가는 젊은 여성들에게 교사나 여성 총독의 신분이 아닌 아내로서 밖으로 나오라고 촉구했다. 그는 "브리티시컬럼비아의 갱부들만큼 결혼을 간절히 바라는 남자들을 본 적이 없다"라고 주장했다. 당시에는 여자 한 명당 남자의 비율이 이백 명이었다. 이런 공표가 나자 많은 유럽 여성이 쓸만한 남자를 낚아서 품위 있는 남편으로 바꾸어볼 요량으로 북아메리카까지 멀고도 지루한 여행을 했다.

## 캐나다

안나 제임슨의 경우는 달랐다. 그녀가 1836년에 캐나다로 간 것은 남편을 잊기 위해서였다. 그녀의 남편은 어퍼 캐나다(지금의 온타리오)의 법무장관인 로버트 제임슨이었다. 이들 부부는 오래 전부터 별거 중이었는데, 그녀의 결단으로 마침내 대서양 반대편에 서게 된 것이다. 그녀가 열 달 동안 캐나다에 체류함으로써 두 사람은 공식적인 이혼을 하게 되었지만, 이로 인해 『캐나다의 겨울 풍경과 여름 산책』(1838)이라는 책이 탄생하게 되었다. 이 책에서 안나는 12월에 토론토에 도착했을 때의 불길한 느낌을 이렇게 묘사했다.

북아메리카. 『필립스의 간편한 지도책』, 1897년.

토론토의 여름이 어떤지를 나는 말할 수가 없다. 사람들은 캐나다가 멋진 곳이라고 말한다. 이방인인 내가 보기에는, 겉모습이 이상하리만치 초라하고 우울하다. 얼어붙은 만의 기슭, 저지대에 부실하게 세워진 작은 마을, 형편 없는 교회 한 채…… 멋대가리 없고 가장 통속적인 방식으로 지어진 행정 사무실 몇 개, 사방에 3피트나 쌓인 눈…… 많은 걸 기대하지는 않았지만 이런 모습은 준비하지 않았다. 아마도 준비 없음이 나를 준비시켰는지 모른다.

토론토의 집에 처박혀 괴테에 관한 묵직한 독일어 책을 번역하던 제임슨은 잉크가 얼어붙는 것을 지켜보았다. 그녀는 오스트리아와 이탈리아를 여행하던 때를 떠올리다 자신의 비참한 신세가 이야깃거리가 될 수 있지 않을까라는 생각을 하게 된다. "나에게 그 느낌은 새로웠다. 허구가 아닌, 권태로움에 죽을 것 같은 느낌은 처음이었다." 그 느낌은 나이아가라 폭포조차도 달랠 수 없는 비참한 경험이었다. 나이아가라 폭포에 대한 그녀의 실망은 형언할 수 없을 만큼 컸다.

마침내 눈이 녹았을 때, 제임슨은 두 달간의 탐험을 계획한다. 그녀는 마차를 타고 '도로'라고 하기엔 한심한 길을 따라 숲속을 여행했다. 이런 상황에서도 그녀는 유머와 흥분을 잃지 않았고 짧은 여름을 최대한 이용했다. 먼저 그녀는 나이아가라 폭포를 다시 찾아가 폭포의 새로운 면을 발견한다. 그녀는 나이아가라 폭포의 숭고미를 묘사할 수 없는 자신의 무능력을 몇 페이지에 걸쳐 표현한 뒤 버펄로, 해밀턴, 파리, 우드스톡, 런던과 채텀을 거쳐 디트로이트로 향했다.

수세인트머리로 가는 길을 찾을 수 있기를 기대하며 그녀가 증기선 제퍼슨 호를 타고 디트로이트를 떠났을 때, 모험은 아주 활기를 띠었다. 증기선은 매키노(매키낵) 섬에서 그녀를 내려주었는데 섬에는 숙박 시설이 형편없이 부족했다. 그런데도 그녀는 모든 일이 잘 풀릴 거라는 확신이 들었다. "아이 때처럼 격렬하고 예기치 않은 즐거움—전에도 이후에도 느껴보지 못한—으로 곧 현실에, 정말 신선하고 흥미로운 신기함에 빠져들었다. 앞으로의 일은 저절로 해결될 것이다." 실제로 그렇게 되었다. 그녀는 어느 지방 관리의 집에서 방을 구할 수 있었다.

제임슨이 목표한 일 중 하나는 인디언들을 만나는 것이었다. 이 희망사항은 매키노에서, 나중에는 매니툴린에서 만족할 만큼 이루어졌다. 그녀가 쓴 책의 마지막 3부 중 상당부분은 치페와 부족과 그들의 전설이 차지하고 있다. 그녀는 인디언 여자들의 지위에 감명을 받았고 지나친 음주 문화에는 실망했으며, 한번은 의식에 참여한 무용수들의 원시적인 모습에 충격을 받기도 하였다.

이 미개하고 거의 옷을 입지 않은 형상들이 뛰어오르고, 소리치고,

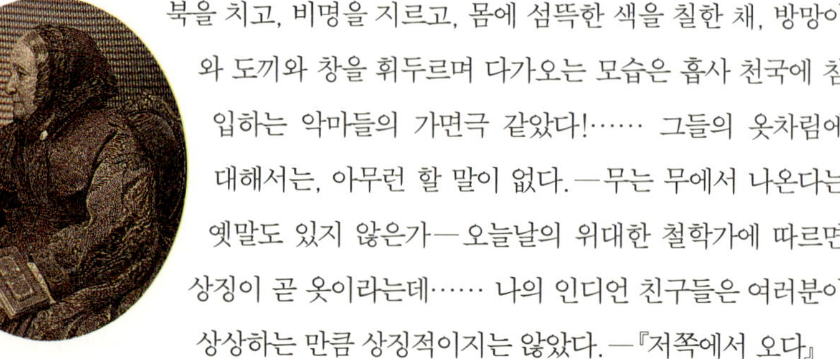

〈안나 제임슨〉 1837년 캐나다 황야를 여행할 때보다는 조금 늙은 모습이다. 듀이킹크, 2권, p12

북을 치고, 비명을 지르고, 몸에 섬뜩한 색을 칠한 채, 방망이와 도끼와 창을 휘두르며 다가오는 모습은 흡사 천국에 침입하는 악마들의 가면극 같았다!…… 그들의 옷차림에 대해서는, 아무런 할 말이 없다.—무는 무에서 나온다는 옛말도 있지 않은가—오늘날의 위대한 철학가에 따르면 상징이 곧 옷이라는데…… 나의 인디언 친구들은 여러분이 상상하는 만큼 상징적이지는 않았다.—『저쪽에서 오다』

제임슨은 일주일 뒤에 노잡이 다섯 명이 모는 카누를 타고 매키노를 떠난다. 수세인트머리로 가는 이틀 동안의 여행에서 그녀의 경외심에 흠집을 낸 것은 모기 떼밖에 없었다. 8월 첫째 주에 그녀는 다시 카누를 타고 토론토로 돌아왔다. 그녀가 자신의 '기사들'라고 부르는 스무 명의 남자들과 함께였다. 그들은 그녀의 사생활을 존중했다. 어느 날 아침에는 꽃다발까지 완비된 식탁을 차려놓기도 했다. 그녀는 유럽을 샅샅이 누비고 다녀 세상이 싫증난 여행가들에게는 캐나다만큼 좋은 여행지가 없을 것이라고 생각했다.

새로운 여흥이나 흥분을 위해서라면 제국이라도 줄 것처럼 수선을 떨던 런던의 신사 양반들이 왜 이곳을 찾지 않는지 모를 일이다. 쾌락주의자라면 흰살 생선과 비버의 꼬리를 먹으러 이곳에 와야 한다. 사냥꾼에게는 곰, 사슴, 수달—들새 수천 마리, 물고기 떼—사냥을 위한 천국의 땅이 될 것이다. 이탈리아도 싫증나고 스위스의 풍경에도 심드렁해진 관조적인 여행자라면, 이곳에 와서 진정한 철학자의 돌—혹은 불로장수약—새로움!—을 찾아봐야 한다.

제임슨은 영국으로 돌아와 훌륭한 미술사가가 된다. 그녀의 다른 여행서로는 『캐나다 스케치와 인디언들과의 산책』(1852)과 『금

수색자들, 관광객들, 병자들에게 권하는 콜로라도 야
영』(1879)이 있다.

프랜시스 앤 홉킨스도 캐나다의 황야에서 제임슨이
누린 기쁨을 체험했다. 화가였던 프랜시스는 남편—
허드슨스베이 사 이사장의 개인 비서—과 함께 영국
에서 캐나다로 왔고, 주로 카누를 타고 10여 년을 여행
했다. 그녀는 야영지의 일상뿐 아니라 장엄한 풍경도 그렸다. 그녀
는 1870년에 영국으로 돌아간다.

많은 여성이 캐나다로 이주했다. 수재너 무디와 캐서린 파 트레일
자매는 가장 유명한 개척자들이었다. 이들보다 조금 덜 알려진 스코
틀랜드 출신의 이저벨 건과 레티샤 하그레이브 또한 빼먹을 수 없는
여성들이다. 두 사람 다 허드슨스베이 사의 알선으로 캐나다에 왔다.

여러 해 동안 허드슨스베이 사는 남자들만 고용했는데, 이저벨
건은 이 조항을 교묘하게 피해 배에 올랐다. 그녀는 모험을 떠날
수단으로, 혹은 기만적인 애인을 찾겠다는 열망으로 존 퍼비스터
라는 남자 가명을 썼다. 1806년 여름에는 올버니 요새로 파견되어

〈허드슨스베이 사의 프린스앨버트 호(왼쪽)와 프린스루퍼트 호(오른쪽)〉 여행자나 편지, 생필품, 모피 가죽을 싣고 가는 이 배들은 공장에 거주하는 사람들에게는 구명선이나 다름없었다.

그곳에서 1년 동안 주어진 일을 완벽하게 수행한 다음, 레드 강변에 있는 펨비나로 파견되었다. 이때쯤 그녀는 방랑벽이 있는 애인이 정말로 있다 해도 그를 따라잡을 수 없다고 판단을 내렸다. 그러나 애인을 대신할 수 있는 것이 생겼으니, 1807년 겨울 존 퍼비스터는 아이를 낳아 모두를 깜짝 놀라게 한다. 그녀는 이제 존 대신 메리라는 이름으로 여장을 다시 하고서 올버니 요새로 돌아와 '백인 여성 금지' 정책을 고수하고 있는 회사가 자신을 고향으로 돌려보낼 때까지 일했다. 그리하여 1809년 가을 자신의 의지와는 무관하게 캐나다를 떠나야 했다.

외딴 허드슨 만의 기슭에 자리한 모피 무역 마을 요크 팩토리에서 일하는 한 외로운 종업원이 레티샤 맥타비시 하그레이브라는 여인에게 마음을 빼앗긴다. 그의 이름은 제임스 하그레이브였다. 그는 우편으로 그녀에게 구애를 한 다음 1840년에 직접 그녀를 데리러 왔다. 대서양을 건너는 항해는 말할 것도 없고, 스코틀랜드

아가일셔에 있는 고향에서 런던까지 가는 여행도 준비하지 못한 레티샤는 여행으로 인한 피로, 인후염, 두통, 위장병 등으로 고생을 했다. 비록 명랑한 어조로 글을 쓰긴 했지만 그녀의 편지에도 슬픔이 배어 있었다.

프린스루퍼트 호를 타고 불편한 항해를 끝내고 당도했을 때, 레티샤가 보인 첫 반응은 "아프다"라고 소리친 것이었다. 그러나 그녀는 새로운 집에 잘 적응했다. 이 시기에 쓴 편지를 보아도 지역 사회의 다양한 서열, 백인 남자들과 원주민 여자들 사이의 자유로운 결혼(그에 따른 자식들), 사람들의 건강이나 영양 결핍을 기술한 것이 내용이 훨씬 밝아지고 정보도 많아졌다. 출판을 의도하지 않았던 탓인지 그녀의 편지는 생기에 넘치고 아주 솔직했다. 잠깐 동안 멀리 떠나 있던 남편에게 보내는 한 편지에서, 그녀는 손님인 싱클레어 양이 잠꼬대로 강간당한 일을 말했다고 썼다. "싱클레어 양은 그것이 흔한 일이고, 그녀의 여동생과 맥켄지 양도 비슷한 불행을 겪은 적이 있다고 아주 태연하게 말하더군요. 나는 그녀에게 잘 때 잠꼬대를 하고, 그것도 참 별난 이야기를 한다라는 말을 차마 할 수가 없었어요."

하그레이브 부부는 다섯 아이를 낳았는데 그 중 한 명은 태어나자마자 죽었다. 그러나 다른 아이들은 무럭무럭 자랐다. 그 중 두 아이를 학교에 보내기 위해 그 가족은 1846년과 1851년에 두 차례 고향을 방문했다. 두번째로 고향을 방문하고 돌아왔을 때에는 수세인트머리에 새 집을 지을 계획을 세우고 있었다. 그녀는 2년 뒤인 마흔한 살의 나이에 콜레라로 세상을 떠난다.

이다 파이퍼의 경우에는, 1854년에 몬트리올과 퀘벡을 방문했을 때 캐나다를 썩 좋게 생각하지 않았다. 그녀는 그들이—특히 여인숙 주인들—이 불쾌하게 행동한 이유가 자신이 독신여성이기 때문이라고 생각했다. 몬트리올의 한 호텔에서는 쫓겨나는 수모를 겪었고, 또 다른 호텔을 찾았을 때에는 돈을 보여주고 나서야 간신히 방을 얻을 수 있었다. 길에서는 누군가에게 방향을 물으면 사람들의 응답은 언제나 퉁명스러운 '몰라요'였다. 그녀는 "확실히, 내가 볼 때 캐나다 사람들의 덕목에는 이방인에 대한 예의가 들어 있지 않은 듯했다"라고 썼다. 그녀가 캐나다를 바삐 떠난 것은 당연한 처사였다.

파이퍼와 같은 해에 캐나다에 있었던 이저벨라 버드는 그 나라를 구석구석 탐험한 결과 좀 더 호의적인 견해를 가지고 떠날 수 있었다. 그녀는 헬리팩스에 도착해 노바스코샤, 프린스에드워드 섬, 뉴브런즈윅, 온타리오와 퀘벡을 여행했다. 연고가 많아 여정이 수월했던 면은 있었지만, 그녀는 파이퍼보다 한참이나 어린 겨우 스물세 살의 아가씨였다. 게다가 그녀가 처음 나선 대모험의 무대였다. 버드는 잘 달리지도 못하는 마차와 울퉁불퉁한 통나무 도로, 형편없는 식사 등, 이 젊은 나라가 자신에게 던지는 모든 것과 기꺼이 대적하였다.

## 미국

훨씬 오래 전에 문명화된 미국은 캐나다보다 더 많은 여행자를 유혹했다. 미국인들의 관습을 가차 없이 비난한 『미국인의 가정 예절』(1832)의 저자 프랜시스(패니) 트롤럽은 그 후의 여행 작가들이 취할 논조를 만들어놓았다. 이 책은 그녀가 1827년부터 1831년까지 4년간 미국에 머무는 동안 쓴 기록이다. 이 기간 동안 트롤럽은 광범위하게 여행을 다녔고, 비록 성공을 거두지는 못했지만 야심 차게 사업에도 손을 댔다. 그 중에는 신시내티의 최신형 박물관들과 독창적인 특매장도 있었는데, 이 지역에서는 트롤럽이 바보짓을 벌였다고 손가락질했다.

트롤럽은 노예제도를 비난했고, 미국의 치부를 사정없이 조롱했다. 신시내티의 쓰레기 수집꾼들—거리 한복판에 던져진 부스러기를 먹는 돼지들—을 묘사할 때에는 재미있는 에피소드들이 너

<신시내티의 광경> 멀리서 볼 때는 패니 트롤럽이 묘사한 만큼 나빠 보이지 않는다. *1845년 6월 7일, p356.*

무 많아 여러 페이지를 채우고도 남았다.(20년 뒤에 이 제도를 목격한 이저벨라 버드는 신시내티가 돼지 도시로 불리기도 한다고 지적한다) 트롤럽은 뉴욕 항 같은 볼거리들에 대해서는 크게 칭찬을 하며 공정한 태도를 견지하려 애썼지만, 미국인들에 대해서는 이렇게 결론을 내렸다. "도시든 시골이든, 부자이든 빈자이든, 노예의 신분이든 자유의 신분이든 내가 본 사람들은 대체로…… 마음에 들지 않는다. 그들의 원칙도 마음에 들지 않았고, 풍속도 마음에 들지 않았으며, 생각도 마음에 들지 않았다."

트롤럽은 미국에서 사업 실패로 진 빚을 책을 써서 갚을 요량으로 1831년에 영국으로 돌아간다. 『가정 예절』이 첫 해에 4판까지 나오고 풍자만화, 간행물, 여흥 프로들이 연이어 터지면서 평판은 뜨거웠고 그녀는 성공한 것처럼 보였다. 그러나 이러한 성공에도 불구하고, 트롤럽은 자신이 해외에 있는 동안 가정을 지키고 있던 남편 톰과 함께 채권자들을 피해 1834년에 미국으로 도망쳤다. 그곳에서 『1833년의 벨기에와 서부 독일』『1835년의 파리와 파리 사람들』『빈과 오스트리아 사람들』 그리고 『이탈리아 방문기』를 비롯해 많은 여행기를 썼다. 그녀는 자신의 아들 앤서니처럼 잘 나가는 다작 소설가이기도 했던 것이다. 마침내 빚을 다 청산하게 되자 그녀는 다시 여행을 떠났다. 그녀는 1863년 10월 여든세 살의 나이로 피렌체에서 편안하게 눈을 감는다.

트롤럽이 파산에 직면하여 미국으로 모험을 떠나게 된 것은, 스코틀랜드 출신의 성미 급한 사회 개혁가이자 노예 폐지론자인 패니 라이트로부터 미국 땅을 밟아보라는 충고를 들었기 때문이다. 라이트는 포부가 큰 극작가이자 유복한 상속녀로, 소녀 때부터 미국을 약속의 땅이라고 생각해왔다. 그녀는 자신의 언니 커밀라와 함께 1818년 8월에 애머티 호를 타고 뉴욕에 도착하여 1820년까지 머물렀다. 『영국 여성이 본…… 미국의 풍경과 사회와 풍습』이 그 여행의 결과물인데, 한 열정적인 미국 애호가가 미국의 노예제도, 여성들의 패션과 습성에 대해 비판적인 시각을 적당히 섞어놓은 훌륭한 보고서이다. 그녀의 책은 트롤럽의 책보다 미국에서 더욱 인정을 받았다.

라이트 자매는 1824년에 다시 미국에 왔다. 이번에는 미국 독립 전쟁에서 반군 대장이었던 프랑스인 마르키스 드 라파예트와 함께였다. 그를 패니에게 소개한 사람은 트롤럽이었다. 여자 꽁무니를 쫓아다니기로 유명한 예순일곱 살의 라파예트는 아직도 위험한 동반자였으며 라이트와의 관계에서도 추잡한 소문을 일으켰다.

라이트는 자신의 식견을 발휘해 테네시 주의 멤피스 근처에 땅을 샀다. 그녀는 그 땅을 나소바라 불렀고, 자유롭게 해방시켜줄 생각으로 많은 노예들을 거두었다. 그녀는 말라리아와 일사병으로 인해 일을 할 수 없을 때까지 열심히 일을 했다. 그런데 1827년에 프랑스를 잠시 방문하고 트롤럽과 함께 나소바로 돌아와 보니, 소유지는 엉망이 되어 있었고 커밀라는 결혼을 한 상태였다. 그 상황에 소스라치게 놀란 트롤럽은 손을 쓸 엄두를 내지 못하고 부리나케 떠나버렸다. 라이트는 노예들에게 자유를 주고 아이티로 데리고 갔다. 그 후 그녀는 남녀평등과 산아제한에 관한 강의를 하기 시작했다. 그리고 트롤럽을 화나게 하여 그녀로부터 '수백만 명을 떨게 만드는 여권론자'라는 칭호도 얻었다.

커밀라가 죽고 몇 달이 지난 1831년, 라이트는 프랑스의 교육 이론가이자 몇 년 동안 그녀의 여행 동반자였던 피크팔 다뤼스몽과 결혼하여 딸을 낳는다. 이후의 삶에 대해서는 알려진 것이 많지 않다. 이상적이고 진보적인 견해 때문에 끊임없이 비난을 들었고, 미국과 유럽을 통근하다시피 했으며, 남편 다뤼스몽이 아내와 딸을 속이고 돈을 사취한 불한당이었다는 사실이 알려진 전부이다.

또 한 명의 노예폐지론자인 해리엇 마티노는 1834년 8월에 미국에 왔다. 여자들에게 이집트의 나일 강을 항해할 때는 다림질을 하라고 조언한 바 있는 마티노는 양들이 배 밖으로 뛰쳐나가는 바람에 승객들이 양고기를 먹지 못한 사건을 제외하고는 비교적 평온무사한 사십이 일간의 여행을 마치고 미국에 도착했다. 이 배가 뉴욕에 도착했을 때 항구의 감독이 옆으로 와서 유명한 노예폐지론자가 배에 타고 있는지를 선장에게 물었다. 선장이 없다고 대답하자, 감독은 최근에 뉴욕에서 노예폐지를 반대하는 심각한 폭동이 있었다며 그녀가 공연한 소란을 일으키지 않겠는가를 물었다. 그러자 한 승객이 마티노가 비록 '원칙적으로는' 노예제도를 반대하는 사람이지만, 그녀가 미국에 온 것은 '가르치기 위해서가 아니라 배우기 위해서'라고 안심시켜 주었다. 한 신문사는 그녀의 도착 소식을 실으면서, 만약 그녀가 주위에 있으면 "담배를 씹거나 자기 자랑을 늘어놓지도 말라"라고 충고했다. 미국 사람들은 트롤럽에게서 받은 모욕에 여전히 감정이 상해 있었던 것이다.

기자이자 사회 개혁자인 마티노가 미국 여행에서 목표한 바는 미국의 생활상을 유럽에 보고하는 것이었다. 그녀의 저술과 소신이 이미 소개돼 있어서 그녀는 의심 어린 눈길을 받기에 충분했다. 그러나 부러움을 살 만한 초대들도 받았다. 소지품 검사도 받지 않고 세관을 통과했으며, 분에 넘치는 환대를 받기도 하였다. 그녀와 신원이 밝혀지지 않은 여성 동반자는 너무나 점잖은 대접을 받은 듯하다. 그 후 그녀가 유명한 사람의 이름들을 친구처럼 들먹인 것을 보면 자신이 받은 호의를 그런 식으로 갚은 것 같다.

마티노는 미국의 구석구석을 자세히 돌아보았다. 미국인들(남자들은 역겨울 만큼 침을 뱉었고 여자들은 현기증이 날 만큼 의자를 흔들어댔다)에게 느낀 불쾌한 항목을 일일이 기록하는가 하면, 칭찬할 점들을 찾기도 하고 영국인을 모욕하는 행동(영국인 여행자들은 특히 쓰레기 취급을 받았다)에는 당당히 맞서기도 했다. 또한 날로 번영해가는 미국에 반해 미개하고 교양 수준이 낮은 캐나다를 그만큼 끌어올리지 못한 영국의 태만을 부끄러워했다. "이런 가난한 나라가 우리의 식민지라니 얼마나 부조리한가. 맞은편 해안의 번성하는 나라와 대조적으로 가난하고 절망적이라 할 만큼 활기 없는 저 나라는 우리의 수치이다."

마티노도 트롤럽처럼 미국의 겨울을 온전히 경험하고서, 볼티모어와 필라델피아, 워싱턴을 방문한다. 그녀는 남부 사람들이 노예제도를 반대하는 자신에게 격분해 있다는 경고를 듣고서도 캐롤라이나와 조지아, 앨라배마를 거쳐 뉴올리언스로 향했다. 뉴올리언스에 도착해서는 북쪽으로 신시내티까지 갔는데, 그 도시를 보고 그녀는 미국에서 가장 살고 싶은 곳이라고 공공연히 말했다. 이 말은 트롤럽의 의견을 정면으로 공격하는 것이었다. 트롤럽의 경우에는 1830년에 신시내티를 떠나자마자 "이 도시를 떠날 때 우리 일행 중에 기뻐하지 않은 사람은 한 명도 없었다"라며, 아쉬움이 있다면 그 도시를 가장 먼저 떠난 사람이 자신들이 아니라는 점이라고 말했기 때문이다.

마티노는 역마차로 여행을 다녔다. 그녀는 역마차 여행이 피곤

한 건 사실이지만 재미있었다고 회고했다. 휴식 시간은 실망스러울 만큼 짧았기에 그녀는 때때로 식사보다는 잠을 청하면서 그 시간을 최대한 이용했다. 역마차 여관에서 잠을 자려면 바삐 움직여야 했다. 여자들은 나이트캡과 비누, 수건을 미리 챙겨놓고서 방을 안내하고 물을 가져다 줄 사람이 나타나자마자 방으로 뛰어들어야 했다. 그러나 서두를 필요를 못 느끼는 하인

"외국 여행이 주는 풋풋한 느낌들—실제로 삶의 강장제가 되어 신선한 느낌을 준다—중 가장 강렬한 것은, 여행자가 특권으로 얻을 수도 있지만 스스로 유발할 수도 있는 동정에 대한 반가운 놀라움이다."—해리엇 마티노.

들이 늑장으로 금쪽같은 시간을 허비하며 그들을 괴롭혔다. 옷을 벗고 씻은 여자들은 침대 위로 쓰러진 다음 실내복과 외투로 몸을 감싸고서 더러운 시트와 차가운 외풍에 재빨리 대처했다. 그러고 나서 "집이라고 생각하고 늦게까지 잠을 잘 단꿈에 젖어 있을라치면 나팔 소리가 그들을 화들짝 깨운다. 여자들이 머리를 들고서 문 밑으로 새어 들어오는 빛을 보고 있으면, 흑인 여자가 안을 들여다보고는 서두르는 게 좋겠다고 천천히 말한다. 마치 그들이 일주일이나 누워 잔 것처럼 말이다. 하지만 충분한 휴식을 취하지 못했다."

　마티노는 미국에 관한 글을 쓰기만 하면 책을 출간해주겠다고 제안한 서적상을 만났을 때 자신은 책을 낼 계획이 없다고 대답한 적이 있다. 그는 소재는 무궁무진하게 많을 거라면서 재미있게 읽히는 책을 쓰고 싶다면 '조금은 트롤럽처럼' 되라고 제안했다. 마침내 그녀는 『미국 서부 여행 회고』(1838)와 『미국 사회』(1839)라는 두툼한 책 두 권을 내놓는다. 두 책 모두 영국에서는 호평을 받았지만 미국에서는 큰 열광을 얻지 못했다. 『미국 사회』는 정치와 노예제도, 사회문제를 다룬 책이었다. 『회고』는 감옥과 노예제도, 벙어리와 장님을 다룬 장도 있지만 주로 여행 이야기로 채워져 있다. 또한 특이하게도 마지막 장은 묘지에 관해 이야기하고 있다. "사람들은 죽은 사람들이 새로운 곳으로 가서, 더욱 생기있고 더욱 현명하게 살아갈 것이라고 믿는다. 심신을 회복한 여행자도 그

런 의욕을 가지게 된다." 모든 여행자가 꿈꾸는 신선한 관점의 서술이다.

에밀린 워틀리와 그녀의 열두 살 난 딸 빅토리아는 다른 사람들에 비해 미국을 좋게 평가한 방문객이었다. 에밀린은 미국에서 본 것을 대부분 좋아했지만, 『미국 여행기』(1851)라는 책에서 볼 수 있듯이, 핵심을 놓치지 않고 주의 깊게 모든 것을 관찰했다. 빅토리아 또한 글을 발표한다. 『어린 여행자의 북아메리카와 남아메리카 유람 일지』(1852)는 아마도 남녀를 통틀어 가장 어린 작가가 쓴 책이 아닐까 싶다.

에밀린과 빅토리아, 그리고 두 하녀는 1849년 5월에 캐나다 호를 타고 뉴욕에 도착했다. 그들은 나이아가라 폭포부터 뉴올리언스까지 동해안을 탐험한 뒤 멕시코와 페루로 갔다. 그녀의 책 서문에서 에밀린은 '여행 이야기'를 좋아하는 사람들을 위해 글을 쓴다고 자신의 의도를 밝혔다. 실제로 책은 만찬, 대화, 우연한 만남들에 대한 묘사들로 가득하다. 켄터키 주의 매머드 동굴 같은 장소를 방문했을 때에는 시를 써서 특별한 느낌을 전하기도 하였다. 그녀는 『블랙우즈』에 자주 시를 기고하여 이미 시인으로서의 입지를 굳히고 있었다. 케임브리지와 매사추세츠에 머무는 동안에는 박물학자 루이스 아가시를 비롯한 일류 인사들도 만났다. 아가시는 워싱턴 어빙, 롱펠로, 모르몬교와 더불어 바이런, 스타엘에 버금가는 미국의 관광 상품이 되어 있었다. 워틀리는 미국의 여성 여행자들을 몇 명 소개받고서 그들의 지구력에 크게 감탄하였다. "미국 여성들은 대체로 우리만큼 여행을 많이 하는 것 같지는 않지만, 일단 여행에 돌입하면 지구의 최극단에 갖다 놓아도 좀처럼 놀랄 것 같지 않다."

나이아가라 폭포는 워틀리를 비롯한 모든 여행자들이 거의 의무적으로 찾는 곳이었다. 마티노와 제임슨은 두 번이나 방문했다. 다른 여행자들처럼 마티노도 그

"제대로 세우면 워싱턴은 아름다운 도시가 될 것이다. 그러나 지금으로서는 할 말이 별로 없다."—에밀린 워틀리

겨울의 나이아가라 폭포. 엽서. 1904년 이전.

Niagara Falls in Winter.
Spent all day here. Train 5 hrs

모습에 황홀함을 느꼈지만, "색상과 크기로 나이아가라 폭포를 이야기하는 것은, 천국을 벽옥과 석류석의 이미지로만 나타내는 것과 같다"라고 경고했다. 마티노의 친구 사라 콜리지는 "매우 약동하는 폭포의 느낌을 살리고 있다"라며 『회고』에 묘사된 글을 좋아했다.

트롤럽의 나이아가라 폭포 묘사는 마티노의 글보다 시적인 느낌은 떨어지지만 더 박력이 넘친다. "우리는 흥분과 피로 속에 나흘간 기쁜 날을 보냈다. 물보라에 흠뻑 젖었고, 바위에 발을 베었으며, 햇볕 때문에 얼굴에는 물집이 생겼다. 우리는 거대한 폭포를 올려도 보고, 내려도 보았다. 우리가 찾아낸 뾰족한 봉우리에 다 같이 앉아도 보았다. 우렛소리가 나는 폭포에서 그다지 멀지 않은 물속에 손가락을 담그기도 했다. 다시 말해서, 우리의 기억장치 속에 나이아가라 폭포를 가능한 한 많이 집어넣으려 애썼다. 나는 이 영상이 영원토록 회상의 힘을 발휘할 것이라 믿는다." 물론, 그녀는 캐나다 쪽의 폭포를 더 좋아했다.

버드는 정작 자신들은 못 가겠다는 친구들의 강요에 떠밀려 폭포 뒤로 가는 모험을 감행했다. 그녀는 기름을 먹인 옥양목 작업복

으로 갈아입고 고무덧신으로 바꿔 신
은 뒤, 진창을 지나 무너져 내릴 듯
한 계단을 부들부들 떨면서 내려
갔다. 바닥에 닿았을 때에는 돌
풍이 몰아치는 좁은 길을 따라
전진해야 했다. 두려움이 엄습
하여 버드는 돌아가고 싶다고 소
리쳤다. 포효하는 물소리가 그녀
의 말을 삼켜버렸지만, 흑인 안내인
이 그녀를 진정시키려고 손을 내밀었다.

『어느 숙녀의 로키 산맥 체험기』(1910년)의 표지에 실린 이저벨라 버드. 버드는 자신이 남장을 했다는 언론의 보도를 반박하기 위해 재판(1879년에 첫 출간된 책)에는 이런 스케치를 집어넣었다.

흑인에 대한 거리낌이 있던 시대였기 때문에 그녀도
잠시 망설였지만, 곧 그의 손을 있는 힘껏 잡았다. 돌
아가고 싶다는 그녀의 탄원이 마침내 들렸는지 안내인
은 고개를 저으며 돌아가기가 더 어렵다고 소리쳤다.
목적지에 도착했을 때 버드는 '내 생애 그 일을 해낸
것보다 더 자랑스러운 일은 없다'라고 회고했다.

　신대륙에서 공공연히 행해지던 침뱉기 버릇은 나이아가라 폭포
못지않게 하마평에 올랐다. 세상 그 무엇도 받아들일 수 있다고 생
각한 파이퍼였지만 말쑥하게 입은 캘리포니아 신사들이 공공연히
가래를 뱉는 모습에는 넌더리를 냈다. 그러나 침뱉기는 이들의 다
른 습관에 비하면 얌전한 편이었다. "훨씬 더 혐오스러운 것은……
주머니에 손수건을 넣고 다니면서도 손수건 대신 손가락을 쓰는 것
이었다." 트롤럽은 침 뱉는 버릇을 지적하면서 '신사'라는 표현이
남용되거나 잘못 사용되고 있다고 호되게 비판했다. 버드는 호텔이
나 배의 살롱마다 침 뱉는 그릇들이 여기저기 비치돼 있음에도 바
닥에 흥건히 고여 있는 유독한 담배 즙을 보고, 그 그릇들이 무용지
물된 것을 한심스러워했다.

　버드에게 가장 기억에 남는 두번째 북아메리카 여행은 1873~74년

〈점심시간 20분〉 이저벨라 버드는 북아메리카의 기차역에서 잠시 쉬는 틈을 이용해 사람들이 음식을 찾아다니면서 먹는 혼잡한 광경에 대해 썼다. 이러한 불편은 기내 식사가 제공되면서 사라졌다. 『그래픽』 1877년 4월 17일, p332

에 이루어진 콜로라도 기행이었다. 그 결과물이 『어떤 숙녀의 로키 산맥 체험기』(1879)였다. 그녀는 샌드위치 제도를 출발하여 샌프란시스코에 도착하자마자 곧장 로키 산맥으로 발길을 돌렸다. 이 여정은 상상을 초월할 정도의 현격한 대비를 보여주었다. 남녀가 적절히 섞여 있고 신록이 우거지고 날씨가 포근한 천국에서, 여자라곤 찾아볼 수 없고 그나마 있는 여자들조차 남자들만큼 음담패설을 잘하는 춥고 외딴 산으로 옮겨 온 것이다.

몇 번의 시도가 좌절된 후, 버드는 짐말을 타고서 누구도 조사한 적도, 밟아본 적도 없는 에스테스 공원(볼더의 북쪽)으로 갔다. 그곳에서는 식량이 풍족하지 않은 사냥꾼 부부의 가정부로 몹시 추운 겨울을 웅크리고 지냈다. 심지어는 천하의 악당이자 덫 사냥꾼인 누전트와 운명적인 연애까지 하였다. 그녀는 더 머무르고 싶은 유혹을 느꼈지만, 추위와 궁핍을 견디기 힘들어 애초에 계획한 대로 12월에 떠난다. 그녀는 가는 곳마다 투박하지만 친절한 환대를 받았다. 볼더에서는 말을 빌려달라고 청했다가 주인이 하는 말을 엿들었다. "다른 사람은 어림도 없지만 로키 산맥을 여행하는 영국 여성이라면 말을 빌려줄 수 있지."

1871년에 미국의 동부를 여행했던 메리앤 노스는 1875년에는 서부를 여행한다. 이 여행도 그녀의 다른 여행들과 비슷했다―광대한 거리를 주마간산 식으로 답파한 것이다. 그녀는 시카고에서 솔트레이크시티로 바삐 갔고, 그곳에서 조금 오래 머물다 브리검 영(모르몬 교주로 공립학교의 교사양성을 목적으로 1875년에 브리검 영대학교를 설립했다—옮긴이)과 어쩔 수 없는 악수를 나눌 기회를 갖게 된다. 이어서 요세미티, 샌프란시스코, 타호 호수와 버지니아시티를 방문했고, 여섯 주 뒤에는 일본으로 가는 오세아닉 호에 올랐다. 그녀는 또 다른 위험한 여행을 감행하기 위하여 1881년에 돌아왔다.

우리는 1839년 스페인의 정열적인 무용수 롤라 몬테스가 인도에 머물고 있었다는 것을 기억한다. 그녀는 제임스 중위의 귀여운 아내 엘리자 제임스라는 이름을 쓰고 있었다. 그 당시부터 1851년 11월 훔볼트 호를 타고 뉴욕에 도착하는 사이, 그녀는 놀라운 변화를 겪는다.

엘리자는 남편 제임스와 같이 지내는 것을 좋아하지 않았다. 그녀는 남편을 떠나 계부에게 받은 천 파운드를 들고 영국으로 돌아갔다. 그녀는 고상한 직업을 갖고 싶었지만, 배가 부두에 닿기도 전에 조지 레녹스와 연인이 되었다. 곧이어 두 사람은 공개적으로 동거를 하며 엘리자의 수당을 무분별하게 낭비했다. 아내의 수치스러운 행동을 들은 제임스는 이혼 소송을 제기했고 결국 그들은 결별했다.

이후 엘리자는 카디스로 떠났으나 망명한 스페인 귀족의 딸이자 얼마 전에 처형된 반역자의 미망인이 되어 나타났다. 그녀는 자신을 마리아 돌로레스 데 포리스 이 몬테스, 혹은 간단히 롤라라고 소개했다. 검은 머리에 푸른 눈을 가진 정열적인 무용수로 영국에 다시 입성한 그녀의 모습은 영국 무대에서는 결코 볼 수 없었던 것이었다. 언론은 그녀를 대대적으로 보도했고 많은 후원자가 그녀 곁에 모여들었다. 관객들도 그녀의 서툰 춤 솜씨에 상관없이 그녀에게 매료되었다. 그러나 스캔들이 끊이지 않자 '부정한 엘리자'라는 비난의 화살이 날아들었다. 그녀는 1843년 여름에 미국으로 떠

롤라 몬테스가 탄 훔볼트 호는 1853년 핼리팩스 항구로 입항하다 난파되었다. 그 배의 침몰을 다룬 「일러스트레이티드 런던 뉴스」의 기사에는 '멋진 최고급 증기선'이라고 묘사되어 있다. *J.F. 브랜드, 1853년 12월 31일, p593.*

난다.

이 시기부터 몬테스의 여행이 본격적으로 시작되었다고 할 수 있다. 이후 그녀는 생을 마감할 때까지 한시도 쉬지 않고 여행길에 올랐다. 독일, 폴란드, 러시아, 다시 독일, 프랑스, 벨기에, 이탈리아, 스위스, 스페인, 미국, 오스트레일리아, 다시 미국과 유럽, 마지막에는 다시 미국을 여행했다. 그녀의 삶을 짚어보면 최고급 호텔이나 증기선의 카탈로그를 보는 듯한 착각이 들 정도이다. 여행 중에 그녀는 작곡가 프란츠 리스트, 외교관 로버트 필, 가장 중요한 인물인 바이에른 왕 루트비히 1세 같은 유명인들을 사귀었다.

몬테스가 그런 화려한 생활을 어떻게 유지할 수 있었는지는 명확하지 않다. 하지만 1846년 10월 뮌헨에 도착한 그녀는 왕을 현혹하여 아주 잠시였지만 두둑한 재정 지원을 받았다. 루트비히 1세는 그녀에게 국록을 지급했고, 그녀는 그 돈을 사치스러운 연회와 집 가꾸기에 물 쓰듯 썼다. 그녀의 이런 무절제한 행동을 막지 않았다면 바이에른의 돈을 마르게 했을 것이라고 걱정하는 사람들도 있었다. 왕은 그녀에게 맹목적인 애정을 보냈고(그녀의 부정이 밝혀졌는데도 불구하고), 그 덕분에 몬테스는 바이에른의 시민이 되었을 뿐 아니라 백작부인의 칭호까지 받았다. 그녀는 왕국을 갈기갈기 찢어놓고, 각료들에게는 사직을 강요하고, 잠시 동안 시민들이 왕에게 등을 돌리는 사태를 조장했다.

시민들이 폭동을 일으킬 조짐이 보이자 루트비히 왕은 유감을 표명하며 그녀에게 떠나줄 것을 간청했다. 그리하여 1848년 2월 그녀는 스위스로 출발한다. 그러나 몬테스와 루트비히 왕은 이후에도 계속 편지를 주고받았는데, 그 결과 그녀는 위험을 무릅쓰고 수염까지 기른 젊은 남자로 변장하여 은밀하게 뮌헨으로 돌아왔다. 그녀가 돌아왔다는 소문이 나돌자 시민들은 다시 미친 듯이 날뛰었다. 루트비히 왕은 그녀를 추방하지 않을 수 없었고, 아들인 막시밀리안 2세에게 왕권을 물려주었다.

　몬테스의 이 같은 전반부 인생도 간추려 말하기 힘들지만 후반부는 더욱 요지경 속이다. 그녀의 낭만적인 애정행각은, 이중 결혼과 더불어 루트비히 왕과 구혼자들을 속임으로써 더욱 뒤얽히게 된다.(이혼은 했으나 그녀에게는 재혼이 허락되지 않았다.) 1851년 그녀는 다시 무대에 섰고, 그해 뉴욕 공연은 엄청난 관중을 끌어들였다. 한 공연에서는 삼천 명이 넘는 인파가 모였는데, 그 중 여자는 서른 명뿐이었다고 한다. 신세계에서조차 몬테스는 너무나 음란한 여자라는 평을 들었다. 그녀는 잠시 캘리포니아에서 살다가, 극단원을 모집하여 1855년 오스트레일리아로 간다. 1년 후 미국으로 돌아와서는 짐짓 경건한 어조를 써가며 아름다움과 패션, 용맹에 대해 강연도 펼쳤는데 늘 매진 세례를 기록했다. 1859년에는 영국을 돌면서 미국에 대해 강연을 하고, 노예 폐지론자들을 비판하고, 여성운동을 공격했다. 1859년 말에 미국으로 돌아온 후에도 순회강연을 계속하던 중, 1860년 여름에 뇌졸중으로 쓰러졌다. 그녀는 1861년 1월 17일에 세상을 떠난다.

　롤라 몬테스는 1853년에 다른 수백 명의 여성과 파나마 지협을 건너는 힘든 여행을 시도한 적이 있었다. 당시 파나마 지협은 대서양 연안에서 캘리포니아까지 여행하는 가장 쉬운 길이었다. 어떤 이들에게는 이 길이 중앙아메리카를 경험할 수 있는 일생일대의 기회였다.

# 나약한 자들은 안녕

## 중앙아메리카

롤라 몬테스가 고르고나 섬의 파나마 마을로 우쭐대며 들어서던 날, 호텔 주인인 메리 시콜은 아름답고 '눈이 나쁜' 여자가 '옷깃이 접힌 우단 외투에다 가슴에 화려한 장식이 달린 셔츠, 검정 모자, 프랑스 풍의 바지 그리고 박차를 단 산뜻하고 광택이 나는 부츠'까지 갖춘 신사복을 과시하는 모습을 보았다고 기록했다. 몬테스는 채찍도 들고 있었는데, 자신의 외투 자락을 잡은 어떤 불손한 미국인에게 그 채찍을 날리기도 했다. 그의 얼굴에 찍힌 상처가 '며칠은 갈 것이다'라고 시콜은 생각했다. 그래서 몬테스가 다음날 마을을 떠나는 것을 보고 기뻐한 사람은 비단 그녀만이 아니었다. 몬테스는 한 유명한 호텔—시콜의 호텔이 아니었다—에 묵으면서 주인에게 자신의 애완견 플로라의 간이침대도 준비해달라고 협박했다. 주인이 그녀에게 침대를 추가하면 5달러를 더 내야 한다고 말하자 그녀는 권총을 머리 위로 쳐들고 방아쇠를 당기려 했다.

1853년 봄 몬테스는 폭풍우 치는 파나마 지협을 항해함으로써 그녀의 명성에 횃불을 당겼다. 시콜의 말을 그대로 따르면 그 지협을 건넌 여자들은 여러 종류였다. 그들 역시 남장을 하고 있었고, 남자들과 구별되는 것은 '더 대담하고 더 무모한 목소리와 거동'뿐이었다.

메리 시콜은 크림반도—우리가 그녀를 마지막으로 본 곳—에서 개업을 하기 전에, 파나마를 가로지르는

〈롤라 몬테스〉 바이에른의 루트비히 1세의 주문에 따라 요제프 슈틸러가 1847년에 그렸다. 에드먼드 도베르뉴, 『롤라 몬테스』, 뉴욕: 브렌타노, 1909년.

길에 호텔 두 채를 세운 적이 있었다. 때마침 캘리포니아 금광으로 사람들이 몰려들어 그녀는 상당한 돈을 벌었다. 1850년에 크루세스에서 인디펜던트 호텔을 경영한 오빠와 협력하여 그 동네에서 호텔이 성황을 이룰 수 있는 사업을 찾아낸다. 그녀는 일박 손님은 거의 받지 않고, 그 대신 손님들의 원기 회복에 초점을 맞추었다. 특히 콜레라가 발생했을 때 많은 환자들을 간호하여 건강을 되찾아주거나, 회복될 것 같지 않은 환자들에게는 후덕한 인정을 베풀었다. 아마도 그녀가 파마나의 정글에서 콜레라 희생자를 검시한 최초의 여성일 것이다. 그녀 자신도 콜레라에 걸렸지만 이겨냈고, 이후 고르고나 섬 근처로 이동하여 여성들만을 위한 호텔을 지었다. 어쩌면 그 때문에 도저히 숙녀라고 볼 수 없는 몬테스가 시콜의 호텔에 묵지 않았는지 모른다.

시콜은 1850년에 에멀린과 빅토리아 워틀리 자매가 크루세스를 지나칠 때 그들을 보았을지도 모른다. 워틀리 자매는 파나마에 도착하기 전에 증기선을 타고 뉴올리언스에서 베라크루스까지 갔고, 멕시코를 부지런히 여행하여 멕시코시티까지 갔다가 파나마로 돌아온다. 이들 자매는 또 다른 증기선으로 아바나까지 간 다음 파나마의 동해안에 자리한 차그레스로 향했다. 이때 그들은 카누와 노새를 이용하여 서해안까지 감으로써 가장 고달프고 흥미로운 여행을 하게 되었다. 워틀리는 그 카누를 자신이 중국에 억류돼 있을 때 노블 부인을 감금했던 우리에 비유했다. 파나마에서 워틀리 자매는 증기선을 타고 남쪽으로 항해해 페루에 당도한다. 하지만 그들은 그 무시무시한 도항을 한 번으로 만족하지 않고, 페루에서 차그레스까지 온 길을 되돌아가서 또 다른 증기선을 타고 자메이카까지 갔다. 그녀의 이야기는 여기서 끝난다.

멕시코에 대해서는 여성 여행자들의 기록이 많지 않아서 워틀리의 보고가 더욱 중요해 보인다. 그러나 멕시코에서 오랜 시간을 보낸 프랜시스 어스킨 잉글리스—결혼 후에는 마담 칼데론 데 라 바

멕시코와 중앙아메리카. 『필립스의 간편한 지도책』, 1897년.

르카로 불렸다―의 관찰 결과가 훨씬 가치가 크다. 칼데론은 1839년 10월 멕시코시티의 스페인 사절 임무를 맡은 남편 돈 앙헬 칼데론을 따라 멕시코에 왔다. 프랑스인 하녀와 푸들이 그들과 동행했다. 일행은 배를 타고 베라크루스까지 간 다음, 멕시코시티까지는 육로를 이용했다. 가족에서 보내는 편지 형식으로 쓰인 그녀의 꾸밈없고 재기 넘치는 여행기는 『멕시코에서 2년 동안 지낸 이야기』(1843)라는 제목으로 출간된다. 「쿼털리 리뷰」는 그녀의 글이 독자들과 거리를 두고 있다고 비판하면서도 그녀의 넘치는 생기와 재치만큼은 인정했다.

칼데론 부부는 지위 덕분에 상당히 안락하고 호사스러운 여행을 할 수 있었지만, 멕시코에서 호사란 유럽과 비교해 초라하기 그지없었다. 칼데론은 베라크루스에서 수도까지 육로로 가기 위해 운송수단―대형마차나 리테라, 승합마차―를 선택하는 데 신중을 기했다. "승합마차로는 고장만 나지 않는다면 나흘 안에 도착할 것이다. 대형마차는 예상한 만큼의 시간이 걸린다. 노새 등에 의자가마를 단 리테라로는 속도가 느려 아흐레에서 열흘이 걸린다. 승합마차에는 여관에서 제공하는 음식과 침대가 있다―다른 것은 아무것도 없다. 나는 승합마차를 선택할 것이다."

멕시코에서 승합마차로 여행하는 모습. *1845년 2월 1일, p68.*

그들은 아무 사고 없이 멕시코시티에 당도했으나, 그곳은 혁명의 분위기가 팽배해 있었다. 그리고 그들이 체류해 있는 동안 실제로 혁명이 일어났다. 그러한 소란 속에서도 그들은 다른 마을로 이동을 시도하곤 했는데, 오늘날의 기준으로 보면 아주 가까운 거리이지만 당시로는 며칠씩 힘든 여행을 해야 했다.

멕시코를 직접 목격한 칼데론은 정기적인 보고서를 쓸 때 살인과 약탈에 대해서도 대충 얼버무리지 않았다. 그녀는 7백 마리나 되는 황소들이 큰 소리로 울면서 낙인찍히는 모습을 물러서지 않고 지켜본 다음 이렇게 썼다. "포효, 고함, 그을린 털과 자연산 소고기 냄새, 음악 연주, 잔인한 행동, 그 모든 것이 인간들에 의해 저질러졌다!" 또한 예민한 여성들 같으면 혐오감에 눈을 감아버렸을 투우를 관람하고는 이렇게 소리쳤다. "간밤에 또 투우를 보다! 사람들은 투우를 보고 처음에는 얼굴을 찌푸리지만 다음에는 좋아하게 된다."

## 남아메리카

남아메리카, 더욱 엄밀히 말해서 북쪽 연안의 수리남을 여행한 두 여성은 그들이 여행을 한 이른 시기 때문만이 아니라 그들의 비범한 삶 때문에도 흥미를 끈다. 먼저 스파이로 가장 잘 알려져 있는 영국 극작가 아프라 벤은 자전적인 소설 『오리노코』에서 자신의 이야기를 썼다. 그리고 독일 식물학자이자 곤충학자인 마리아 지빌라 메리안은, 역사가들이 조각을 맞추어야 하는 개략적인 자료만 남겼다.

1735년에 나온 짧은 전기를 보면 아프라 벤은 '타고난 귀부인'으로 묘사되어 있다. 수리남으로 파견 근무—아마도 부총독의 지위로—를 떠난다. 그녀의 아버지는 아내와 벤을 포함한 자식들을 데

남아메리카. 『필립스의 간편한 지도책』 1897년.

〈아프라 벤〉 벤, 『희곡, 역사 그리고 소설』 1권, 1871년.

리고 갔다. 그러나 그는 항해 중에 죽음을 맞는다. 벤과 가족은 영국으로 돌아가기 전에 수리남에 잠시 머물렀다. 전기 작가들의 주장에 따르면, 벤의 도덕성을 따지는 거짓 비방들이 쏟아져 그녀가 영국으로 돌아갔다고 한다. 찰스 2세에게 남아메리카 영토에 대해 보고하기 위해서였다는 설도 있다. 그녀는 왕의 재촉으로 자신의 경험에 근거한 『오리노코 : 왕의 노예』를 쓴 것으로 보인다. 1인칭 시점인 이 소설은 노예로 수리남에 팔려가 농장에서 일하게 된 아프리카 왕자의 이야기이다. 그녀는 이 소설에서 세인트존힐에 있는 그녀의 집을 언급하기도 하였는데, 그런 식으로 자신의 사생활을 살짝 보여주었다.

벤의 전기 작가인 모린 더피는 최근 벤이 수리남에 가지 않았을 가능성을 조사했다. 『오리노코』에 등장하는 대목들이 당시 떠돌던 이야기들에서 표절되었을 수도 있었던 것이다. 그러나 벤이 사적으로 주고받은 편지들을 보고 그녀가 수리남에 간 것은 사실이라는 결론을 내렸다. 그렇다면 벤은 1663년 8월부터 1664년 2월까지 수리남에 있었다고 추정할 수 있다. 당시의 상황을 살펴보면 영국과 프랑스는 1640년대부터 그 지역에 식민지를 세우기 시작했다. 외국인들에게 땅을 빼앗기지 않으려는 흑인들의 노력에도 불구하고, 1660년대까지 상당히 큰 유럽 공동체가 만들어졌다. 네덜란드 사람들이 1667년에 수리남을 접수하는 바람에 그 땅은 네덜란드령 기아나가 되었다.

그로부터 거의 40년이 지난 뒤 메리안은 열대 곤충을 조사하고, 수집하고, 그리기 위해 기아나로 간다. 역시 화가였던 스물한 살의 딸 도로테아와 함께 그녀는 1699년 6월에 출범하여 늦여름에 도착했다. 먼저 그들은 파라마리보에 정착했다. 노예들과 한 원주민 부부의 도움으로 그들은 놀랄 만큼 많은 곤충들을 수집한다. 전기 작가 나탈리 제몬 데이비스는, 메리안이 여성인데다 대부분의 박물학자가 동반했던 탐험대도 없이 여행했다는 이유를 들어 그녀의 업적을 칭송했다.

사실 메리안은 비범한 인물이었다. 그녀는 프랑크푸르트에서 화가 겸 출판업자였던 부모의 딸로 태어났다. 조각가와 결혼한 그녀는 1675년과 1689년 사이에 중요한 식물학 책을 몇 권 냈다. 1685년에는 남편과 별거하고 프리슬란트에서 한 종교 단체에 가입한다. 몇 년 뒤 그녀는 처녀 적의 이름을 되찾아 암스테르담으로 갔고, 자신이 버리고 떠난 땅으로 돌아와 그림도 그리고, 사람들도 가르치고, 곤충도 수집했다. 남아메리카로 가겠다는 결심은 신세계의 열대 곤충들을 조사하고 싶다는 욕구에서 비롯되었던 것 같다. 그림과 곤충 표본을 팔아 자금을 조달한 덕분에 그녀는 네덜란드령 기아나에 2년 동안 머물 수 있었다. 기후로 인해 건강이 악화되자 그녀는 짐을 꾸려 암스테르담으로 돌아왔다. 그곳에서 자신의 연구 결과인 『곤충들의 변태』(1705)를 출판한다.

메리안이 기아나를 방문한 해로부터 70년이 흐른 후, 이저벨라 고댕 데조도네는 아마존의 지형을 측정하고 있던 샤를-마리 드 라 콩다민 탐험대 대원인 남편 장을 만나기 위해 아마존을 헤치고 가야만 했다. 1748년 고댕 부부가 키토(남아메리카 에콰도르의 수도―옮긴이)에 주재하고 있을 때, 장은 파리에 있는 아버지의 사망 소식을 듣게 된다. 그는 돌아가지 않을 수 없었고, 오래 전부터 남편의 조국을 보고 싶었던 페루 출신의 이저벨라는 따라 나서기로 결심한다.* 하지만 그녀는 임신 중이었고―종종 있는 일이었다―정글

---

* 이로써, 서문에서 플로라 트리스탕이 페루 여성은 어떠한 장거리 여행도 마다하지 않는다고 한 말이 증명되었다.

여행이 너무나 위험해 보였기에 장은 아내에게 나중에 따라오라며 1749년 3월에 혼자 떠난다. 그는 아내가 떠날 수 있는 시간에 맞춰 그녀를 데려올 수송선을 카엔에 준비시켜 놓았다. 불행하게도 그 임무를 맡은 시종들이 무능하여 이저벨라는 스스로 출발 계획을 세워야 했다. 1769년 10월에야 떠날 수 있었던 것으로 보아, 준비 과정이 꽤나 어려웠던 듯하다.

이저벨라는 오빠 둘, 조카 한 명, 프랑스인 세 명, 하인들 그리고 서른두 명의 짐꾼들과 길을 나섰다. 그들은 카넬로스라는 번화한 마을에 식량을 준비시켜놓았는데, 한 달 뒤에 도착해보니 마을은 천연두로 황폐해져 있었다. 짐꾼들은 그들을 버리고 그대로 떠나버렸다. 그들은 살아남은 두 명의 마을 사람의 도움을 받아 카누를 만들었다. 이들은 배를 조종해주겠다고 약속했으나 이틀 뒤 이들마저 달아났다. 또 다른 조종사를 찾아냈지만 그는 사흘 만에 강에 빠져 죽는다. 카누를 조종할 사람이 없어 암담해지자, 남자 대원 두 명이 하인들 몇 명을 이끌고 도움을 청하러 정글을 헤치고 나아갔다. 고댕과 다른 사람들은 한 달을 기다렸다가 뗏목을 만들어 출발했는데, 뗏목은 나무에 부딪혀 가라앉고 만다. 그들은 걸어서 계속 나아갔지만 곧 방향을 잃었다. 고댕을 제외한 모든 사람이 먹을 것도 없고 열병을 이기지 못해 죽고 말았다. 죽은 자들에게 둘러싸인 그녀는 갈증으로 목이 메고 옷도 누더기가 되었지만 혼자서 8일 동안 울창한 덤불을 헤치고 나아가 마침내 아마존 강 유역에 사는 인디언들을 만난다. 그들은 그녀를 안도아스라는 마을로 데리고 갔다. 아직도 가야 할 길이 한참 남아 있었지만, 이제 그녀의 곁에는 유능한 사람들이 있었다. 그녀는 아마존 강 어귀에서 남편과 재회를 했다.

19세기에 남아메리카를 여행한 여성으로는 마리아 던다스 그레이엄, 플로라 트리스탕, 이다 파이퍼 그리고 이저벨라 버튼이 있었다. 그레이엄은 『브라질 항해

혼자 남은 이저벨라 고댕이 두려움에 떨며 정글을 헤쳐 나가고 있다. 드롱사르, *p11.*

안락한 삶에 길든 섬세한 기질의 한 여성이 갑자기 강에 빠졌다.
익사 직전 구조된 이 여성은……길 없는 미지의 숲속으로 들어가 어디로 가는지도 모른
채 몇 주 동안 숲을 헤매고 다녔다. 배고픔, 갈증, 극도의 피로를 이겨내며 그녀는
자신보다 훨씬 건강한 두 오빠와 다 큰 조카, 세 명의 젊은 하녀, 먼저 떠난 의사가 두고
간 젊은 하인을 만나야 했다. 그러나 모두 그녀 곁에서 숨을 거두고 그녀만 살아남았다.
만약 이 글이 로맨스에 등장하는 이야기라면 작가는 말도 안 된다는 비난을 면치 못할
것이다. 그러나 때로는 역사가는 독자들에게 사실을 미화시켜 보여주어야 한다.
이것 또한 진실이다.

일지』와 『칠레 거주 일지』(1824)라는 책에서 자신의 체류를 상세히
기록했다. 둘째 책에서는 사랑하는 남편 토머스가 요절한 후 혼자
일어서기를 하는 결연한 노력을 보여주고 있다. 감상이 배제되어
있는 그녀의 이야기에는 고난의 시간을 잘 이겨낸 활기 넘친 삶이
그려져 있다.

그레이엄 부부는 1821년 7월에 미국의 플리머스에서 리우데자네
이루까지 항해했다. 도리스 호의 부함장인 토머스는 브라질과 칠
레의 독립전쟁 기간에 남아메리카에서 영국의 무역을 감시하고 보
호하는 역할을 맡고 있었다. 남편의 지위는 마리아에게 브라질의
연안 지방, 특히 리우데자네이루와 바이아블랑카의 정치경제 사정
을 관찰할 수 있는 더할 나위 없는 기회를 주었다. 그녀는 브라질
의 혁명이 일상생활에 미치는 영향을 기록했고, 열병과 이질로 고
생하는 승무원들을 간호했으며, 이따금 터지는 당파 간의 충돌을
피했다.

마리아는 결핵을 앓고 있었는데, 1822년 11월에 정작 병에 걸려
쓰러진 사람은 토머스였다. 승객 중에도 쓰러진 사람이 많았다. 토
머스의 건강이 계속 좋지 않은데도 불구하고 3월 중순에 그들은 발
파라이소로 향한다. 혼 곶의 찬 기온이 탑승자들의 약해진 체력을
회복시켜 주기를 바랐지만, 소름 돋는 추위는 상황을 악화시킬 뿐
이었다. 토머스는 배가 혼 곶을 일주한 1822년 4월 8일에 세상을
떠난다. 도리스 호는 28일에 발파라이소에 도착한다.

이제 마리아는 미국행 배를 타고 떠날지 발파라이소에 머물지를
선택해야 했다. 그녀는 도시의 변두리에 있는 작은 오두막을 임대
하여 그곳에서 슬픔을 이기고 건강을 회복하기로 결심한다. 그녀
는 결코 외롭지 않았다. 그곳에서 사귄 칠레 사람들과 국외로 추방
된 유럽인 친구들, 도리스 호의 선원들—그녀는 이들을 가족처럼
대했다—이 자주 그녀를 찾아왔고, 그녀처럼 폐병으로 고생하는
사촌 글레니가 이따금 와서 머물다 가곤 했다. 또한 마리아는 전

영국 장교이자 당시 칠레 해군의 제독으로 있던 코크레인 경과도 두터운 우정을 쌓았다.

그레이엄의 일과는 사람들을 방문하고, 산책하고, 스케치하고, 일지를 쓰는 것이었다. 그러나 1822년 7월에 일어난 가벼운 지진과 8월 중순에 가까운 시골과 산티아고를 돌아보기 위한 답사로 그녀의 일과는 잠시 중단된다. 그녀는 병든 사촌을 돌보기 위해 다시 발파라이소로 돌아오는데, 그녀 자신도 결핵이 재발해 고생을 하고 있었다. 11월에는 큰 지진이 일어나 여진과 도시의 황폐화로 그레이엄은 칠레에서 살기가 더욱 버거워진다. 발파라이소는 심하게 훼손되었고, 그나마 형태를 보존하고 있던 그녀의 오두막도 어느 영국인 가족에게 빼앗기고 만다. 그녀는 1823년 1월에 칠레를 떠나 바이아블랑카로 향했다.

브라질에서 건강이 급속도로 나빠진 그레이엄은 10월에 영국으로 돌아간다. 그녀의 일지는 이듬해에 출간되었다. 이후 그녀는 왕후의 딸을 가르치기 위해 리우데자네이루로 돌아가 1826년까지 머물렀다. 다시 영국에 와서는 존 머리 밑에서 편집자로 일하다가 자신이 유럽 전역으로 끌고 다닌 오거스터스 캘컷이라는 풍경화가와 결혼했다. 그녀는 큰 성공을 거둔 『영국의 어린 아서의 전기』(1835)를 비롯하여 아홉 권의 책을 더 썼다. 1843년에 결핵이 마침내 온몸으로 퍼져, 그녀는 쉰일곱의 나이에 눈을 감았다.

여권운동가, 개혁론자, 고진의 할머니로 잘 알려진 플로라 트리스탕은 1833~34년에 자신의 상속권을 요구하기 위해 아버지의 조국인 페루로 갔다. 그 결과물인 『부랑자의 여행』(1838)에서 그녀는 여행담과 사회 비평을 한데 엮어 아버지의 가족을 비방하였다.

1833년 2월, 페루로 출발하기에 앞서 트리스탕은 폭력을 행사하는 남편 곁을 떠난다. 둘 사이에는 세 아이가 있었다. 그녀는 서출이었기 때문에 법적으로 상속 자격이 없었지만, 페루 출신의 돈 피오 데 트리스탄 삼촌에게 자신도 아버지의 재산을 상속받을 수 있

플로라 데 트리스탕의 페루 항해는 이슬라이(지금은 지도에 나와 있지 않지만, 모옌도의 북쪽에 있었다)의 항구로, 다음에는 내륙으로 120킬로미터쯤 들어간 아레키파로 이어졌다. *1855년 3월 10일, p220.*

게 해달라고 부탁하여 자립을 할 수 있기를 원했다. 그녀는 발파라이소로 가기 위해 보르도에서 맥시캥 호를 탔는데, 133일간의 항해 중에 선장 자카리 샤브리에의 마음을 사로잡게 된다. 그녀는 배에 탄 선원들에게 존경과 사랑을 한 몸에 받았지만, 혼 곶을 항해할 때의 거친 바다와 선장 샤브리에의 줄기찬 관심으로 녹초가 되었다.

발파라이소에 당도해서 '아름다운 젊은 부인'을 보기 위해 모두가 나와 있었는데, 이곳에서 그녀는 페루의 연안에 자리한 이슬라이로 출범했다. 이슬라이에서는 여관에서 밤새 벼룩들에게 시달린다. 다음날 밤 여관 주인 후스토 부인은 그녀에게 벼룩 퇴치법을 알려주었다.

그녀는 의자 네댓 개를 마지막 침대와 나란히 놓고서 나에게 첫째 의자 위로 올라가 옷을 벗으라고 했다. 내가 시프트 드레스만 입고서 둘째 의자로 향하자, 후스토 부인은 내 옷을 전부 방 밖으로 내놓으며, 아직도 내 몸에 붙어 있는 벼룩을 떼어내려면 수건으로 몸을 닦으라고 충고했다. 이제 나는 침대에서 가장 멀리 떨어진 의자로 가서, 오드콜로뉴를 흠뻑 뿌린 흰 잠옷을 입었다. 이 절차는 나에게 두 시간의 평화를 가져다주었지만, 이후로는 벼룩들이, 그것도 수천 마리가 내 침대로 몰려들면서 다시 공격 태세를 갖추는 것을 느낄 수 있었다.

트리스탕은 이슬라이에서 삼촌이 살고 있는 아레키파까지 노새를 타고 갔다. 사막을 가로지르고 산을 넘는 그 여행에서 그녀는 거의 죽을 뻔했다. 그녀는 "이런 여행에 대해 아무것도 몰랐기 때문에, 나는 파리에서 오를레앙으로 가는 여행이겠거니 생각했다"라고 썼다. 그녀는 그 길에서 숨을 거둔 또 다른 여행자의 무덤 옆에서 죽고 싶은 심정이었다.

삼촌 집에서 여섯 달을 빈둥거린 트리스탕은 상속을 받을 가능성이 전혀 없다는 것을 깨닫게 되었다. 게다가 페루의 관습과 생활수준에 실망해 있던 차에, 지진과 군대 반란이 일어나 더욱 당황했다. 탈영병들 때문에 위험 부담이 컸음에도 불구하고, 그녀는 1834년 4월에 밸런타인 스미스라는 영국인 남성과 아레키파를 떠나 일주일 만에 리마에 당도했다. 그녀는 리마가 마음에 들었지만 투우만은 참을 수가 없었다. "리마에는 시는 없고 도살장만 있다"라고 그녀는 썼다. 1834년 7월 그녀는 영국행 배를 타고 페루를 떠나는데, 상륙지가 어디였는지는 알려져 있지 않다. 이듬해 1월에 그녀는 파리로 돌아와 있었다.

그녀의 삼촌을 격분하게 만든 『부랑자의 여행』은 트리스탕이 영국 노동계급의 빈민굴과 매음굴, 공장을 둘러보고 솔직하게 쓴 『런던 시내 산책』(1840)을 비롯하여 잇따른 논쟁을 불러일으킨 여러

"나로서는 독자들에게 비극적인 이야기를 선사할 수 있으리란 생각에 미리부터 좋아했다. 나는 독자들이 우리가 경험한 수난의 이야기에서 눈물을 흘리는 것을 보았고, 내가 마치 순교자라도 된 듯했다. 아아! 슬프게도 나는 속았다. 우리 모두는 더할나위없이 건강했다. 단 한 명의 선원도 나가떨어지지 않았고…… 식량도 썩지 않았다—다만 전과 같이 불량할 뿐이었다."—이다 파이퍼

책들의 신호탄에 불과했다. 조합 조직자, 사회 개혁가, 이혼 옹호론자, 여성운동가로서 트리스탕의 명성은 점점 높아졌고, 그녀의 남편의 비방도 그만큼 세졌다. 그는 아이들을 감금해두고 있었다. 그녀는 근친상간의 혐의로 남편을 고소했지만 진위 여부가 명확하지 않았다. 소송에서 이긴 남편은 그녀의 부도덕한 행동을 비난하는 작은 책자를 출간했다. 그리고 모든 걸 끝장내기 위해 1838년 아내에게 총을 겨눈다. 다행히 트리스탕은 목숨을 건졌고 그는 체포되어 17년을 복역하게 된다. 트리스탕은 『노동조합』이라는 책을 선전하기 위해 무리한 여행을 하던 중 1844년에 피로와 장티푸스로 죽었다.

이다 파이퍼는 자신의 첫번째 세계 일주 중에 1846년 남아메리카에 갔다. 그녀는 베르흐톨트 백작과 함께 함부르크를 떠났다. 팔레스타인 성지에서 우연히 그녀를 만나게 된 백작은 그녀의 계획을 듣자마자 브라질까지 함께 가기로 결심한 것이다. 자신의 여행을 책으로 내고 싶었던 파이퍼는 겸손하게도 "나는 그저 내가 본 것을 솔직하게 표현하고 싶을 뿐이다"라고 말했다. 유럽에서 남아메리카까지의 횡단은 비록 고되기는 했으나, 소재를 찾아나선 작가의 입장에서는 실망스러울 만큼 어려운 일이 없었다. 그러나 리우데자네이루의 불결함과 추태는 파이퍼의 문장력을 풀어놓을 기회를 주었고, 그 나라의 건축과 문화, 사람들은 비판의 도마 위에 올라야 했다. 숨 막힐 듯한 더위 때문에 병에 걸린 그녀는 더 이상 리오에 머물 수가 없었다. 페트루폴리스로 갈 때에는 살인을 목적으로 칼을 휘두르는 악당의 공격을 받아 그들의 여행은 재난으로 막을 내리게 된다.

우리가 가진 무기라곤 나의 파라솔뿐이었다. 나는 주머니에서 작은

접칼을 꺼내 내 목숨을 어떻게든 비싸게 팔기로 작정했다…… 그 자는 내 파라솔을 잡았는데, 서로 파라솔을 차지하려 싸우던 중 파라솔이 부러졌고, 내 손에는 손잡이만 쥐여 있었다. 하지만 싸움 도중 그자가 칼을 떨어뜨려 칼이 몇 발자국 뒤로 굴러갔다. 나는 칼을 차지할 수 있으리라 믿고서 즉시 달려들었다. 바로 그때 그자가 나보다 더 빨리 발과 다리로 나를 밀쳐내더니 다시 한 번 칼을 손에 쥐었다. 그자는 내 머리 위로 칼을 사납게 휘두르며 나를 찌르고 깊이 베었다. 나는 왼쪽 어깨 위 두 곳에 상처를 입었다. 이제 죽었구나 생각하며 나는 절망의 끝에서 내 칼을 사용할 용기를 얻어냈다. 그리고 그자의 가슴에 칼을 들이밀었다. 그자는 용케 피해 손에만 제법 심한 상처를 입었다. 그때 백작이 앞으로 뛰어들어 뒤에서 그자를 붙잡아 내가 몸을 일으킬 수 있는 시간을 만들어 주었다.

베르흐톨트는 손을 깊이 베였다. 만약 그 순간 도움의 손길이 미치지 않았다면 모든 것이 끝장났을 것이다. 그 암살 미수자는 지나가는 기수들에게 붙잡혔고, 두 사람은 페트루폴리스로 가던 길을 계속 갔다. 하지만 그 사건은 두 사람을 영원히 괴롭힌다. 칼에 찔린 베르흐톨트는 결국 드러눕게 되고, 파이퍼는 이방인에 대한 두려움과 불신을 갖게 되었다. 어쩌면 그런 두려움과 불신이 그녀로 하여금 다가올 힘든 상황들을 이겨내게 했는지도 모른다.

파이퍼는 나흘을 걸은 끝에 브라질의 숲속에 있는 푸리라는 마을에 도착했다.(푸리는 현재 남아 있지 않다.) 적의가 가신 담담한 어조로 파이퍼는 이 부락에서 보낸 고독한 삶을 이야기한다. 이곳에서 그녀는 원숭이와 앵무새 요리를 즐겨 먹었고 자신의 처분에 맡겨진 오두막에서 아무렇게나 잤다. 이후 리우를 떠난 그녀는 혼 곶을 돌아서 발파라이소까지 항해한 다음 타히티로 갔다.

이저벨과 리처드 버튼은 1865년부터 1867년까지 브라질에서 살았다. 리처드가 브라질 주재 영국 영사로 임명되었기 때문이었다.

이저벨 버튼. *1887년 1월 22일,*
*p98.*

그들은 처음에는 리우데자네이루 남쪽의 산토스에, 다음에는 상파울루에 자리를 잡는다. 이저벨 버튼에게는 첫번째 대모험이었다. 그녀는 가족에게 보내는 편지에서 "여자들이 원체 나약하다 보니 내가 무척 독립적이라며 날 대단한 사람 취급해요"라고 자랑했다. 하지만 그녀의 몸은 무척 예민했다. 종기도 많이 생기고, 콜레라에 자주 걸리고, 진드기에도 수없이 물렸다. 그런 여건 속에서도 그녀는 말을 타고 도보 여행을 하고 수영과 검술, 체조를 했다.

1867년에 이저벨과 리처드는 두 달간 내륙을 탐험했다. 이동수단은 유람버스와 노새, 그리고 말이었다. 도로 사정이 좋지 않은 곳이 제법 많아서 그들은 필수품만 남기고 최대한 가볍게 짐을 꾸려야 했다. "작은 오두막 크기에 버금가는 커다란 광주리를 들고 여행하는 여자들이 내 작은 꾸러미와, 솔과 빗과 같은 아주 하찮은 것을 담은 작은 가죽 상자를 보았다면, 나를 아주 불쌍히 여겼을 것이다."

그녀는 발목을 삐는 바람에 리처드 혼자 떠나게 하고 자신은 해먹에 실려 불명예스럽게 돌아가야 했다. 증기선을 타고 리우에 도착했을 때라야 그녀는 자신의 추한 몰골을 깨닫는다. "내 꼴이 어찌나 부끄럽던지 나는 여자 선실에 숨어 있었다…… 사람들은 나를 빤히 쳐다보았다. 부츠는 갈가리 찢어지고, 하나뿐인 드레스에는 구멍이 마흔 개쯤 나 있고, 모자는 너덜너덜해져 있었다. 반면에 얼굴은 햇볕에 타 마호가니처럼 불그레하고 팅팅 부어 있었다."

몇 달 뒤에 여행에서 돌아온 리처드는 심하게 앓아누웠다. 그는 건강을 회복하자 브라질을 떠나기로 결심하고 그들의 소지품을 팔았다. 리처드가 또다시 탐험을 하고 있던 중인 1868년 9월, 이저벨은 영국으로 돌아갔다. 이때 그녀의 여행은 잠시 중단된다. 리처드는 1890년에 죽음을 맞는다. 이저벨은 1896년에 눈을 감을 때까지 시리아, 네덜란드, 이탈리아 그리고 북아프리카를 여행했고, 다마스쿠스와 트리에스테에서는 살기도 했다. 만년에는 남편의 원고를 없애버림으로써 자신의 명예를 더럽히기도 했지만, 이저벨은 자신과 남편의 유해를 묻기 위해 베두인족의 천막 모양으로 무덤을 세워 유목 생활에 대한 애정을 보여주었다.

# 집으로

벌통을 벗어난 벌처럼 해외로 날아갔다가 여행이라는 달콤한 꿈을 싣고 돌아온다. 눈에서 떠나지 않는 장면들이―상상력에 생기를 불어넣던 거친 모험들―나를 무감각하게 만드는 편견을 벗어던지게 한다. 또한 여행을 통해 얻은 견문은―우리 모두가 나눌 수 있는 광범위한 공감 말이다―정신을 깨워주고 자유롭게 한다. 이것들이야말로 여행의 미덕이다. 여행을 하면 모든 사람이 더욱 나아지고 행복해진다고 나는 믿는다.―메리 셸리

여행 기간이 여섯 주이든 6년이든, 대부분의 여행자는 이민을 간 게 아닌 한, 결국은 집으로 돌아갈 것이다. 이 책에 등장한 대부분의 여성도 그랬다. 하지만 그들이 여행을 무사히 끝냈다 해도, 햇빛 찬란한 땅에서 머물다 춥고 습기 찬 북쪽에서 지내기란 여간 곤욕이 아니었을 것이다. 콘스턴스 고든 커밍은 여성들에게 집으로 돌아갈 때는 여름날을 택하라고 충고했다.

그러나 결코 돌아가지 못한 여성들도 있었다. 그들이 원해서 그렇게 된 것은 아니었다. 알렉신 티너는 살해되었고 이자벨레 에버하르트는 물에 빠져 죽었는데, 둘 다 여행 도중에 참변을 맞았다. 로렌스 호프는 자살했다. 해리엇 티너와 아드리아나 반 카펠렌은 병에 걸려 죽었는데, 중앙아프리카 여행자들이 흔히 겪는 운명이었다. 리즈 크리스티아니는 카스피 해 지방에서 콜레라로 목숨을 잃었

다. 레이디 애니 브래시의 유해는 인도양의 깊은 바다에 수장되었다. 헤스터 스탠호프는 레바논에 있는 자신의 수도원에서 천천히 숨을 거두었다. 샬럿 캐닝은 인도의 총독 부인이라는 지위에도 불구하고, 다르질링을 떠나 여행을 하던 중에 열병에 걸려 캘커타에서 죽었다. 제인 딕비는 다마스쿠스에서 열병과 이질로 죽었다.

에밀린 워틀리 또한 길에서 죽었다. 그녀의 죽음은, 예루살렘에서 말에게 정강이를 심하게 걷어차여 생긴 사고가 원인이었다. 다리에 난 상처가 낫지 않고 병균에 감염된 것이 분명했다. 워틀리 자매의 하녀 코는 그녀보다 먼저 알레포에서 죽었다.

이다 파이퍼는 여행을 다녀온 후 상당히 쇠약해졌고, 예순한 살의 나이에 죽었다. 1857년에 모리셔스와 마다가스카르를 여행할 때 쌓인 피로와 열병이 원인이었을 것이다. 메리앤 노스는 1884년에 세이셸에서 오랫동안 불편한 격리를 당한 후 쇠약해지기 시작했다. 칠레로 가는 마지막 항해에 올랐지만, 건강이 나빠져 여행을 중단해야 했다. 이제 그녀는 더 이상 여행의 묘미를 느낄 수 없게 되었다. 그녀는 1890년 영국에 있는 자신의 집에서 죽음을 맞았다.

앤 블런트는 두 곳을 정해 집으로 가는 문제를 해결했다. 한 곳은 영국에 있는 크래벳이었고, 다른 한 곳은 카이로 근처의 헬리오폴리스에 있는 셰이호 오베이드였다. 총명한 여자 기수였던 그녀는 아라비아의 말들을 수입하여 1917년 카이로에서 죽을 때까지 두 집을 왕래했다.

20세기 이전의 여행자들이 겪어야 했던 취약한 조건들을 고려하면, 그렇게 많은 여행자들이 살아남아 그들의 이야기를 전한 것은 기적이다. 그들이 살아남은 것에 고마움을 느낀다. 그들은 오늘날의 우리에게 여자들이 밖으로 나가 세상을 본 것에 그치지 않고 자신감과 열정으로 자신들이 본 것을 최대한 살린 증거까지 남겨 주었다. 그들의 사적인 편지와 일기와 책은 감히 값을 매길 수 없는 업적을 담은 기록으로 남아 있다. 그들은 바로 우리를 위해, 그들의 조국과 그들이 방문한 여러 나라에서 부딪친 숱한 장벽을 깨부수며 길을 열어놓았다. 그러므로 오늘날 여성들이 여행할 권리나 능력에 의문을 달지 않고 당연하게만 받아들인다면, 우리 모두—남자든 여자든—는 초기 여행자들의 모험 정신과 호기심이 이루어낸 업적일 것이다.

## 감사의 말

브리티시 콜럼비아대학교의 도서관 관계자분들과, 특히 나의 조사를 열성적으로 도와준 보니타 스테이블포드, 웨인 매케이, 필리서티 나가이에게 많은 은혜를 입었다. 엘리자 크리스프의 원고뿐 아니라 다른 중요한 문서를 발굴하는 데 도움을 주신 UCLA의 찰스 E. 영 연구도서관 특별자료실 주임인 빅토리아 스틸, 사서 앤 케이저, 헌팅턴의 귀중한 자료에서 몇 가지 보물을 보여준 헌팅턴도서관의 열람실장 로메인 앨스트롬에게도 감사드린다. 여행자들을 추천해준 모든 분께도 고마움을 전한다. 그들이 이 책에 다 수록되었기를 바란다. 프랜시스 앤 홉킨스의 자료를 찾아준 우스카와 사에코, 무수한 자료를 참을성 있게 분류해준 편집장 낸시 플라이트, 날짜와 이름과 다른 수많은 항목을 놀라울 정도로 잘 처리해준 교열 담당자 모린 니컬슨 그리고 데이비드 게이의 노력도 잊지 않을 것이다.

옮긴이의 말
# 세상 밖으로

일상을 벗어던진다는 것, 그것은 짜릿한 모험이다. 그러나 일상을 벗어던진 모험이 과연 짜릿함만을 선사할까. 2003년 봄, 나는 내 생애 처음으로 해외여행이라는 것을 시도했다. 영국의 히드로 공항에 도착했을 때 가장 먼저 내 오감을 건드린 것은 따끔한 바람이었다. 봄이 한창인 5월에 송곳처럼 몸을 때리는 그 낯선 바람이 나는 결코 싫지 않았다. 오히려 미지(이런 말을 쓰니 좀 우습다)의 세계에 발을 디뎠다는, 새로운 모험이 시작된다는 기대감에 가슴 부풀었다. 한 달 동안 유럽 9개국을 돌면서 물론 짜릿함을 맛보았다. 한국과 달리 옛 모습을 잘 살리고 있는 유럽의 고전적 풍경은 이색적이고 아름다웠다. 시간과 돈이 허락한다면 그대로 몇 개국을 더 돌고 싶은 욕구도 들었지만, 시간이 갈수록 나를 점점 집으로 이끈 것은 음식이었다. 어떤 회사의 광고처럼, 나는 고추장이나 고춧가루 범벅인 한국 음식이 너무도 그리웠다. 20여 일 만에 해쓱해진 얼굴로 영국 거리에 다시 섰을 때 지나가던 한 외국인이 초췌한 몰골의 우리에게 물었다.

"Are you Chinese?"

"No, we are Korean."

"Ah, North Korean!!!"

그 말을 들었을 때의 낭패감과 비참함이란…… 집 떠나면 고생이라는 말도 있듯이 여행은 짜릿함뿐 아니라 불편도 수반한다. 그렇다 해도 사람들은 떠나기를 갈망한다. 내 집에서도 배울 수 있지만, 내 집을 벗어나면 더 많은 것을 보고 듣고 배울 수 있다고 믿기 때문이다. 그리고 실제로 그렇다.

바바라 호지슨의 『세상에 못 갈 곳은 없다』에는 일상의 권태나 편안함을 박차고 나선 수많은 여성이 등장한다. 메리 셸리를 제외하고는 내가 모르는 여성들이 대부분이었지만, 나는 세상의 숱한 인습과 편견에도 아랑곳없이 세계의 벽을 허물고 나아간 여성들의 이야기에 빠져들었다. 그들의 모험심, 위험에 맞서는 대범함과 개척정신, 지칠 줄 모르는 불굴의 정신, 배움과 집필에 대한 열정에 감동했다. 이 책에 등장하는 모든 여성이 존경한 만한 여걸은 아니었지만, 여성이 집을 나서기 어려웠던 시절에 지도 밖으로 걸어 나갔다는 사실만으로도 나는 그들에게 박수를 쳐주고 싶었다. 또한 지도 밖을 나서지 못하고 집에서만 서성대는 내가 그들 덕분에 유럽에서부터 아프리카까지 일곱 대륙의 많은 나라를 글로나마 다녀볼 수 있어서 행복했다. 여행을 즐기는 사람은 누구나 자기가 가고 싶어하는 곳을 그리워한다고 한다. 자기가 주의를 쏟는 것, 즉 관찰과 호기심이 그 사람을 만든다는 것이다. 요즘 나는 산과 히말라야에 관심이 쏠린다. 언젠가는 히말라야의 거대한 설산에 두 발을 내딛고 걸어보고 싶다.

2006년 7월
곽영미

참고문헌

**BOOKS**

Adams, W. H. Davenport. *Celebrated Women Travellers of the Nineteenth Century.* London: Swan Sonnenschein, 1882.

Alcott, Louisa May. *Louisa May Alcott: Her Life, Letters, and Journals.* Ed. Ednah D. Cheney. Boston: Roberts Brothers, 1891.

Audouard, Olympe d'. *Les Myst`eres de LÉgypte dévoilés.* 2nd ed. Paris: E. Dentu, 1866.

Aulnoy, Marie Cathèrine Jumelle de Berneville, Comtesse d'. *Travels into Spain; Being the Ingenious and Diverting Letters of the Lady. Translated... from Relation du Voyage d'Espagne (1691).* Ed. R. Foulché-Delbosc. London: George Routledge & Sons, 1931.

Baedeker, Karl. *Guide to Norway, Sweden, and Denmark,* Leipzig: Karl Baedeker, 1895.

____. *Handbook to Egypt. Part I: Lower Egypt.* Leipzig: Karl Baedeker, 1895.

____. *Swizerland.* Leipzig: Karl Baedeker, 1911.

Baker, Samuel White. *The Albert N'yanza, Great Basin of the Nile, and Exploration of Nile Sources.* London: Macmillan, 1871 (1st published 1866).

____. *The Nile Tributaries of Abyssinia, and the Sword Hunters of the Hamran Arabs.* Philadelphia: J. B. Lippincott, 1868 (1st published 1867).

Barr, Pat. *A Curious Life for a Lady: The Story of Isabella Bird, Traveller Extraordinary.* Harmondsworth: Penguin, 1985 (1st published 1970).

Basset, Marnie. *Realms and Islands: The World Voyage of Rose de Freycinet in the Corvette Uranie, 1817~1820.* London: Oxford Univ. Press, 1962.

Bates, E. S. *Touring in 1600.* London: Century, 1987 (1st published 1911).

Beaufort, Emily A. *Egyptian Sepulchres and Syrian Shrines.* 2 vols. London: Longman, Green, Longman, & Roberts, 1861.

Behn, Aphra. "Orinooko: Or, The Royal Slave." In *The Plays, Histories, and Novels of the Ingenious Mrs. Aphra Belm.* Vol. 5. London: J. Pearson, 1871 (this ed. 1st published 1735).

Belgiojoso, Cristina Trivulzia Barbiano di, Princess. *Oriental Harems and Scenery.* New York: Carleton, 1862 (1st published in French, 1858).

Bensly, Mrs. R. L. *Our Journey to Sinai: A Visit to the Convent fo St.* Catarina. London: The Religious Tract Society, 1896.

Bird, Isabella Lucy. *An Englishwoman in America.* Introduction by Andrew Hill Clark. Madison, Milwaukee: Univ. of Wisconsin Press. 1966 (1st published 1856).

____. *The Golden Chersonese and the Way Thither.* London: John Murray, 1883.

____. *The Hawaiian Archipelago: Six Months among the Palm Groves, Coral Reefs and Volcanoes of the Sandwich Islands.* London: John Murray, 1875.

____. *Journeys in Persia and Kurdistan: Including a Summer in the Upper Karun Reion and a Visit to the Nestorian Rayahs.* 2 vols. London: John Murray, 1891.

____. *A Lady's Life in the Rocky Mountains.* London: John Murray, 1910 (1st published 1879).

____. *Unbeaten Traks in Japan: An Account of Travels on Horseback in the Interior Including Visits to the Aborigines of Yezo and the Shrines of Nikkó and Isé*. 2 vols. New York: G.P. Putnam, 1881 (1st published 1880).

____. *The Yangtze Valley and Beyond: An Account of Journeys in China, Chiefly in the Province of Sze Chuan and Among the Mantze of the Sono Territory*. London: John Murray, 1899.

Blanch, Leslie. *Under a Lilac-Bleeding Star: Travels and Travellers*. London: John Murray, 1963.

Blessington, Marguerite, Countess of. *Lady Blessington at Naples. Excerpts from The Idler in Italy*. Ed. Edith Clay. London: H. Hamilton, 1979.

Blunt, Lady Anne. *Bedouin Tribes of the Euphrates*. 2 vols. London: John Murray, 1879.

____. *Journals and Correspondence, 1878~1917*. Ed. Rosemary Archer and James Fielding. Cheltenham, U.K.: Alexander Heriot, 1986.

____. *A Pilgrimage to Nejd: The Cradle of the Arab Race. A Visit to the Court of the Arab Emir, and "Our Persian Campaign."* 2 vols. London: John Murray, 1881.

Brassey, Lady Annie. *The Last Voyage, 1886~1887*. London: Longmans, Green, 1889.

Burton, Lady Isabel. *The Inner Life of Syria, Palestine, and the Holy Land*. 2 vols. London: H.S. King, 1875.

Burton, Lady Isabel, and W. H. Wilkins. *The Romance of Isabel Lady Burton: The Story of Her Life*. London: Hutchinson, 1898.

Bury, Lady Charlotte. *The Diary of a Lady-in-Waiting: Being the Diary Illustrative of the Times of George the Fourth [etc.]*. 2 vols. London: John Lane, 1908.

Calderón de la Barca, Frances Erskine. *Life in Mexico: During a Residence of Two Years in that Country*. London: Chapman & Hall, 1843.

Carey, William, ed. *Adventures in Tibet: Including the Diary of Miss Annie R. Taylor;s Remarkable Journey from Tay-Chau to Ta-Chien-Lu Through the Heart of the Forbidden Land*. London: Hoddert & Stoughton, 1902.

*Cariboo: The Newly Discovered Gold Fields of British Columbia*. Reprint: Fairfield, Washington: Ye Galleon Press, 1975 (1st published 1862).

Childs, Virginia. *Lady Hester Stanhope: Queen of the Desert*. London: Weidenfeld & Nicolson, 1990.

Clacy, Ellen (Mrs. Charles). *A Lady's Visit to the Gold Diggings of Australia, 1852~53, Written on the Spot*. Melbourne: Lansdowne press, 1963 (1st published 1853).

Coleridge, Edith, ed. *Memoir and Letters of Sara Coleridge*. Vol. 1. London: Henry S. King, 1873.

Collis, Maurice. *Foreign Mud*. London: Faber & Faber, 1946.

Cortambert, Richard. *Les Illustres voyageuses*. Paris: Maillet, 1866.

Cowan, J. M., ed. *The Hans Wehr Dictionary of Modern Written Arabic*. Ithaca, N.Y.: Spoken Languages Services, 1976.

Craven, Lady Elizabeth. *The Beautiful Lady Craven: The Original Memoirs [etc.]. (1790~1828)*. Ed. A. M. Broadley and Lewis Melville. 2 vols. London: John Lane, 1914.

Crisp, Elizabeth. *Diary of her Captivity in Barbary, in the year* 1756. Ms. Collection of the Charles E. Young Research Library, Special Collections, UCLA.

Cust, Nina. *Wanderers: Episodes from the Travels of Lady Emmeline Stuart-Wortley and Her Daughuter Victoria 1849~1855*. New York: Coward-McCann, 1928.

Dashkov, Princess Catherine Vorontsov. *The Memoirs of Princess Dashkov*. Trans. and ed. Kyril Fitzlyon. London: John Calder, 1958.

Davis, Natalie Zemon. *Women on the Margins: Three Seventeenth-Century Lives*. Cambridge, Mass.: Harvard Univ. Press, 1995.

Dieulafoy, Jane. *Une Amazone en Orient*. Ed. Chantal Edel and Jean-Pierre Sicre. Paris: Phébus, 1989.

Dronsart, Marie. *Les Grandes voyageuses*. Paris: Hachette, 1894.

Duff Gordon, Lady Lucie. *Letters from Egypt: 1862~1869*. Ed. Gordon Waterfield. London: Routledge & Kegan Paul, 1969 (1st published

1865 and 1875).

Duffy, Maureen. *The Passionate Shepherdess: Aphra Behn 1640~90*. London: Jonathan Cape, 1977.

Duyckinck, Ewart A. *Portrait Gallery of Eminent Men and Women, with Biographties*. Vol. 2. New York: Johnson Wilson, 1874.

Eberhardt, Isabelle. *The Passionate Nomad: The Diary of Isabelle Eberhardt*. Trans. Nina de Voogd. Boston: Beacon Press, 1987.

Eden, Hon. Emily. *Up the Country: Letters Written to Her Sister from the Upper Provinces of India*. 2 vols. London: Richard Bentley, 1866.

Edwards, Amelia. *Untrodden Peaks and Unfrequented Valleys: A Midsummer Ramble in the Dolomites*. London: Longmans, Green, 1873.

Elliot, Frances Minto. *Diary of an Idle Woman in Spain*. 2 vols. London: F. V. White, 1884.

Falconbridge, Anna Maria. *Narrative of Two Voyages to the River Sierra Leone, During the Years 1791~2~3*. Ed. Christopher Fyfe. Liverpool: Liverpool Univ. Press, 2000 (1st published 1794).

Fanshawe, Lady Ann. *The Memoirs of Anne, Lady Halkett and Ann, Lady Fanshawe*. Ed. John Loftis. Oxford: Clarendon Press, 1979.

Fay, Mrs. Eliza. *Original Letters from India: Containing a Narrative of a Journey Through Egypt, and the Author's Imprisonment at Calicut by Hyder Ally: 1779~1815*. Introduction by E. M. Forster. London: Hogarth Press, 1925 (1st published 1817).

Forbes, Anna. *Unbeaten Tracks in Islands of the Far East: Experiences of a Naturalist's Wife in the 1880s*. Singapore: Oxford Univ. press, 1987 (1st published as Insulinde, 1887).

Fountaine, Margaret. *Love Among the Butterflies: The Secret Life of a Victorian Lady*. Ed. W. F. Cater. Boston: Little, Brown, 1980.

Frank, Katherine. *A Voyager Out: The Life of Mary Kingsley*. New York: Ballentine, 1986.

Fraser, Flora. *The Unruly Queen The Life of Queen Caroline*. New York: Alfred A. Knopf, 1996.

Gattey, Charles Nielson. *A Bird of Curious Plumage: The Life of Princess Cristina di Belgiojoso, 1808~1871*. London: Constable, 1971.

Gladstone, Penelope. *Travels of Alexine: Alexine Time, 1835~1869*. London: John Murray, 1970.

Gordon Cumming, Constance F. *In the Himalayas and on the Indian Plains*. 2 vols. New York: Scribner's, 1884.

Graham, Maria Dundas. *The Captain's Wife: The South American Journals of Maria Graham, 1821~23*. Ed. Elizabeth mavor. London: Weidenfeld & Nicolson, 1993.

_____. *Journal of a Residence in India*. Edinburgh: Archibald Constable, et al., 1812.

Guthrie, Mrs. Maria. *A Tour, Performed in the Years 1795~6, Through the Taurida, or Crimea, The Antient Kingdom of Bosphorus... Described in a Series of Letters to Her Husband, the Editor, etc.* London: T. Cadell, 1802.

Hall, Richard. *Lovers on the Nile: The Incredible African Journeys of Sam and Florence Baker*. New York: Random House, 1980.

Hardy, Lady Mary Duffus. *Through Cities and Prairie Lands: Sketches of an American Tour*. New York: R. Worthington, 1881.

Hargrave, Letitia. *The Letters of Letitia Hargrave*. Ed. Margaret Arnett Macleod. Toronto: The Champlain Society, 1947.

Hart, Ursula Kingsmill. *Two Ladies of Colonial Algeria: The Lives and Time of Aurélie Picard and Isabelle Eberhardt*. Athens, Ohio: Ohio Univ. Center for International Studies, Monographs in International Studies, African Series No. 49, 1987.

Hill, Florence, and Rosamond Hill. *What We Saw in Australia*. London: Macmillan, 1875.

[Hommaire de Hell, Adèle], and Xavier Hommaire de Hell. *Travels in the Steppes of the Caspian Sea, The Crimea, The Caucasus, &c*. London: Chapman & Hall, 1847.

Jameson, Anna. *Winter Studies and Summer Rambles in Canada*. Toronto: McClelland & Stewart, 1923 (1st published 1838).

Kinder, Hermann, and Werner Hilgemann. *The Penguin Atlas of World History*. Vol. 2. Trans. Ernest A. Menze. Harmondsworth: Penguin, 1978.

Kinglake, A. W. *Eothen*. London: Century, 1982 (1st published 1844).

Kingsley, Mary Henrietta. *Travels in West Africa*. London: Macmillan, 1897.

____. *West African Studies*. London: Macmillan, 1899.

Kirk, Sylvia Van. "Gunn, Isabel" in *Dictionary of Canadian Biography*. Vol. 5, 1801 to 1820. Toronto: Univ. of Toronto Press, 1983.

Klumpke, Anna. *Rosa Bonheur: The Artist's (Auto)biography*. Trans. Gretchen van Slyke. Ann Arbor: Univ. of Michigan Press. 1997.

Kobak, Annette. *Isabelle: The Life of Isabelle Eberhardt*. New York: Vintage Books, 1990.

Leonowens, Anna H. *The English Governess at the Siamese Court*. Boston: J. R. Osgood, 1871.

Londonderry, Edith, Marchioness of. *Frances Anne: The Life and Times of Frances Anne Marchioness of Londonderry and her husband Charles Third Marquess of Londonderry*. London: Macmillan, 1958.

Londonderry, Frances Anne, Marchioness of. *Russian Journal of Lady Londonderry, 1836~37*. Ed. W. A. L. Seaman & J. R. Sewell. London: John Murray, 1973.

Longford, Elizabeth. *A Pilgrimage of Passion: The Life of Wilfrid Scawen Blunt*. London: Weidenfeld & Nicolson, 1979.

Lovell, Mary S. *Rebel Heart: The Scandalous Life of Jane Digby*. New York: W. W. Norton, 1995.

Marsden, Kate. *On Sledge and Horseback to Outcast Siberian Lepers*. London: Record Press, 1893.

Martineau, Harriet. *Eastern Life, Present and Past*. Philadelphia: Lea & Blanchard, 1848.

____. *Retrospect of Western Travel*. 3 vols. London: Saunders & Otley, 1838.

Maxwell, Patrick, ed. "Voyage of Madame Godin along the River of the Amazons, in the Year 1770." In *Perils and Captivity [etc.]*. Edinburgh: Constable, 1827.

Meredith, Louisa Anne. *Notes and Sketches of New South Wales: During a Residence in that Colony from 1839 to 1844*. London: John Murray, 1844.

[Meryon, Charles L.] *Memoirs of the Lady Hester Stanhope: As Related by Herself in Conversations with Her Physician; Comprising Her Opinions and Anecdotes of Some of the Most Remarkable Persons of Her Time*. 3 vols. London: H. Colburn, 1846.

Michell, T. *Handbook for Travellers to Russia, Poland, and Finland*. London: John Murray, 1865.

Middleton, Dorothy. *Victorian Lady Travellers*. Chicago: Academy, 1965.

Montagu, Lady Mary Wortley. *The Letters and Works of Lady mary Wortley Montagu*. 3 vols. Ed. Lord Wharneliffe. London: Richard Bentley, 1837.

Mullen, Richard. *Birds of Passage: Five Englishwomen in Search of America*. New York: St. Martin's press, 1994.

Nightingale, Florence. *Letters from Egypt: A Journey on the Nile, 1849~1850*. Ed. Anthony Sattin. New York: Weidenfeld & Nicolson, 1987.

Noble, Anne. *Narrative of the Shipwreck of the "Kite" and of the Imprisonment and Sufferings of the Crew and Passengers; in a Letter from Mrs. Anne Noble to a Friend*. Macao: Canton Press, 1841.

North, Marianne. *Recollections of a Happy Life*. Ed. Mrs. J. A. Symonds. 2 vols. London: Macmillan, 1892.

____. *Some Further Recollections of a Happy Life*. Ed. Mrs. J. A. Symonds. London: Macmillan, 1893.

Parker, Mary Ann. *A Voyage Round the World*. Ed. Gavin Fry. Sydney: Horden House & Australian National Maritime Museum. 1991 (1st published 1795).

Parks, Fanny. *Wanderings of a Pilgrim in Search of the Picturesque*. 2 vols. Karachi: Oxford Univ. Press, 1975 (1st published 1850).

Parks, George B. *The English Traveler to Italy*. Vol. 1: The Middle Ages (to 1525). Stanford, CA: Stanford Univ. Press, 1954.

Petherick, John, and Katherine Harriet Petherick. *Travels in Central Africa and Explorations of the Western Nile Tributaries*. London: Tinsley, 1869.

Pfeiffer, Ida. *A Lady's Second Journey Round the World*. New York: Harper & Brothers, 1856.

____. *Visit to the Holy Land, Egypt, and Italy.* London: Ingram, Cooke, 1852.

____. A *Woman's Journey Round the World, from Vienna to Brazil, Chili, Tahiti, China, Hindostan, Persia, and Asia Minor.* London: Office of the Nat. Illustrated Library, [1851].

[Picard] Dard, C. A. "The Suffering and Misfortunes of the Picard Family, After the Shipwreck of the *Medusa*, on the Western Coast of Africa, in the Year 1816." In *Perils and Captivity [etc.]*. Ed. Patrick Maxwell. Edinburgh: Constable, 1827.

Premble, John, ed. *Miss Fane in India.* Gloucester: Alan Sutton, 1985.

"Railway," in *The Encycolopaedia Britannica.* vol. 20. Philadelphia: J. M. Stoddart, 1886.

Rijnhart, Susie Carson. *With the Tibetans in Tent and Temple: Narrative of Four Years' Residence on the Tibetan Border, and of a Journey into the Far Interior.* New York: Fleming, H. Revell, 1901.

Roberts, Emma. *Notes of an Overland Journey through France and Egypt to Bombay.* London: W. H. Allen, 1841.

Robinson, Jane. *Wayward Women: A Guide to Women Travellers.* Oxford: Oxford Univ. Press, 1990.

Russell, Mary. *The Blessings of a Good Thick Skirt: Women Travellers and Their World.* London: Collins, 1988.

Schaw, Janet. *Journal of a Lady of Quality.* Ed. Evangeline W. Andrews and Charles McL. Andrews. 3rd ed. New Haven: Yale Univ. Press, 1939 (1st published 1921).

Schopenhauer, Johanna. *A Lady Travels: Journeys in England and Scotland from the Diaries of Johanna Schopenhauer.* Trans. and ed. Ruth Michaelis-Jena and Willy Merson. London: Routledge, 1988.

Schreiber, Lady Charlotte. *Lady Charlotte Schreiber's Journals: Confidences of a Collector of Ceramics and Antiques Throughout Britain, France, Holland, Belgium, Spain, Potugal, Turkey, Austria, and Germany From the Years 1869 to 1885.* Ed. Montague J. Guest [etc.]. 2 vols. London: John Lane, 1911.

Seacole, Mrs. Mary. *Wonderful Adventures of Mrs. Seacole in Many Lands.* Ed. W. J. S. Introduction by W. J. Russell, Esq. New York: Oxford Univ. Press, 1988 (1st published 1857).

Serena, Carla. *De la Baltique à la Caspienne. Souvenirs personnels.* Paris: Dreyfous, 1881.

Seymour, Bruce. *Lola Montez: A Life.* New Haven: Yale Univ. Press, 1996.

Shelley, Mary. *History of a Six Weeks' Tour, Letters from Geneva I and II, and Rambles in Germany and Italy. The Novels and Selected Works of Mary Shelley. Vol. 8, Travel Writing.* Ed. Jeanne Moskal. Lonon: William Pickering, 1996 (1st published 1817 and 1844).

Sillitoe, Alan. *Leading the Blind: A Century of Guide Book Travel, 1815~1914.* London: Macmillan, 1995.

Smith, George Barnett. *Women of Renown.* New York: Books for Libraries Press, 1972 (1st Published 1893).

Staël, Anne-Louise-Germaine, de. *Corinne, or Italy.* Trans. Avriel H. Goldgerger. New Brunswick, N. J.: Rutgers Univ. Press, 1987 (1st published 1807).

Starke, Mariana. *Travels in Europe, for the Use of Travellers on the Continent, and Likewise in the Island of Sicily [etc.].* 9th ed. Paris: A. & W. Galignani, 1839 (1st published 1820).

Strachey, Lytton. "Lady Hester Stanhope." In *Biographical Essays.* London: Chatto & Windus, 1960.

Thurman, Judith. *Secrets of the Flesh: A Life of Colette.* New York: Alfred A. Knopf, 1999.

Tristan, Flora. *Peregrinations of a Pariah.* Trans. and ed. Jean Hawkes. Boston: Beacon Travellers, 1987 (1st published 1838).

Trollope, France Milton. *Domestic Mamers of the Americans.* Ed. Donald Smalley. New York: Alfred A. Knopf, 1949 (1st published 1832).

____. *Paris and the Parisians in 1835.* new York: Harper & Brothers, 1836.

Tully, (Miss). *Narrative of a Ten Years' Residence at Tripoli in Africa: From the Original Correspondence in the Possession of the Family of the Late Richard Tully, Esq., the British Consul.* London: H. Colburn, 1816.

Withey, Lynne. *Grand Tours and Cook's Tours: A History of Leisure Travel: 1750 to 1915*. New York: William Morrow, 1997.

Wollstonecraft, Mary. *Collected Letters of Mary Wollstonecraft*. Ed. Ralph M. Wardle. Ithaca: Cornell Univ. Press, 1979.

____. *Letters Written during a Short Residence in Sweden, Norway, and Denmark*. London: J. Johnson, 1796.

Wortley, Lady Emmeline Charlotte Elizabeth (Manners) Stuart. *Travels in the United States, etc. During 1849 and 1850*. New York: Harper & Brothers, 1851.


**PERIODICALS**

*ILN = Ilustrated London News*


Belgiojoso, Cristina Trivulazia Barbiano di, Princess. "La Vie Intime et la vie nomade en Orient, Scènes et souvenirs de voyage." In *Revue des deux mondes* 9, 1 février 1855: 466~501.

Bourboulon, Catherine de, and Achille Poussielgue. "Relation de voyage de Shang-Haï à Moscou, par Pekin, la Mongolie et la Russie Asiatique, Rédigée d'après les notes de M de Bourboulon, Ministre de France en Chine, et de Mme de Bourboulon, 1860~1862." In Tour du monde to, 1864: 289~336; 11, 1865: 233~72.

Cristiani, Lise. "Voyage dans la Sibérie orientale." In *Tour du monde* 7, 1863: 385~400.

Dieulafoy, Jane. "La Perse, la Chaldée et la Susiane, 1881~1882." In *Tour du monde* 46, 1883: 81~160.

____. "A Suse, journal des fouilles 1884~1886." In *Tour du monde* 54, 1887: 1~96; 55, 1887: 1~80; 56, 1887: 81~160.

[Eastlake, Lady Elizabeth] "Lady Travellers." In *Quarterly Review* 151, 1845: 84~137.

"Epitome of News—Foreign and Domestic." In *ILN*, 30 November 1844: 343.

"Evacuation of the Crimea." In *ILN*, 30 August 1856: 216.

Félinska, Éve. "De Kiew à Bérézov, souvenir d'une exilée en Sibérie (1839)." In *Tour du monde* 6, 1862: 209~40.

"Lady Travelers in Norway." In *Eclectic Magazine*, 1858: 176~87.

"Murder of Mdlle. Tinne in the Interior of Africa." In the London *Times*, 6 September 1869: 10.

"Not at Home." In *Punch*, 21 June 1856: 258.

"Our Own Vivandiere." In *Punch*, 30 may 1857: 221.

Paschkoff, Lydie. "Voyage à Palmyre (1872).' In *Tour du monde* 33, 1872: 161~76.

Serena, Carla. "Excursion au Samourzakan et en Abkasie (1881)." In *Tour du monde* 43, 1882: 353~416.

____. "Trois mois en Kakhétie (1877~81)." In *Tour du monde* 44, 1882: 193~208, 225~40.

Ujfalvy-Bourdon, Marie de. "Voyage d'une parisienne dans l'Himalaya occidental: le Koulou, le Cachemire, le Baltistan et le Dras (1881)." In *Tour du monde* 46, 1883: 353~416.


**BOOK REVIEWS**

The Following book reviews were anonymous.


Baker, Samuel White. *The Albert N'yanza, Great Basin of the Nile, and Exploration of Nile Sources*. London: Macmillan, 1866. Reviewed in ILN, 16 June 1866: 594.

Eden, Lizzie Selina. *My Holiday in Austria*. London: Hurst & Blackett, 1869. Reviewed in ILN, October 1869: 368.

Edwards, Amelia. *Untrodden Peaks and Unfrequented Valleys: A Midsummer Ramble in the Dolomites*. London: Longmans, Green, 1873. Reviewed in ILN, 30 August 1873: 206.

Elliot, Frances Minto. *Diary of an Idle Woman in Italy*. 2 vols. London: Chapman & Hall, 1871. Reviewed in ILN, 1 July 1871: 639.

Gushington, Impulsia, Hon. *Lispings from Low Latitudes; or, Extracts from the Journal of the Honourable Impulsia Gushington*. Ed. Lord Dufferin. London: John Murray, 1863. Reviewed in ILN, 18 April 1863: 438.

"Mrs. Poole's 'Englishwoman in Egypt.'" Review of *The Englishwoman in Egypt: Letters from Cairo...*, by Sophie Lane Poole. *Blackwood's Magazine*, March 1845: 286~97.